U0896957

天津市教委社科重大项目（2014ZD33）

吴宝华 著

新型城镇化进程中农民市民化研究

Research on Peasants Citizenization in Progress of New Urbanization

社会科学文献出版社
SOCIAL SCIENCES ACADEMIC PRESS (CHINA)

前　言

本书系天津市教委社科重大项目“新型城镇化进程中农民市民化研究”的研究成果。

城镇化是现代化的必由之路，是我国最大的内需潜力和发展动能所在。党的十八大以来，党中央就深入推进新型城镇化建设做出了一系列重大决策部署。各地区各部门以五大发展理念为引领，以人的城镇化为核心，注重提高户籍人口城镇化率，注重城乡基本公共服务均等化，注重提升人民群众获得感和幸福感，全国城镇化水平持续提高，城市综合实力显著增强，城市社会事业全面进步，城市居民生活质量进一步改善，在中国特色的新型城镇化道路上又迈出了坚实一步。截止到 2017 年末，全国人口城镇化率已达到 58.52%。尽管城镇化建设成绩斐然，但是在城镇化的推进过程中也存在土地城镇化快于人口城镇化、大量农业转移人口难以融入城市社会、农业人口市民化不彻底等问题。按照城镇户籍人口统计口径，2017 年我国户籍人口城镇化率仅为 42.35%，不仅远低于发达国家 80% 的平均水平，也低于人均收入与我国相近的发展中国家 60% 的平均水平。户籍城镇化水平与常住人口城镇化率之间的差距，主要源于我国现存近 3 亿的农村流动人口，他们在推动城镇快速发展的同时却受制于城乡二元体制，在教育、就业、医疗、养老、住房保障等公共服务方面游离于城镇居民之外，从而形成了“半城镇化”现象。“半城镇化”现象的出现反映了我国城镇化进程中片面重视城镇规模的扩大、忽略了以人为核心注重质量提升的严重弊端。党的十八大提出，将坚持稳步推进具有中国特色的新型城镇化建设作为国家战略发展重点，明确要求进一步提高城镇化的质量。党的十八届三中全会审议通过了《中共中央关于全面深化改革若干重大问题的决定》，指出：“坚持走中国特色新型城镇化道路，推进以人为核心的城镇化，推动大中小城市和小城镇协调发展、产业和城镇融合发展，促进城镇化和新农村建设协调推进。”党的十九大报告进一步提出，“实施区域协调发展战略”，“以城市群为主体构建大中小城市和小城镇协调发展的城镇格局，加快农业转移人口市民化”。这标志着新型城镇化已经成为今后城镇化发展方向的新战略定位，昭示着我国的城镇化建设进入了由粗放式扩张向集约式稳步发展、由重视硬件配置向注重城镇化内涵和质量提升转型的关键阶段。新型城镇化是以人为核心的城镇化。当前的首要任务是促进有能力在城镇稳定就业和生活的已进城常住人口有序实现市民化，在此基础上，提高全体城镇人口素质和生活质量。为贯彻落实党的十八大、十八届三中全会精神，李克强总理在政府工作报告中提出今后一个时期，要着重解决好现有的“三个 1 亿人”问题，即促进约 1 亿农业转移人口落户城镇、改造约 1 亿人居住的城镇棚户区和城中村、引导约 1 亿人在中西部地区就近城镇化。可见以人为本推进农民市民化已然成为我国推进新型城镇化建设的战略核心，亦是加快推进我国城乡统筹发展步伐的重要途径。

近年来农民市民化问题一直是社会各界关注的热点和核心问题。本书在中国新型城镇化发展的大背景下，以农民向城镇转移过程中的市民化问题为主线，在借鉴外国城镇化和农民市民化转移经验的基础上，综合运用了区域经济学、空间经济学、城市经济学、制度经济学、发展经济学以及社会分工理论、人口流动理论等学科的相关理论，探讨了我国城镇化和农民市民化的现状及其在推进过程中面临的各种障碍，提出了符合我国实际的农民市民化的建设目标、实现路径、政策与建议，力求对新形势下促进农民角色顺利向城市市民的转型有所裨益。在对我国农民市民化问题进行宏观分析的基础上，本书还以天津市为例，总结了其城镇化和农民市民化进程中的模式经验，深度剖析了天津市农民市民化的现状，借助于构建的农民市民化评价指标体系，对天津市农民市民化水平进行了评估，发现其市民化程度不高且滞后于城镇化发展水平的问题，并从加快制度改革创新、完善财政投入政策、加强农村职业教育和就业创业引导、完善社区管理功能等方面提出了推动天津市农民市民化进程的对策建议，以期为其他地区城镇化和农民市民化的推进提供经验借鉴。

本书主要采用理论研究与实证分析相结合的方法，通过文献分析、问卷调查和深度访谈对新型城镇化进程中的农民市民化问题进行了有益探索，基本实现了研究目标。

第一，厘清了新型城镇化和农民市民化的相关概念、基本内涵、主要特点。本书在总结前人所进行的大量理论和实践研究的基础上，创造性地对农民市民化的内涵进行了较为全面的界定，即在新型城镇化、工业化、农业现代化的推进过程中，农民（无论是异地转移的农业人口，即农民工，还是就地转移的居村农民）实现生存条件改善、公共服务享有均等化、社会关系改变、自身素质提升以及对自我身份和城市生活方式的心理认同过程。农民市民化不仅仅是简单意义上户籍身份的转变，还包括经济层面、社会层面、个人素质层面、心理层面在内的各方面实现向现代性的整体转型。

第二，在新型城镇化建设的大背景下，本书对我国城镇化和农民市民化历史进程进行了梳理，总结其特征，把握其脉络，准确地揭示了农民市民化进程受阻的症结所在，从而有针对性地提出城镇化和农民市民化协同发展的思路和办法，形成一个系统性的整体框架，为促进新型城镇化建设中人的城镇化发展提供了理论支持。

第三，本书通过国际城市化进程中农民市民化的经验、教训的比较分析，提出了具有现实操作性和参考性意义的经验借鉴，为政府制定或调整关于新型城镇化建设和农民市民化转型的相关政策提供建议，进而促进新型城镇化建设中农民在城市中的文化融合、心理融合、身份融合以及经济融合，为农民市民化的推进打下坚实基础。

尽管近些年关于农民市民化问题的研究硕果累累，著述颇丰，但是本书通过悉心的理论分析结合实证探究，力图在研究内容和研究方法上实现一定的突破。在研究内容上，本书综合运用多学科的理论，创造性地对农民市民化内涵进行了科学的界定，并系统性地探讨了新型城镇化进程中农民市民化在土地制度、户籍制度、就业制度、社会保障制度等方面的制度桎梏，并就如何破解现行户籍制度、土地制度和社会保障制度等制约农民市民化发展的制度与体制障碍提出了创新性原则和方案。为深入探究农民市民化现状，本书在农民市民化内涵界定的基础上创造性地构建了农民市民化评价指标体系，涵盖了生存基础、社会融入、人口素质、心理认同以及公共服务享有等 5 个一级指标，15 个二级指标以及 35 个三级指标，采用 AHP 层次分析法确定指标权重，并以天津市为例，通过问卷调查和统计年鉴相结合的方法对指标体系进行了实践验证。在研究方法上，本书既采用了宏观研究与微观分析相结合的方法：在宏观分析我国农民市民化现状、障碍并提出对策建议的同时，从微观的角度以天津市为实例，深入剖析其市民化的历程、模型、现状及存在的问题，并提出有针对性的建议。

也采用了历史回顾与现实分析相结合的方法：在对不同国家和地区不同时期城镇化和农民市民化发展的过程进行了纵向分析的同时，也对不同类型的城镇化和农民市民化发展实践进行了横向比较，多角度、创新性地对推进新型城镇化和农民市民化协同发展问题做出较为全面系统的阐述。期望本书的出版能够推动我国新型城镇化和农民市民化问题的理论研究，并为政府相关部门和公共管理者提供政策参考和理论指导。

本书共分八章，由天津农学院吴宝华教授主持研究、设计总体框架，各章的具体分工为：第 1 章、第 4 章由天津农学院郑红梅副研究员执笔；第 2 章由吴宝华教授执笔；第 3 章由天津农学院谢玉婧老师执笔；第 5 章由天津农学院张洪霞副教授执笔；第 6 章由天津农学院李珲博士执笔；第 7 章由天津农学院曾玉珍教授和夏习英副教授执笔；第 8 章由天津农学院李厚本副教授执笔。李厚本副教授、张洪霞副教授参与了本书的部分统稿工作，全书最终由吴宝华教授统稿、定稿。

作为天津市教委重大研究项目，课题的立项与研究得到天津市教委科技处和天津农学院科技处的大力支持。课题调研中还得到了天津市部分区县的大力支持，特别感谢天津市西青区南河镇姚村、北辰区双街镇双街村的村支书和村主任接受关于本课题的访谈。在本书的出版过程中，得到了中国社会科学院社会科学文献出版社高振华老师和编辑们的大力支持和帮助，在此深表谢意。在项目研究和本书撰写过程中，参考并吸收了大量已有研究成果，主要参考书目已列于书后，在此特向有关作者深致谢忱。

由于作者能力与学识水平有限，书中难免有不当之处，期待专家、读者批评指正。

吴宝华

2018 年 5 月 5 日

目　录

第1章 引言

1.1 研究背景和研究意义

1.1.1 研究背景

诺贝尔经济学奖获得者、美国哥伦比亚大学教授约瑟夫·斯蒂格利茨先生在2001年曾提到，21世纪将有两件事对世界影响最大：一是美国的高科技产业，二是中国的城市化。

回溯我国城镇化发展的历史，一般可以将其划分为三个阶段。1986～2000年为第一阶段，这一时期政府倡导的城镇化发展模式为：严格控制大城市的规模，合理地发展中小城镇。这一阶段的发展模式，造成中小城市发展非常迅速，而大城市则发展相对滞后。2001～2005年为第二阶段，这一时期政府主张要兼顾大、中、小型城市及小城镇的平衡发展，减少了大城市的发展限制，开始允许农民工进城并逐步发展到鼓励支持农民工进城，极大地推动了城镇化的快速发展。2006年至今为第三阶段，政府强调以大城市为依托、以中小城市为重点，逐步形成辐射作用大的城市群。

对于城镇化建设，党的十六大就提出“走中国特色的城镇化道路”，十七大则进一步补充为“按照统筹城乡、布局合理、节约土地、功能完善、以大带小的原则，促进大中小城市和小城镇协调发展”。党的十八大报告更是提出了“新四化”，强调要“坚持走中国特色新型工业化、信息化、城镇化、农业现代化道路，推动信息化和工业化深度融合、工业化和城镇化良性互动、城镇化和农业现代化相互协调，促进工业化、信息化、城镇化、农业现代化同步发展”。党的十八届三中全会审议通过了《中共中央关于全面深化改革若干重大问题的决定》，进一步明确了新型城镇化道路，指出：“坚持走中国特色新型城镇化道路，推进以人为核心的城镇化，推动大中小城市和小城镇协调发展、产业和城镇融合发展，促进城镇化和新农村建设协调推进。”这标志着新型城镇化已经成为今后城镇化发展方向的新战略定位。

作为世界上农业人口最多的国家，我国目前正处于社会急剧转型时期，城镇化的发展不仅对整个国家而且对世界的持续稳定和发展都影响重大。

谈及城镇化，人们普遍关注的往往是城市规模的扩大、城市环境的改善，而对于城镇化进程中的重要问题——农民市民化的研究则远远不够深入。城镇化可谓农民市民化的载体和舞台，而农民市民化则是城镇化的结果和目的。伴随着人口的城镇化进程不断加快，如火如荼的农民市民化“运动”如影随形，但是农民市民化却绝非将农村户籍转成城镇户籍那么简单。市民化之后的农民真正需要的并不仅仅是一纸简单的身份变换，还是隐藏在身份背后深层次的权益共享与利益保障。如若不然，市民化后的农民就面临着被社会边缘化的可能——既不像城市市民，又不像一般农民，作为农民的既有权益已然失去，而作为市民的期待权利却又无法兑现。

在城镇化加速推进的背景下，尤其是随着城镇化现实进程中各种问题和矛盾的凸显，亟须全面而深入地研究农民市民化相关问题。

1.1.2 研究意义

本研究是在中国新型城镇化发展的大背景下，以农民向城镇转移过程中的市民化问题为主线，在借鉴外国城镇化和农民市民化转移经验的基础上，运用了相关理论、模型，探讨我国城镇化和农民市民化进程中面临的各种困境，力求为新形势下促进农民角色顺利向城市市民的转型献计献策。在新型城镇化发展的进程中研究农民市民化相关问题具有非常重要的理论意义和实践价值。

第一，完善中国城镇化和农民市民化研究的理论框架。由于我国农村城镇化和农民市民化面临诸多困境，发展无法协调一致，以致全面且深入地从理论层面研究城镇化和农民市民化问题相对困难，理论框架与模型亦不够完善。对农村城镇化进程中农民市民化问题进行研究，弄清其发展规律，从理论上总结相应的经验，不仅可以丰富经济学理论，也可完善其研究的理论框架。

第二，有利于深刻地认识和掌握现代化建设的本质与规律。实现现代化是当前我国新时期面临的重要任务。而农村城镇化过程中的农民市民化是中国现代化建设的有效途径和关键环节。因此，对其进行系统分析和深入研究，有助于我们深刻认识并掌握现代化建设的本质与规律，从而赋予本研究重要的学术价值。

第三，农村城镇化和农民市民化作为一个具有历史规律性的人类追求方向，在相应的具体层面进行理论梳理，探寻规律，构建理论框架，减少农村新型城镇化及农民市民化发展进程中的不协调性，推动新型城镇化建设的全面开展也应该是本研究领域内的一种学术自觉。

第四，具有指导“三农”问题合理解决的实际应用价值。改革开放以来，我国农村经济发展取得了很大成绩。但随着改革日益深化，农村社会经济发展中深层矛盾日益凸显，严重制约着我国整体经济的发展。而解决“三农”问题最根本的问题是如何安置农民和解决其后顾之忧。因此，根本解决“三农”问题的最有效途径必须依赖农村城镇化与农民市民化的协同发展。

第五，对促进城乡和谐安定具有重大的现实意义。目前我国社会生活中存在很多不和谐因素，其中最主要的不和谐为城乡之间的不和谐。而城乡关系不和谐的核心则是农民与市民享有的权利不对等以及农民在城市中的文化融合、心理融合、身份融合、经济融合不和谐。农民作为城市的新成员，是城镇社会和谐的主体，同时也是实现城乡协调发展的重要力量，农民市民化进程不但有利于提高人口的整体素质，促进社会文明发展，加快社会转型，同时对城乡和谐安定局面的形成也具有重大的现实意义。

1.2　文献综述

农民市民化是我国推进城镇化的进程中受制于城乡二元经济体制而产生的非常态城市化形态。随着我国新型城镇化进程的不断推进，农民市民化问题已成为当前我国城镇化深入发展迫切需要解决的关键问题。目前，国内的学者在农民市民化问题领域的研究成果颇丰，主要聚焦于农民市民化的内涵探讨、市民化水平评估、市民化制约因素以及促进市民化的政策建议等方面。

1.2.1 农民市民化的内涵研究

1.2.1.1 对农民与市民的研究

当前学术界对农民的定义或界定颇多，其中李守经将农民界定为在农村地缘关系的基础上，通过各种社会关系和联系而组成的农村社会各类社会集团、群体及社会组织的农村居民。① 这一概念将农民看作关系体，没有揭示出农民的本质。

郑杭生则认为当前的农民可以看作在非农产业与就业上追求利益者与在农业生产上维持生计者的统一体，在内涵方面，是一种与城市居民相对称的、历史性的社会身份。② 农民是追求利益者与维持生计者的统一体的界定揭示了农业的弱质与农民的弱势。

阎志民认为当代关于农民的定义可分为两种视角、三个层次。两种视角分别为职业视角（是否直接从事农业生产劳动）和户籍视角（是否属于非商品粮的农村户口）。三个层次分别为：第一层次是狭义的农民，是指以土地等农业生产资料为依托长期从事农（林、牧、副、渔）业生产的劳动者；第二层次是指属于农村户口，并从事广义农业生产经营活动的劳动者；第三层次是最广义的农民，指农村总人口，包括城市职工到农村承包荒山、荒地的人口。③ 这一定义比较全面，但在户籍制度日益弱化、职业更换频繁的当代，继续从户籍和职业方面界定农民似乎也有失公允。

葛正鹏指出，市民和农民的区别主要在于权利、待遇、生活方式及文明程度等。④ 从这个角度来看，市民不仅仅是指居住在城里的人，而应涵盖具有同等国民待遇、城乡共同体的所有正式成员。因此不适合继续沿用"农村—城市""农民—城市居民"这种简单的两分法式的叙述方式，需要从政策层面上彻底改变城乡分治的现状。就主体身份而言，不能再有农村

---

① 李守经主编《农村社会学》，高等教育出版社，2000。

② 郑杭生：《农民市民化：当代中国社会学的重要研究主题》，《甘肃社会科学》2005 年第 4 期。

③ 阎志民主编《中国现阶段阶级阶层研究》，中共中央党校出版社，2002。

④ 葛正鹏：《"市民"概念的重构与我国农民市民化道路研究》，《农业经济问题》2006 年第 9 期。

人和城市（包括城镇）人的区分，他们均为从事不同产业工作的产业工人，只是有人从事农业生产，而有人从事非农生产。他们只有分工的不同，皆可以享受社会福利和社会保障，同为居住在特定区域（如城市、城镇、农村社区等）的市民。除了享受不同的权利（权利不等也就意味着待遇不同）之外，农民与市民在生活方式（生活方式是文明程度的集中体现）上的差异亦应受到重视。

1.2.1.2　农民市民化界定的相关研究

学者对农民市民化内涵的界定非常多，迄今为止尚未形成一致的观点。不同的学者从不同的角度对农民市民化的内涵进行了阐述。黄祖辉等学者首次在《农村工业化、城市化和农民市民化》一文中提出农民市民化的概念，认为“农村城市化的过程也就是农民市民化的过程”。同时，他也指出，“农民的市民化并不是指所有的农民都转变为城市居民，而是指转移农民的市民化”，“农村的发展最终应体现在农民身份的转变上，而农民身份的转变既应该从其收入水平、生活方式、居住环境、文化素质等的变化来反映，也应该从整个社会的人口比例和人口分布结构来反映”。①

俞忠英也提出同样观点，认为农民市民化就是城镇化。② 袁小燕也将农民市民化看作农民向市民转化的过程。它指的不仅是农民从居住在农村转变为居住在城市、由农村户口转变为城市户口、由从事农业生产劳动转变为从事非农业生产劳动，还指他们的思想观念、生活方式、行为方式、社会组织形态等由农村范式向城市范式转变，最终转变成为一个符合城市文明要求的具有现代市民素质的真正意义上的城市居民。③

姜作培将农民市民化视作农民从农村向城市转移，借助于工业化来推动转移农民实现其身份、工作生活、交往方式、地位以及价值观念等诸方面向城镇居民转变的社会经济过程。④ 这一定义不仅指出了农民市民化的外部动力——工业化，同时也指出了农民市民化的实质在于“其身份、地

① 黄祖辉等：《农村工业化、城市化和农民市民化》，《经济研究》1989 年第 3 期。

② 俞忠英：《用农民市民化扩张内需》，《探索与争鸣》1999 年第 11 期。

③ 袁小燕：《城市化进程中的农民市民化问题浅探》，《资料通讯》2005 年第 1 期。

④ 姜作培：《从战略高度认识农民市民化》，《中国城市经济》2002 年第 11 期。姜作培：《农民市民化的主要障碍及对策构想》，《理论与改革》2003 年第 6 期。

位、价值观念、工作生活方式、交际方式等向市民转化”。常进雄[①]、黄泰岩和张培丽[②]、朱信凯[③]等研究者均认为农民市民化是农村人口转移为城镇人口的过程。

陈映芳从狭义和广义的角度界定了市民化的内涵，指出狭义的“市民化”指的是农民、外来移民等获得作为城市居民的身份和权利（市民权，citizenship）的过程，如居留权、选举权、受教育权、社会福利保障权等。[④]而广义的“市民化”还应包含市民意识的普及以及居民成为城市权利主体的过程。总之，农民市民化不仅仅是职业身份的转变（非农化）和居住空间的转移（城镇化），更是农民社会文化属性的转变过程（市民化）和各种社会关系的重构过程（结构化）及城市社会生活再适应的过程（再社会化）。[⑤]

“我国农村劳动力转移与农民市民化研究”课题组的研究指出，农民市民化是指农民向城市转移并逐渐变为市民的一种过程和状态，其间伴随着意识、行为方式及生活方式的变化。[⑥] 一方面，农民市民化既是一个过程，又是一种结果；另一方面，农民市民化必然带来文化的交融，引发行为方式和生活方式的变化，这种变化既有农民转为市民所出现的相应变化，也有原有的文化冲击老市民引发的变化。该定义区别于其他定义的主要方面在于，它认为农民市民化过程必然引起文化的交融与碰撞，而且这一交融与碰撞是双向的，不是单向的。

许峰提出的农民市民化则包含两层含义：一层是指内在素质的市民化，另一层是指外在资格的市民化。内在素质的市民化是指有关市民生活意识、权利意识的发育以及行为的变化等方面内容，这需要一个转化过程；而外在资格的市民化，则更加侧重于职业与身份的非农化，其中

---

① 常进雄：《农民市民化过程中的非正规就业》，《财经研究》2003 年第 12 期。

② 黄泰岩、张培丽：《改变二元结构，实现城乡发展一元化》，《前线》2004 年第 5 期。

③ 朱信凯：《农民市民化的国际经验及对我国农民工问题的启示》，《中国软科学》2005 年第 1 期。

④ 陈映芳：《征地农民的市民化——上海市的调查》，《华东师范大学学报》（哲学社会科学版）2003 年第 5 期。

⑤ 文军：《农民市民化：从农民到市民的角色转型》，《华东师范大学学报》（哲学社会科学版）2004 年第 3 期。

⑥ “我国农村劳动力转移与农民市民化研究”课题组：《农民市民化的趋势与国内相关理论学派的主张》，《经济研究参考》2003 年第 1 期。

涉及户口及其附带的福利与保障，是农民完全变为市民的一个结果。[①]

郑杭生站在社会学的角度将农民市民化定义为："作为一种职业的'农民'和作为一种社会身份的'农民'在向市民的转变进程中，发展出相应的能力，学习并获得市民的基本资格、适应城市并具备一个城市市民基本素质的过程。"[②] 农民市民化本质上是乡村文明向城市文明的转化过程，在实现身份的转换和职业的转变后，新市民将发展出相应的能力来行使自身的市民权利，进而完全融入城市。郑杭生认为，农民的市民"化"有两大基本内容：其一，农民群体实现由农民角色集向市民角色集的全方位转型；其二，实现角色转型的同时，通过外部力量的"赋能"与自身内在的增能，去适应城市，从而成为合格的新市民。通过该定义，可以发现"农民"（peasant）不仅作为一种社会身份需要市民化，而且"农民"（farmer 或 cultivator）作为一种职业同样也需要市民化。此外，农民市民化并非一个自发的过程，内在增能的同时也需要借助外部的"赋能"。

葛正鹏重构了农民市民化概念，将市民化的主体范围进行了延伸，指出"农民市民化不能简单地等同于三个转换：户籍转变、地域转移及职业转换。农民市民化，并不是让所有农村人口全部都迁移到城市，而是要能让所有人口，无论是居住在城市还是农村，都能享受现代城市的文明生活。都市化是一个过程，这一过程包括两方面的变化：一方面是人口由乡村向城市流动，并且在都市中从事非农产业工作；另一方面是由乡村生活方式向城市生活方式的转变，这包括价值观、态度和行为等多方面"。[③] 该概念将市民化的主体不再局限于城郊失地农民和农民工群体，而是无论居住地是农村还是城市，都能够共享现代城市文明生活的所有居民。市民化的本质是农民的生活方式包括价值观、态度和行为的现代化和城市化转变。李建兴也曾提出类似的观点，指出农民市民化过程包括一系列的转化，这些转化主要包括如下方面：一是生产方式的非农化，即从长期从事农业生产活动向非农产业转化，并以此作为获得稳定就业收入的方式；二是生活空间的城镇化，即从主要居住在农村转变为长时期居住在城镇；三

---

① 许峰：《农民市民化问题探讨》，《绿色中国》2004 年第 10 期。

② 郑杭生：《农民市民化：当代中国社会学的重要研究主题》，《甘肃社会科学》2005 年第 4 期。

③ 葛正鹏：《"市民"概念的重构与我国农民市民化道路研究》，《农业经济问题》2006 年第 9 期。

是从文化、心理素质、生活方式以及行为方式等多个方面，逐渐与城市居民接轨、融合。①

王桂新等以农民工群体对农民工市民化的内涵进行了界定，指出农民工市民化是“迁居于城市的农民工在城市的社会环境中逐渐向城市居民转化的过程，它是中国特有的城市化发展进程的后期阶段，也是一个关键的阶段。农民工实现完全市民化的重要标志，就是其成为城市户籍的居民，享有与城市户籍居民同等的权利与待遇”。②

杨风指出农民市民化是指在人口城市化推动之下，农民不仅成为城市的居民，平等地享有城市经济社会文化的权利，而且逐步习惯城市的生活方式，与原有城市市民相互融合的过程。③ 作者认为，这一过程既是人口城市化的过程，又是人口现代化的过程，还是人口社会化的过程，即市民化农民的社会性融入过程，是三者的有机统一。该定义指出，农民市民化不仅是农民身份向市民身份的转变，更关键的地方在于生产方式、生活方式、思维方式等本质上的变化。

无论学者们从何种视角解释农民市民化，都不难发现，他们关于农民市民化的内涵界定都涵盖一些共同的含义，如农民在城市的经济地位提升、生存环境改善、公共服务共享、获得与市民同等的社会权利以及在生活方式和生产方式的城市化转变等。

1.2.2 对城镇化与农民市民化关系的研究

城镇化与农民市民化关系密切，相辅相成，相互促进。学术界普遍认为，城镇化不仅有利于形成一支高技能的产业劳动大军，加快产业结构的优化升级，提高整体劳动生产率；而且推进农民市民化有助于消除城乡二元社会经济结构发展不平衡，加快城乡建设一体化。

城镇化是农民市民化的前提条件，而市民化则是城镇化可能的结果。④

---

① 李建兴：《主体性因素与农民的市民化——关于农民市民化的调研》，《成都理工大学学报》（社会科学版）2006 年 6 期。

② 王桂新、沈建法、刘建波：《中国城市农民工市民化研究—以上海为例》，《人口与发展》2008 年第 1 期。

③ 杨风：《对农民市民化的解构与重构》，《贵州师范大学学报》（社会科学版）2011 年第 1 期。

④ 陈映芳：《征地农民的市民化——上海市的调查》，《华东师范大学学报》（哲学社会科学版）2003 年第 5 期。

徐大丰详细阐释了城镇化与农民市民化之间的关系，指出城镇化是农民工市民化进一步发展的根本动力。[①] 本质上，城镇化是农村人口逐步向城市迁移的过程，在统计学上的显著标志就是城市人口在总人口中的比重增加，而农民工市民化则是城镇化发展的重要力量，因此，农民工市民化的直接结果是极大地提高了农民的收入水平和消费水平，有利于通过形成高技能的产业劳动大军，加快产业结构的优化升级，提高劳动生产效率。同时，农民市民化反映出消除城乡二元社会经济结构的利益诉求，有助于加快城乡建设一体化。城镇化的过程本质上就是农民转化为市民的过程，故城镇化的关键就在于农民工的市民化，农民工关系到“四农一村”（农业、农村、农民、农民工、城中村）、城镇化和工业化的建设。[②]

城镇化的关键在于农民的市民化。城市的规模扩张只是市民化的先声，而进城农民市民化才是城镇化的主要目标，农民市民化才是城镇化的关键与核心问题。[③] 我国现阶段的工业化还尚未完成，这一时期，城镇化的本质仍是人口向城市的集中，也就是由农民转变为市民的过程。城镇化就是人口的城镇化和农民的市民化。[④] “城镇化”中最突出的问题就是农民“市民化”。[⑤]

但实际上，农民市民化绝非农民改称为城市居民或市民，农业人口改称为非农业人口，绝不仅仅是将户籍城镇化这么简单。城镇化的本质，从某种意义上而言就是农民的发展与转变问题，城镇化过程实际上就是城乡二元结构转变、转换农民身份、不断减少农民而增加市民的过程。[⑥] 城镇化过程中的户籍制度改革、征用或租借土地、促进农民职业转变和居住地的变更造成农民“被市民化”。[⑦] 新型城镇化模式与过往城镇化模式最大的

---

① 徐大丰：《农民工市民化与城镇化发展的关系及对策研究》，《安徽农业科学》2012 年第 10 期。

② 何露露：《农民市民化与城镇化关系研究——以贵州省为例》，《中国商论》2017 年第 8 期。

③ 路小昆：《统筹城乡发展中的农民市民化问题》，《经济师》2005 年第 11 期。

④ 孙自铎：《城市化就是人口城市化和农民市民化——与程必定同志商榷》，《安徽决策咨询》2003 年第 6 期。

⑤ 孟晓颖、孙一恒：《“城镇化”视域下的三农问题研究》，《学习与探索》2015 年第 10 期。

⑥ 蒲文彬：《城镇化过程中的农民转移就业与市民化问题研究》，《农业考古》2011 年第 6 期。

⑦ 文军：《“被市民化”及其问题——对城郊农民市民化的再反思》，《华东师范大学学报》（哲学社会科学版）2012 年第 4 期。

区别就在于逐步落实“农民”的“市民化”。[①] 新型城镇化进程的推进必然催生出新的市民群体，即“失地农民群体”，而失地农民群体要真正融入城镇，则不仅仅是农村人口迁移到城镇中，还要实现由农民真正到市民的完全转变。[②]

1.2.3 农民市民化意义的相关研究

农民市民化可以说是传统农民经过脱胎换骨进而走向现代文明的过程，是推动社会历史发展进步的过程。[③] 已有研究中对农民市民化的探讨主要从以下几方面展开。

一是从经济体制改革与社会建设的视角出发。农民市民化进程是我国扩大内需，推动国民经济持续、快速、健康发展的战略保障[④]，是全面建成小康社会的重大战略举措[⑤]，是加快我国社会主义现代化建设的现实需要。[⑥]

二是从城乡发展与城市化进程的视角来阐述。农民市民化有助于推进城乡建设一体化的整体发展，对维护城乡社会稳定，保障国家的长治久安具有非常重大的意义。[⑦] 农民市民化也是推进工业化、实现城市化进程的客观需要。[⑧] 农民市民化是建设城乡经济社会一体化的关键，同时也是检验城乡经济社会一体化的根本标准。[⑨] 农民市民化是推进城市化进程的重

① 张贡生：《“农民工市民化”还是“农民市民化”？——基本概念辨析》，《经济与管理》2016 年第 3 期。

② 吴良德、李勋华：《新型城镇化视角下失地农民市民化问题研究——以重庆下辖行政区 A 区为例》，《农业经济》2016 年第 6 期。

③ 田珍、秦兴方：《农民市民化的路径选择与逻辑次序——基于农民群体分化的视角》，《农村经济》2010 年第 6 期。

④ 姜作培：《从战略高度认识农民市民化》，《中国城市经济》2002 年第 11 期。

⑤ 文军：《农民市民化：从农民到市民的角色转型》，《华东师范大学学报》（哲学社会科学版）2004 年第 3 期。

⑥ 田珍、秦兴方：《农民市民化的路径选择与逻辑次序——基于农民群体分化的视角》，《农村经济》2010 年第 6 期。

⑦ 姜作培：《从战略高度认识农民市民化》，《中国城市经济》2002 年第 11 期。文军：《农民市民化：从农民到市民的角色转型》，《华东师范大学学报》（哲学社会科学版）2004 年第 3 期。

⑧ 徐元明：《失地农民市民化的障碍与对策》，《现代经济探讨》2004 年第 11 期。

⑨ 孙波、白永秀、马晓强：《农民市民化与城乡经济社会一体化》，《生产力研究》2011 年第 5 期。

要保证，是破解“三农”问题的重要条件，是构建和谐社会的基本内容。[①] 农业转移人口市民化是突破新型城镇化和农业现代化瓶颈的关键所在。[②]

三是从农村剩余劳动力转移视角来解释。农民市民化是实现农村剩余劳动力向城市转移的有效方式之一[③]，有助于提高劳动生产率，有助于从根本上来缓解人地关系的矛盾。[④]

四是从土地资源承载力的视角来分析。农民市民化便于节约和集约利用现有土地资源，有利于加强土地等自然资源的保护，有助于土地资源的优化配置，促进土地资源的可持续利用，有助于改善生态脆弱地区的土地生态环境，推动土地资源优势向农业经济效益优势方面转化。

五是从农民这一主体的视角来探讨。农民市民化通过给农民以与市民同等的待遇[⑤]，使农民和市民在社会权利方面实现平等，有助于保障农民的切身利益。[⑥] 农民市民化也有助于农民增加收入，是有效解决“三农”问题的重要途径之一。[⑦] 通过市民化，农民的文明素质得到进一步提高，市民化可谓促进农民实现全面发展的必由之路。[⑧]

1.2.4　农民市民化动力机制的相关研究

张忠法提出，经济动机及其影响因素是农民市民化的主要动力，劳务经济可能是农民市民化最大的动力源，农民是否希望转化为市民身份，主要取决于他们在城市中的“期望收益”与其在农村从事务农收入之间

---

① 元焕芳：《城市化进程中农民工市民身份转化障碍及对策》，《农业经济》2013 年第 2 期。

② 赵智、郑循刚、李冬梅：《土地流转、非农就业与市民化倾向——基于四川省农业转移人口的调查分析》，《南京农业大学学报》（社会科学版）2016 年第 4 期。

③ 文军：《农民市民化：从农民到市民的角色转型》，《华东师范大学学报》（哲学社会科学版）2004 年第 3 期。官锡强：《从人的发展经济学角度看农民市民化的发展》，《改革与战略》2011 年第 214 期。

④ 李辉、刘春艳：《东北地区土地资源承载力与农民市民化问题研究》，《吉林大学社会科学学报》2007 年第 3 期。

⑤ 卢巧玲：《从“民工荒”现象看农民市民化》，《农村经济》2005 年第 6 期。

⑥ 徐元明：《失地农民市民化的障碍与对策》，《现代经济探讨》2004 年第 11 期，

⑦ 姜作培：《农民市民化的主要障碍及对策构想》，《理论与改革》2003 年第 6 期。

⑧ 官锡强：《从人的发展经济学角度看农民市民化的发展》，《改革与战略》2011 年第 6 期。姜作培：《从战略高度认识农民市民化》，《中国城市经济》2002 年第 11 期。孟晓颖、孙一恒：《“城镇化”视域下的三农问题研究》，《学习与探索》2015 年第 10 期。

的比较。[①] 农民市民化正面临着来自全球化、工业化、城镇化和现代化等各种力量的推动，也正是由于多元动力机制的现实基础，农民市民化才有可能实现。[②] 目前，关于农民市民化动力机制方面的研究多集中于经济层面，如农民的收入预期、城乡居民的收入差距等。随着城镇化进程的不断深化与加快，农民市民化的目标更加多元化，故对其动力机制的探讨也有待于进一步深入、拓展。

1.2.5 对农民市民化障碍的相关研究

农民市民化面临多重障碍。[③] 学者们对制约农民市民化进程的因素颇为关注，并进行了较为深入的探究。归结起来，影响农民市民化的因素主要有政策障碍、认识障碍、信息障碍、制度障碍、素质障碍等。[④]

除上述因素之外，成本障碍也是一个重要因素。农民市民化的成本障碍主要有四种类型：经济成本、心理成本、风险成本和亲情成本。[⑤] 社会资本障碍与认同归属障碍也是农民市民化的制约因素。[⑥] 刘传江、周玲从社会资本的角度考察其与农民市民化的关系，认为，农民工的边缘地位与其拥有和使用的社会资本呈现高度的相关性，农民工缺乏相应的社会资本导致其难以融入城市生活，完成市民角色的转变，故而只有逐步改善农民工的社会资本现状，构建与完善农民工社会资本的积累及形成机制，才能

① "我国农村劳动力转移与农民市民化研究"课题组：《农民市民化的趋势与国内相关理论学派的主张》，《经济研究参考》2003 年第 1 期。

② 陈占江：《农民市民化的多元动力及其制度基础》，《重庆社会科学》2006 年第 9 期。

③ 王秋菊：《农民工市民化过程中的制度障碍与对策分析》，《中国科技信息》2005 年第 11 期。王海员：《农民市民化必须突破的障碍》，《江苏农业科学》2006 年第 8 期。颜秀金：《农民工市民化的制度障碍分析》，《内蒙古农业科技》2006 年第 8 期。

④ "我国农村劳动力转移与农民市民化研究"课题组：《农民市民化的趋势与国内相关理论学派的主张》，《经济研究参考》2003 年第 1 期。姜作培：《农民市民化的主要障碍及对策构想》，《理论与改革》2003 年第 6 期。蒋国保：《影响农民工市民化的主要障碍分析》，《特区经济》2005 年第 12 期。宋仁登：《城市化进程中农民市民化问题研究》，《山东大学学报》（哲学社会科学版）2012 年第 1 期。金喜在、张增磊：《当前我国农民市民化面临的主要障碍性因素分析》，《河北师范大学学报》（哲学社会科学版）2012 年第 11 期。李代信、黄力明、覃合：《我国城乡一体化进程中的农民市民化问题研究》，《经济研究参考》2013 年第 7 期。

⑤ 梁伟、杨风：《农民市民化进程中的障碍分析》，《上海城市管理职业技术学院学报》2005 年第 7 期。

⑥ 郑悦、冯继康：《农民工市民化进程中的障碍及出路》，《山东省农业管理干部学院学报》2005 年第 10 期。

推动农民更快更好地实现市民化与城市化的进程，进而更好地融入城市生活。[①] 有学者专门对素质障碍做了进一步探讨。何晓红指出农民能否转化为市民，农民自身拥有的文化知识水平和能力素质的整体状况非常重要，进城农民的自身素质是获取市民资格的重要条件。[②] 王桂新通过实证分析发现农民工年龄、受教育水平、婚姻状况等自身属性因素，与在城市居住的时间、是否签订劳动合同、是否参加过相关职业培训等行为因素及农民工户口所在地（迁出地）地域类型等因素均呈现统计上显著的正相关关系。[③]

有的学者则从农民市民化的内部视角或制度方面来分析其制约因素。[④] 有学者提出，农民工自身由农村社会化转向城市社会化的过程中社会化的缺失、城市人和政府的有限理性行为等因素都制约着农民工的市民化。[⑤] 也有学者将社会排斥看作导致农民工市民化进程受阻的根本原因，并从政治、经济、制度、社会生活、文化等方面深入剖析了农民工群体所面临的社会排斥。[⑥] 有学者认为城镇化发展方式、管理体制等方面的限制阻碍了农民市民化。[⑦] 文军认为农民的经济理性被忽略、政治身份被遗忘、日常生活结构被破坏是农民市民化中存在的主要问题。[⑧] 元焕芳则认为城市户籍的限制、农村土地牵制及农民主体限制是制约农民转变身份的主要障碍。[⑨] 王德召等认为，历史因素、经济发展状况、政策与制度因素、社会因

---

① 刘传江、周玲：《社会资本与农民工的城市融合》，《人口研究》2004 年第 5 期。

② 何晓红：《论农民工市民化的素质障碍及对策》，《中国市场》2006 年第 2 期。

③ 王桂新、沈建法、刘建波：《中国城市农民工市民化研究—以上海为例》，《人口与发展》2008 年第 1 期。

④ 曹敏杰、韦林珍：《我国农民市民化的制度制约因素探析》，《齐齐哈尔大学学报》（哲学社会科学版）2003 年第 8 期。姜雅莉：《农民市民化——我国农村剩余劳动力转移的路径选择》，《农村经济》2005 年第 7 期。杨巍、杨绍安：《农民市民化的内部视角：制约因素及对策分析》，《现代经济探讨》2005 年第 9 期。张忠法、沈和、李屹：《影响农民市民化的因素分析》，《经济研究参考》2003 年第 1 期。

⑤ 程亮、郭剑雄：《农民工的市民化问题探微》，《中北大学学报》（社会科学版）2005 年第 2 期。

⑥ 钱正武：《农民工市民化问题研究》，博士学位论文，中共中央党校，2006。

⑦ 沈和：《当前我国城镇化的主要问题与破解之策》，《世界经济与政治论坛》2011 年第 2 期。

⑧ 文军：《“被市民化”及其问题——对城郊农民市民化的再反思》，《华东师范大学学报》（哲学社会科学版）2012 年第 4 期。

⑨ 元焕芳：《城市化进程中农民工市民身份转化障碍及对策》，《农业经济》2013 年第 2 期。

素以及主体性因素等多方面的因素阻碍着农民身份转变为城市市民身份。[①] 任映红则从农民主体视角出发来分析农民市民化进程中遇到的各种困难和多重障碍。[②] 朱巧玲、甘丹丽指出我国农民市民化受到诸多制度束缚，包括根深蒂固的户籍制度、流转不畅的土地制度以及城乡二元的社会保障制度。[③] 孙中艮等从人的需求角度分析了农民市民化的制约因素。[④] 李练军基于江西省1056位新生代农民工实地调查数据对市民化能力的影响因素进行了实证分析，结果发现，人力资本、制度因素和社会资本均对新生代农民工市民化能力有显著影响。[⑤] 其中，对市民化能力影响最为主要的因素为受教育的程度、工作的年限和土地处置方式，其次为交往对象、住房类型和参加社保数量，此外，参加培训次数、子女上学和求助人数也均对市民化能力有影响。

针对农民市民化障碍的分析，多侧重于社会层面和个人层面，但是这两个层面的障碍又是相互交叉、密不可分的，不可单纯从某一个方面来认定。

1.2.6 农民市民化的水平评价

近几年，学者们对于农民市民化水平评价指标体系的建构、通过实证来考察市民化水平的研究也逐渐增多，但大多是针对农民工群体进行的市民化程度评价指标体系建构。研究者们基于不同研究视角所构建的新生代农民工市民化指标体系也不尽相同，因此测出的市民化水平存在较大的差异。王桂新等以上海市农民工为例，从居住条件、社会关系、经济生活、心理认同、政治参与五个方面构建了城市农民工市民化程度评价指标系统，并通过实地调查发现我国城市农民工的市民化水平总体上已达到54%，其中，农民工的社会关系、心理认同等非物质维度的市民化水平都已达到较高水平，接近60%。[⑥] 刘传江从收入水平、自我认同、在城市中

---

① 王德召、黄玖琴：《失地农民市民化之制约因素与支持情景研究》，《中国成人教育》2014年第22期。

② 任映红、罗科萍：《城郊农民市民化的多重阻滞和推进路径》，《浙江学刊》2013年第2期。

③ 朱巧玲、甘丹丽：《新型城镇化背景下农民市民化评价指标体系的构建》，《福建论坛》（人文社会科学版）2014年第5期。

④ 孙中艮、施国庆：《新型城镇化背景下农民市民化的要素及其演变：一个社会分析框架》，《南京社会科学》2015年第9期。

⑤ 李练军：《新生代农民工融入中小城镇的市民化能力研究—基于人力资本、社会资本与制度因素的考察》，《农业经济问题》2015年第9期。

⑥ 王桂新、沈建法、刘建波：《中国城市农民工市民化研究—以上海为例》，《人口与发展》2008第1期。

居住的时间和个人素质四个方面建构指标，形成新生代农民工市民化水平测评的指标体系，最终测得武汉市新生代农民工的市民化水平为50.23%。[①] 徐建玲以外部性制度因素的影响程度、农民工市民化的意愿和市民化能力为核心构建指标体系用以测算市民化进程，最终计算出我国农民工市民化的水平为50%左右。[②] 任娟娟则建立包含刚性维度（经济生活、政治参与）和柔性维度（社会交往、文化心理）在内的4个一级指标12个二级指标与24个三级指标，运用这一指标体系来测量西安市的新生代农民工市民化水平。[③] 测量结果显示，西安市新生代农民工的市民化在总体上处于中等偏下的水平，尚未实现“半市民化”，而且维度之间发展很不平衡。楚颖慧构建的农民工市民化综合评价指标体系包括个人家庭层面、社会层面、精神层面、经济层面4个一级指标以及14个二级指标，但该研究仅做了指标体系的理论构思，并未通过实践验证。[④] 李荣彬、袁城等选取了经济生活、政治参与、居住条件、心理认同、社会关系五个维度来构建新生代农民工市民化的指标体系，利用全国106个城市的动态监测数据发现我国新生代农民工的市民化水平为50.18%，已经达到了“半”市民化水平。[⑤] 沈映春等、曾江辉、文格借用王桂新的城市农民工市民化水平评价指标体系，分别对北京市和湖北省两地农民工进行调查，发现北京市农民工市民化程度总体上已达到48.2%的水平，即北京市农民工市民化的程度已经接近“半市民化”的水平，而湖北省新生代农业转移人口的市民化总体水平为38.8%，新生代农业转移人口总体市民化水平偏低。[⑥] 朱冬梅、赵晨从宏观的视角引入经济发展推动力、就业与社会保障支持力、公

---

① 刘传江、程建林：《第二代农民工市民化：现状分析与进程测度》，《人口研究》2008年第5期。

② 徐建玲：《农民工市民化进程度量：理论探讨与实证分析》，《农业经济问题》2008年第9期。

③ 任娟娟：《新生代农民工市民化水平及影响因素研究——以西安市为例》，《兰州学刊》2012年第3期。

④ 楚颖慧、韩彦军：《农民工市民化状况评价指标体系及综合评价》，《科学大众》（科学教育）2012年第3期。

⑤ 李荣彬：《新生代农民工市民化水平的现状及影响因素分析：基于我国106个城市调查数据的实证研究》，《青年研究》2013年第1期。

⑥ 沈映春等：《北京市农民工市民化水平及影响因素分析》，《北京社会科学》2013年第5期。曾江辉、文格：《新生代农业转移人口市民化水平综合评价及提升对策——以湖北省为例》，《农村经济与科技》2015年第10期。

共服务保障力这 3 个一级指标以及经济发展水平、经济效益水平、就业因素、社会保障因素、文化建设、基础设施建设这 6 个二级指标，借助 AHP 和主成分分析法，建构了农业转移人口市民化的评价指标体系，并以四川省农业转移人口为例，评估了 2001～2011 年这 11 年间四川省农业转移人口的市民化水平，结果发现市民化水平总体呈上升趋势，发展势头良好，但经济效益和就业成为制约市民化进程的关键因素。① 刘松林、黄世为构建的农民工市民化水平指标体系包括政策制度、教育、市民化的意愿及能力等项指标，利用调研数据发现我国农民工市民化的平均水平为 39.99%，各地差距较大，进度也不统一。② 吕佳、陈万明提出了基于微观个体的内生性指标和基于中观城市环境和宏观国家政策的外生性指标共同构成的测量指标体系，涵盖人口素质、个体行为、个体心理、城市融入及资源可及性、国家政策这 5 个二级指标和 18 个三级指标③，具有一定的创新性，但是该指标体系尚缺乏实践验证。张佳书、杨怡平等构建了一个包括居住条件、社会公共服务享有、经济条件、社会融入、心理适应、政治参与 6 个维度在内的农民工市民化程度评价指标体系，并以太原市为例，通过问卷调查发现太原市农民工市民化总体水平已经达到 57.93%，但是物质方面的进程远优于精神方面的进程，农民工未能完成向市民的真正转变。④ 朱景发从农民工的文化素质、社会关系、经济生活、政治参与、公共服务和心理认同 6 个维度入手构建出涵盖 13 个因素指标、26 个具体指标的农民工市民化指标体系。⑤

也有部分研究者针对城郊失地农民群体的市民化程度构建指标体系进行测量。姜义平构建的失地农民市民化指标体系包括两个一级指标：客观指标和主观指标。其中，客观指标涵盖生存环境、文化素质、生活水准、民主权利和社会保障 5 个二级指标；主观指标则包括价值观和自我及社会

① 朱冬梅、赵晨：《农业转移人口市民化评价指标体系的实证研究—以四川省为例》，《南京人口管理干部学院学报》2013 年第 4 期。

② 刘松林、黄世为：《我国农民工市民化进程指标体系的构建与测度》，《统计与决策》2014 年第 13 期。

③ 吕佳、陈万明：《新生代农民工市民化程度测量指标体系构建》，《江苏农业科学》2014 年第 12 期。

④ 张佳书、杨怡平、崔雅楠：《太原市农民工市民化水平评价指标体系研究》，《中国农学通报》2015 年第 36 期。

⑤ 朱景发：《农民工市民化评价指标探析》，《科学咨询》2015 年第 10 期。

认同 2 个二级指标。[①] 尹根从人口素质、生活质量、基本权利和身份认可这四个方面构建市民化程度评价指标体系，通过调查发现扬州冯庄社区和文昌社区目前市民化程度已达到 58.75%，但农民在人口素质、身份认可这两个维度的市民化程度不理想。[②]

还有部分研究者构建了涵盖城市地区和农村地区市民化主体（就地市民化）的综合指标体系。如郧彦辉从农民的状态、行为、态度三个方面考察农民市民化程度，具体指标可细分为生活水平、社会环境、文化素质、社会参与、社会权利、社会态度和自我认同 7 个二级指标。[③] 张月彗从社会保障、收入、公共服务、人口素质以及家庭消费结构五个维度构建了农民市民化评价指标体系，并根据历史数据，从宏观角度评估农民市民化，结果发现我国农民市民化进程整体呈上升趋势。[④] 朱巧玲、甘丹丽以“人的城镇化”为核心，聚焦社会权利、社会环境、身份认同等态度与行为指标，创新性地构建了一套关于市民化主体的多指标体系，包括社会层面（公共服务水平、社会环境）、政治层面（社会机会、公民参与）、文化层面（文化素质）、精神层面（自我认同、社会接纳）、经济层面（生活水平）5 个一级指标、8 个二级指标[⑤]，弥补了现有评价指标体系的缺陷。

1.2.7　农民市民化发展路径的研究

破解农民市民化难题是推进新型城镇化建设的核心问题。我国“三农”问题专家陆学艺教授曾指出，解决我国的农业问题要靠发展工业，解决我国农村问题要靠发展城市，解决我国农民问题要尽最大可能减少农民，使他们蜕变为市民。已有诸多研究对农民市民化发展路径进行了探析。有部分学者认为，应当通过各种措施为进城农民提供一个良好的外部

---

① 姜义平：《失地农民市民化程度测评指标体系的构建》，《湖州师范学院学报》2012 年第 4 期。

② 尹根：《失地农民市民化程度现状分析及其对策——基于扬州冯庄、文昌社区失地农民的调查数据》，《中外企业家》2012 年第 3 期。

③ 郧彦辉：《农民市民化程度测量指标体系及评估方法探析》，《学习与实践》2009 年第 8 期。

④ 张月彗：《农民市民化评估指标体系的研究》，硕士学位论文，西北大学，2012。

⑤ 朱巧玲、甘丹丽：《新型城镇化背景下农民市民化评价指标体系的构建》，《福建论坛》（人文社会科学版）2014 年第 5 期。

环境，同时也需要农民相应地提高自身的各方面素质。[①] 可见，当前学术界主要从外部政策制度环境的改善（外部赋能）以及农民自身素质能力提升（内部增能）的角度提出了推进农民市民化进程的政策建议。

外部环境方面。学者提出唯有实现对农民市民化的认知统一、城乡户籍制度的统一、大中小城市并举发展的方针统一、就业市场化机制统一、服务与管理的统一、社会保障待遇统一这六个方面的统一，才能在城镇化进程中加快实现农民市民化。[②] 只有制度创新才能加速实现农民市民化。[③] 通过加快各项制度创新，完善社会保险制度和户籍制度；强化职业教育，提升农民自身竞争力；引导市民正确看待和接纳农民市民化。[④] 彻底改变城乡分治的二元经济社会管理体制，改革传统体制中偏向城市的基本格局，消除城乡协调发展的制约因素，是推动和实现农民市民化转变的根本所在。[⑤] 还需从近期政策措施和中远期政策措施两个方面入手，加快农村劳动力转移、农民市民化进程。[⑥] 也有学者从微观层面的人力资本、中观层面的社会网络和宏观层面的制度变迁角度切入，分别从素质提升、观念更新、优化环境、社保改革等方面提出推动农民市民化发展的建议和对策。[⑦] 也有学者从博弈视角深入剖析农民工市民化的政策。[⑧] 赵立新指出私人关系型社会资本量小质低，而制度型社会资本和组织型社会资本的严重缺失已然成为农民工市民化进程的瓶颈，为加快其市民化进程，必须提升

---

① 魏杰、谭伟：《我国城市化进程中的农民市民化问题》，《经济纵横》2003 年第 6 期。林乐芬等：《城市化进程中失地农民市民化现状研究》，《农业经济问题》2009 年第 3 期。元焕芳：《城市化进程中农民工市民身份转化障碍及对策》，《农业经济》2013 年第 2 期。刘智元：《论农民市民化及其主体素质》，《现代经济探讨》2014 年第 12 期。

② 姜作培：《农民市民化的主要障碍及对策构想》，《理论与改革》2003 年第 6 期。

③ 宋克伟：《农民市民化的影响及其政策建议》，《山东省农业管理干部学院学报》2003 年第 6 期。傅琼：《加速农民市民化的制度创新》，《农村经济》2005 年第 2 期。高林英：《论我国农民市民化的制度约束及其消除》，《武汉理工大学学报》（信息与管理工程版）2006 年第 3 期。

④ 彭苏：《失地农民市民化困境与政府责任研究》，《山东省青年管理干部学院学报》2008 年第 3 期。

⑤ 路小昆：《统筹城乡发展中的农民市民化问题》，《经济师》2005 年第 11 期。

⑥ “我国农村劳动力转移与农民市民化研究”课题组：《农民市民化的趋势与国内相关理论学派的主张》，《经济研究参考》2003 年第 1 期。

⑦ 文军：《农民市民化：从农民到市民的角色转型》，《华东师范大学学报》（哲学社会科学版）2004 年第 3 期。

⑧ 何晓红：《论农民工市民化的素质障碍及对策》，《中国市场》2006 年第 2 期。

他们的社会资本。[①] 有学者提出建立农民工市民化的长效机制。[②] 有学者引入农民市民化国际经验，如以美国为代表的自由迁移的非农化转移模式，以日本为代表的“跳跃式转移”和“农村非农化转移”相结合的非农化模式，以及以英国为代表的强制性非农化模式，并在此基础上指出我国农民市民化进程中存在的核心问题并提出相应的对策。[③] 在操作层面，可以将失地农民土地补偿金的一部分转化为社会保障基金，来替代一部分土地的保障功能。[④] 要树立可持续发展的理念，政府转变征地和安置失地农民的观念；鼓励并支持他们多渠道就业与创业，强化职业教育；实行多样化的补偿方式，让农民获得更多的财产性收入。[⑤] 构建高效服务于农民市民化的政府职能网络体系。[⑥] 在农民市民化实现方式上，提出废除城乡二元户籍制度，尊重农村人口向城镇的自由迁徙，提供平等就业机会、公共服务与社会保障，加快新兴城镇建设步伐。[⑦] 宋芮提出从完善土地征用及补偿制度、构建城乡一体社会保障体系、促进从身份向职业的转变、增强法律意识、创造良好的就业环境、消除社会大众的偏见等方面提出推进农民市民化的政策建议。[⑧] 蒋大国、胡倩指出了新型城镇化进程中以“城市异地转移”和“就地转移”双重路径推进农民市民化的对策，包括促进城乡生产要素自由流动、不断推进基本公共服务均等化、努力提升农民综合素质、构建多元成本分担体系等。[⑨] 放土不放权[⑩]、农业转移人口分类市

---

① 赵立新：《社会资本与农民工市民化》，《社会主义研究》2006 年第 8 期。

② 江苏省邓小平理论研究会课题组：《构建农民工市民化的长效机制》，《群众》2006 年第 7 期。

③ 朱信凯：《农民市民化的国际经验及对我国农民工问题的启示》，《中国软科学》2005 年第 1 期。

④ 高君：《论失地农民市民化过程的社会保障》，《兰州学刊》2010 年第 4 期。

⑤ 周军、刘晓霞：《失地农民市民化身份转换的障碍分析及其对策》，《理论探讨》2010 年第 3 期。

⑥ 李翠萍、王玉华：《基于失地农民问题视角的政府职能网络构建》，《安徽农业科学》2011 年第 14 期。

⑦ 宋仁登：《城市化进程中农民市民化问题研究》，《山东大学学报》（哲学社会科学版）2012 年第 1 期。张贡生：《“农民工市民化”还是“农民市民化”？——基本概念辨析》，《经济与管理》2016 年第 3 期。

⑧ 宋芮：《新型城镇化中农民市民化困境及其对策探究》，硕士学位论文，西南财经大学，2012。

⑨ 蒋大国、胡倩：《新型城镇化进程中农民市民化的双重路径》，《江汉大学学报》（社会科学版）2015 年第 1 期。

⑩ 陈学法：《农民市民化的路径选择：放土不放权》，《毛泽东邓小平理论研究》2014 年第 11 期。

民化[1]、合理提升人力资本[2]是农民市民化的现实路径选择。

农民自身方面。提升农民对城市的适应性、制度创新、农民人格尊严维护和新生代农民市民化是农民市民化的有效推进路径。[3] 构建失地农民对城市的社会认同[4]，通过城乡文化融合[5]促进农民市民化。沈文彪分析了重庆市农民市民化的现状，并指出了实现农民市民化的具体路径：从制度方面加快改革与完善户籍制度，打破农民与市民身份的壁垒；从社会保障的角度建立健全社会保障和社会救济机制，调整和优化现行住房政策，并创造公平的法治环境；从农民自身的角度应完善职业教育体系和培训机制，全面提高农民的综合素质。[6]

1.2.8 农民市民化社会角色转换的相关研究

思想意识具有的相对滞后性特点、原城市市民根深蒂固的偏见和计划经济时期形成的二元管理体制，使得市民化进程中的农民处于异常尴尬的境地，并由此引发一系列社会矛盾和冲突，值得我们深思。在对农民市民化进程的社会学思考[7]中，有部分学者认为应当从社会角色转换的角度看待农民市民化[8]，农民市民化不仅是一个农民摆脱自身传统性的过程，而且是其自身社会资本由传统型转向现代型的过程[9]，也是一个人口社会化的过程。

1.2.9 农民市民化适度规模的相关研究

农民进城转变为市民应具备一定的条件，如果没有任何限制条件，让

---

① 齐红倩、席旭文：《分类市民化：破解农业转移人口市民化困境的关键》，《经济学家》2016 年第 6 期。

② 孙大伟：《人力资本提升、适配性与农民市民化》，《学术论坛》2013 年第 11 期。黄延廷、刘昕瑜：《人力资本视阈下的新生代农民工市民化研究》，《中南民族大学学报》（人文社会科学版）2016 年第 3 期。

③ 任映红、罗科萍：《城郊农民市民化的多重阻滞和推进路径》，《浙江学刊》2013 年第 2 期。

④ 谭日辉：《社会认同视角下失地农民的市民化研究》，《湖南社会科学》2014 年第 6 期。

⑤ 窦殿毅：《文化融合和农业转移人口市民化的进程——基于三个不同规模城市（城镇）的调查》，《城市发展研究》2016 年第 4 期。

⑥ 沈文彪：《关于农民市民化途径问题的思考》，《南方农业》2010 年第 9 期。

⑦ 杨成钢、杨风：《农民市民化进程的社会学思考》，《农村经济》2004 年第 10 期。

⑧ 孙俐：《从社会角色转换看农民市民化》，《江南论坛》2004 年第 6 期。

⑨ 王道勇、郧彦辉：《农民市民化：传统超越与社会资本转型》，《甘肃社会科学》2005 年第 8 期。

进城农民全部变为市民，在当前我国人口和劳动力相对过剩、农民占人口总量的大多数的情况下，几乎是不可能做到的，即使做到也将带来严重的社会问题。① 有的学者对北京市外来人口的适度规模进行了定量研究②，也有学者运用系统动力学仿真模拟方法对城市农民工市民化的适度规模进行探讨。③ 总之，在农民市民化的进程中，应尽量防止发生农民“过度”向城市转移的问题，不能“一刀切”。

综上所述，学者们对农民市民化的理论研究取得了非常显著的成果，但是在大多数学者的论著中，深层次的理论提炼不够，尤其是从纵向的、历史的以及机制体制角度对农民市民化的认识比较有限。动力机制的研究，多集中在经济层面；障碍或制约因素，没有分析其深层次社会根源；适度规模研究，缺乏问题实质揭示。理论研究的现实窘境，迫切需要新的阐释。

在实证研究方面，当前研究者们从社会学、经济学、人口学等不同的学科视角构建出不同的农民市民化水平评价指标体系。其中，关于农民工市民化水平指标体系构建的研究相对较多，且研究者们均通过调查估测出农民工在转移地的市民化水平。然而如前所述，市民化的主体不仅仅是农民工群体，还应包括城郊失地农民、居村农民，而针对后两种市民化主体的指标评估体系设计较为少见，且实证研究不足。

---

① 田雪原：《警惕人口城市化中的“拉美陷阱”》，《宏观经济研究》2006 年第 2 期。

② 童玉芬：《北京市外来人口适度规模的定量研究》，《人口与经济》1999 年第 11 期。

③ 张延平、熊巍俊：《城市农民工市民化适度规模研究》，《全国商情》（经济理论研究）2005 年第 11 期。

第2章　新型城镇化与农民市民化的核心概念及理论基础

2.1　核心概念界定

2.1.1　城镇化与新型城镇化

西方的理论学说中只有“城市化”的概念。城市化的英文单词为Urbanization，而其中Urban一词包含城市（City）和城镇（Town）两层含义，所以国外的城市化的概念包含两层内涵。一是指农村人口向城市集中的过程，以库茨涅兹为代表的一些学者，就是从这个角度来定义城市化的。尽管这种界定已为人们熟知，但是它仅仅从人口结构的分布变化来界定城市化，忽略了其背后所隐藏的经济结构变化的本质。另外一个层面的界定是，以克拉克为代表的学者将城市化定义为第一产业人口向第二、第三产业人口转换的过程，这在一定程度上对第一种界定存在的不足进行了弥补。将这两个层面的含义结合起来，国外的城市化可以定义为人口从农村向城市集中，从第一产业向第二、第三产业转换的过程。这一过程自然而然也会伴生一些其他社会问题，如城市生活方式及城市文明向乡村渗透。由于西方国家工业化起步早于城市化，为城市化提供了雄厚的经济基础，再加上国土资源稀缺，故而西方国家的城市化一般都沿袭人口向大城市转移、向非农产业转移的City型城市化路径，而中小城镇则处于次要位置，在城市化进程的后期才开始被重视。我国的“城镇化”不同于国外的“城市化”，是根据我国特殊的国情，由中国学者自创的一个词语，是颇具中国特色的一个概念。学者辜胜阻在1991年出版的《非农化与城镇化研究》一书中提出“城镇化”的概念。然而“城镇化”最早在中国官方文件中公开使用是在1999年公布的《关于制定国民经济和社会发展的第十个五年计划的建议》中。中国在城市化发轫之前工业化基础相当薄弱，以大城市为中心的城市化道路举步维艰，而中国农村土地资源充足，再加之乡镇企业异军突起，在农村搞小城镇建设、推动农村剩余劳动力转移可减少城市化成本，以小城镇为中心的城市化进程符合中国的国情，具有一定的现实性和可行性，故而中国开始推行偏重小城镇的城市化发展。通常认为，我国的城镇化是农业人口转变为非农人口、农业用地转变为非农用地的过程，是城市规模的不断扩张。城镇化是现代文明的必然产物，是工业化的必然结果，是人类文明进步的必经之路。城镇化带动了整个社会的变革，改变了原有的社会结构，实现了人力、物力资源的重组，是我国实现城乡一体、缩小差距的有效举措。

中国的城镇化具有一定的阶段特性，其内涵与侧重也在不断变化演进。改革初期的城镇化重外延、轻内涵，采取的是简单粗放的发展模式，缺乏内涵的无序扩张导致我国城镇化问题重重：小城镇建设效率低下，缺乏规模效应和集聚效应，资源过度耗费，环境破坏严重。党的十八大提出了新型城镇化的概念，改变了过去片面强调优先发展小城镇的战略以及片面扩张城镇外延的战略，开始重视大中城市与城镇协同发展以及城市功能的健全发展，开始走内涵提升、高效节能集约式城镇化发展道路。新型城镇化指的是以城乡统筹、城乡一体、产业互动、节约集约、生态宜居、和谐发展为基本特征的城镇化，是大中小城市、小城镇、新型农村社区协调发展、互促共进的城镇化。

2.1.2　农民

法国社会学家孟德拉斯指出，农民是相对于城市来限定的。在农民这一概念的界定上有三种不同的观点。第一种观点是把“农民”看作一切时代的个体农业生产者。《辞海》中对农民的界定是“直接从事农业生产的劳动者……在资本主义社会和殖民地、半殖民地社会，主要指贫农和中农。在社会主义社会，主要指集体农民”；《现代汉语词海》中对农民的定义则是“长时期参加农业生产的劳动者”；《经济大辞典》（农业经济卷）对“农民”一词的表述是“个人或集体占有或部分占有生产资料，从事农业劳动为主的人”。第二种观点是把“农民”看作不发达社会、宗法式社会或“农业社会”的居民，包括上述社会中的农业生产者与非农业生产者，但非农业社会的农民（如发达国家的家庭农场主）不包括在内。这一观点把农民看作有别于“都市文化”的另一种文化体现者，或者借用“农民”这一名词来描述前工业时代“整个社会的特征”。第三种观点是西方的马克思主义学者所主张的，把“农民”界定为特定生产关系中的一个阶级，即中世纪的农民阶级。这种界定既不包括“农业社会”的非农业生产者，也不包括像当代美国农民那样的非农业社会的农民。“农民”的具体标准则根据对封建社会及其生产关系理解的不同而不同。国内学者对农民的定义也是见仁见智，多从居住地、职业及地位、地缘关系、历史性的社会身份方面对农民进行定义。现代关于农民较为全面的定义是从两个角度、三个层次来界定的。两个角度分别为：一是职业角度，主要依据是看是否直接从事农业生产劳动；二是户籍角度，主要依据是看是否属于非商品粮的农村户口。三个层次分别为：一是狭义的农民，指以土地等农业生产资料为依托长期从事农（林、牧、副、渔）业生产的劳动者；二是指属于农村户口，并从事广义农业生产经营活动的劳动者；三是最广义的农民，指的是包括城市职工到农村承包荒山、荒地在内的农村总人口。这一概念虽然较为全面，但依然没能完全揭示出农民与市民之间的本质区别。在当代职业转换十分频繁、户籍制度弱化的大背景下，“农民”和“市民”不再仅仅是地域和职业的区别。他们之间更重要的区别在于权利、待遇、生活方式以及文明程度等方面。所以，农民已远非职业概念，而属于身份制度的范畴。

2.1.3 市民

“市民”概念最早可追溯至古罗马和古希腊。在中世纪以前，市民是一种享有特殊权利的社会身份。在希腊城邦里，只有男性公民才拥有市民身份，妇女则被完全排除在外。而在古罗马，市民法仅仅适用于具有市民资格的人。中世纪之后，市民的概念发展为法律上的身份证明，拥有了市民身份就可以享受相应的市民权利，同时履行相应的市民义务，现代意义的市民开始出现。因此，市民是指长期居住在城市的拥有城市户籍的那部分人。

学术界在对“市民化”的概念进行论述时，不同学者从不同角度对这一概念进行了界定。杨礼琼认为失地农民的市民化包括内在和外在两方面的市民化。外在市民化是指农民获得了城市户籍，而内在的市民化主要是指失地农民获得依附于市民户籍上的相关权益的过程。文军认为失地农民市民化是失地农民这一群体通过自身内部增能和外部环境赋能的两个过程。

本书将市民界定为，长期生活在城市，享有城市政治、经济、社会和文化等各项权益，并习惯于城市生活方式的人口。在此处市民的定义中，生活在城市中的人口是城市人口，包括城市流动人口；而居住在城市中，享有城市政治、经济、社会和文化等权益的城市人口则是城市居民；只有长期生活于城市中，并习惯于城市生活方式的城市居民才是真正意义上的市民。

2.1.4　农民市民化

学术界对农民市民化的定义众说纷纭。从客观因素角度来看，有的研究者认为农民市民化就是城市化的过程。农民获得作为城市居民的身份和权利，如户籍、居留权、选举权、受教育权、社会福利保障权等。从主观因素角度来看，有研究者认为农民市民化主要是其思想观念、生活方式、行为方式、社会组织形态等的转变。

本书认为，农民市民化是指在工业化和城镇化进程中，农民逐渐转化为市民的一种过程和状态。这一过程不仅仅表现为地域（农村人口—城市人口）、身份（农民身份—市民身份）、权利（农民权利—市民权利）、职业（农业人口—非农业人口）等方面的转变，还意味着通过接触和学习城市文化和城市生活方式，实现职业、生活方式、观念意识及社会关系等方面的转型，进而融入城市生活并逐渐成为具有现代性特点的新市民。也就是说，农民市民化就是在新型城镇化、工业化、农业现代化的推进过程中，农民（无论是异地转移的农业人口，即农民工，还是就地转移的居村农民）实现生存条件改善、公共服务享有均等化、社会关系改变、自身素质提升以及对自我身份和城市生活方式的心理认同过程。该界定从经济层面、社会层面、自我素质层面、心理层面由表及里、由浅入深地阐明了农民群体向现代性的整体转型，其中，生存条件是市民化的基础，心理认同是市民化的核心。市民化的主体不仅包括进城农民，即从农村转移到城市的农民工以及城郊失地农民，还应包括长期生活在农村的居村农民。

2.2 理论研究

2.2.1 城乡融合理论

马克思、恩格斯批判吸收了空想社会主义者关于城乡关系和发展的理论成果，提出了城乡融合概念，并对城乡融合的历史前提、社会必然性和选择性、实现的途径进行了阐述。马克思、恩格斯的城乡融合理论指的是“结合城市和乡村生活方式的优点而避免两者的偏颇和缺点”，实际上指的是城市和乡村相互吸收各自生活方式优点基础上的社会整体协调发展的理想状态，是城乡关系发展的最高阶段。主要包括以下三点。

第一，农业和工业相结合。城乡融合是社会生产力发展的客观要求，也是其高度发达的产物，它不仅是城乡关系发展的最高阶段，更是一个“消灭分工”的范畴，即打破旧式的工业劳动和农业劳动的分工格局。城乡融合是发展新型城乡分工，把农业和工业结合起来，相互联系和相互补充，实现农村经济和城市经济广泛联系和融合发展的历史范畴。

第二，城乡人口均衡分布。马克思、恩格斯指出：“乡村农业人口的分散和大城市工业人口的集中，仅仅适应于工农业发展水平还不够高的阶段，这种状态是一切进一步发展的障碍。”在城乡关系发展的最高阶段，必须改变这种对立的状况。因此，马克思、恩格斯在城乡融合这一历史范畴中特别强调要使城市和乡村的人口尽可能均衡分布，避免诸如“城市病”等现象的发生，还原人与自然的原本联系，实现人与自然的和谐可持续发展。

第三，城乡文化和生活方式的相互融合与统一。城乡融合是“把城市和农村生活方式的优点结合起来，避免二者的片面性和缺点”，即城乡的生活方式和文化相互融合和统一。马克思、恩格斯认为，城市生活与乡村生活本身就具有内在的互补性，“城与乡，不能截然分开；城与乡，应该有机地结合起来。如果要问城市与乡村哪一个更重要的话，应当说自然环境比人工环境更重要”。

2.2.2 区位理论

区位理论源于杜能的农业区域论和韦伯的工业区域论。杜能是西方区位理论的先驱，他在 1826 年出版的《孤立国同农业和国民经济的关系》是第一部关于区位理论的古典名著。他提出了实践经验较强的区域经济理论——孤立国理论，即资源配置的地理空间效应。他认为，城市周围土地的利用类型及农业集约化程度都是随其与城市距离的远近而呈带状变化的，由此形成由内而外的一系列同心圆，这些同心圆被称为“杜能圈”，每个圈都有自己的主要产品和自己的耕作制度。

19 世纪中后期，德国完成了产业革命，钢铁、化工等新兴工业得到快速发展，工业区位问题显得突出起来。德国经济学家韦伯对工业区位进行了系统研究。他首先引入了“区位因素”的概念，并完成了一般区位理论的构造，完整地提出了工业区位理论，使古典区位论，特别是工业区位论达到了一个顶峰。

其后，克里斯泰勒和廖什发展了这一理论。19 世纪末 20 世纪初，垄断逐渐代替自由竞争在社会经济生活中占据统治地位，由此引起经济、政治和社会生活发生了一系列的根本性变化，区位论的研究逐渐从以成本为重心转向市场。德国经济学家克里斯泰勒于 1933 年提出了中心地理论。他认为，城市是中心地腹地的服务中心，根据所提供服务的不同档次，各城市之间形成一种有规则的等级均匀分布关系。20 世纪 50 年代后，中心地理论得到进一步完善和发展，以廖什的市场区位理论为主要代表。廖什的区位理论是以最大利润原则代替韦伯的最低费用原则为特点，把需求作为空间变量，引入成本和需求两个空间变数。在考虑最佳区位问题时，兼顾单个厂商和厂商之间相互依存的关系。

2.2.3　经济结构理论

有些经济学家和社会学家从城乡二元结构融合角度，对农村富余劳动力向城市转移和城乡经济社会结构融合进行了分析。亚当·斯密（1776 年）把经济增长作为研究中心。马尔萨斯在其著作《人口原理》（1798 年）中揭示出人口增长对经济发展的制约作用。大卫·李嘉图在《政治经济学及赋税原理》（1817 年）中揭示了自然资源禀赋对经济发展的影响。马克斯·韦伯则运用传统与现代的二元分类法，将当时社会划分为传统社会和现代社会，传统社会被认为是落后的，而现代社会则被视为是进步的，二者之间的社会仅是一个过渡的非常规类型。沿用二元分析范式，刘易斯将此分析结构与工业化进程相结合，对李嘉图的理论进行了深化，在此基础上，建立了一个二元经济发展模型，揭示了发展中国家的经济发展路径。以古典经济学中劳动力无限供给的假设为出发点，刘易斯认为，在经济发展的过程中，发展中国家必然会出现传统农业部门与现代工业部门并存的经济结构。相较于资本和自然资源而言，传统农业部门人口数量庞大导致劳动的边际生产力非常低下。而资本积累成为制约经济发展与增长的唯一要素，现代工业部门只需要提供略高于维持农村生计水平的工资，就会使得农业剩余劳动力轻易转向现代工业部门，从而促进农业部门劳动边际生产力的提高。而现代部门的创造就业的速度一旦超过农业部门剩余劳动力的产生速度，农业剩余劳动力则不再具有无限弹性，从而变得相对稀缺，此时，农业的劳动边际生产力开始变为正数，在经济发展的这一时期就容易出现粮食短缺点。因为此时农产品的需求弹性大于1，农业的发展会带来工业部门实际工资的提高，工业部门的利润率可能会急剧下降，资本积累逐渐缓慢甚至停滞下来。粮食短缺点过后，农业劳动力的工资率尽管呈现逐步上升的趋势，但由于农业劳动力的工资率仍然低于现代工业部门的工资率，农业部门劳动力仍旧可能会向现代工业部门继续转移，而当农业部门的剩余劳动力被工业部门吸收殆尽，两大产业部门的劳动边际产出相等时，全部社会所有的劳动工资率都将由劳动的边际生产力来决定，农业则已经变成了现代工业经济的组成部分。刘易斯基于平衡农业和工业发展提出的完善农村剩余劳动力转移的二元经济发展思想对我国农民市民化路径选择具有一定的指导和借鉴意义。拉尼斯与费景汉（1961 年）在刘易斯二元经济结构框架之内明确提出，二元经济结构转换的关键点是农业生产率，认为提高农业的劳动率，不但能够提高农业产业部门劳动的边际生产力，防范粮食短缺点的出现，而且还能改善工农业的贸易条件，促进工业部门利润的增长，进而缩短现代工业部门与传统农业部门劳动边际生产率相等时拐点出现的时间，此为“刘易斯—拉尼斯—费模型”。

后来，乔根森（1961 年）和托拉罗（1969 年）又对二元经济结构模型进行了修订和完善，认为农业剩余是农村剩余劳动力向工业转移的前提条件。当农业剩余为零时，则不会发生农村剩余劳动力的转移。只有当农业剩余大于零时，农村剩余劳动力才有可能发生转移。乔根森在农业剩余存在这一前提条件下，又提出一个非常重要的假设，即农业总产出保持与人口增长一致。他认为，人口的增长取决于人均粮食的供给，若人均粮食的供给是充分的，则人口增长率也将达到生理最大量；当人均粮食的供给增长率高于最大人口增长率时，农村剩余便产生了。在这样的条件下，由于农业技术的不断进步与发展，农业剩余规模也将不断扩大，将有更多的农村剩余劳动力向工业部门转移。由此可见，农村剩余劳动力转移的规模和工业部门的发展都取决于农业剩余的规模。但是乔根森的模型仍然没有重视对农业的物质投资以及城市的失业等问题进行研究。

2.2.4　田园城市理论

英国的 E. 霍华德首先提出“田园城市”的设想，他将一切问题的根源归结为“引力”。在他看来，城市与农村具有各自不同的吸引力，同样也都具有无法避免的缺点，由此，他提出将同时吸取城市和农村各自的特点，取长补短，相互融合，建立一种具有崭新特点的新生活方式，从而只保留各自的优点，摒弃各自的缺点。由此可见，田园城市设想的根本目的就是要建立一种兼具城市和农村优点的理想城市。

霍华德的田园城市设想包括城市和农村两个部分，城市的四周被农业用地所围绕，城市的居民常常就近即可得到新鲜的农产品供应，农产品也有最近的市场，但市场又不只限于当地。所有田园城市内居民都在此生活，在此工作。所有土地全都归城市内所有居民集体共有，但必须支付租金才能使用。城市的收入亦全部来自租金，因在土地上进行建设或聚居而产生的收益归居民集体所有。城市的发展规模必须受到严格限制，确保每户居民都能非常方便地接近乡村的自然空气。

2.2.5　非均衡发展理论

基于资源的稀缺性，该理论倡导集中优势产业来发展经济。学界普遍认为，非均衡发展理论可分为两大类：一类属于无时间变量的，包括循环累积因果论、增长极理论、不平衡增长论与产业关联论、梯度转移理论、核心—外围理论等；另一类则属于有时间变量的，典型代表为倒“U”型理论。

（1）循环累积因果论。著名经济学家冈纳·缪尔达尔在 1957 年提出累积因果理论。该理论认为，经济发展的过程在空间上并非同时产生的，也非均匀扩散的，而是先在一些条件比较好的地区开始出现，当这些地区由于始发优势而发展超前于其他区域时，这些地区就可以通过不断地积累有利的因素实现持续超前发展，从而进一步加剧和强化了区域间的不均衡，引致增长地区和滞后地区之间产生空间联动效应。由此产生了两种不同的效应：一种是回流效应，主要表现为各类生产要素由不发达地区向发达地区流动，致使区域经济间差异不断扩大；另一种是扩散效应，主要表现为各类生产要素由发达地区流向不发达地区，使得区域发展的差异得以缩小。由于市场机制的作用，回流效应远远大于扩散效应，也就是发达地区越发达，落后地区则更落后。缪尔达尔据此提出关于区域经济发展的相关政策主张。他认为，当经济发展处于初期，政府可以通过优先发展条件相对较好的区域，来获得较高的投资效率及较快的经济发展速度，进而通过扩散效应来带动落后地区的发展；而当经济发展达到一定程度时，也要防止由累积循环因果所导致的贫富差距的无限度扩大，此时，政府需要制定一系列的特殊政策和措施来刺激和扶持落后地区的经济发展，来缩小经济发展差距。

（2）不平衡增长论。美国经济学家阿尔伯特·赫希曼 1958 年提出不平衡增长理论。该理论提出，经济增长并非同时在每一个地方出现，经济增长的巨大推动力将使经济增长围绕最初的出发点集中，增长极的出现也就意味着经济增长在各区域是不均衡的，这是经济发展的重要前提，也是经济增长无法避免的产物。据此，他提出了与回流效应相对应的“极化效应”和与扩散效应相对应的“涓滴效应”。当经济发展处于起始阶段，占主导地位的是极化效应，因此会使区域间差异逐渐拉大；但是从长期来看，涓滴效应将会缩小区域间的差异。

（3）增长极理论。法国经济学家佩鲁于 1950 年首次提出该理论。佩鲁认为，经济增长并不是同时在各个部门出现，而是以不同强度的形式出现的，首先在某些增长部门出现，然后再通过各种不同的渠道向外扩散，进而对整个经济带来不同程度的终极影响。很显然，该理论主要强调那些规模大、增长速度快、创新能力强、处于支配地位并能带动其他部门发展的主导产业部门（即所谓推进型产业），重点强调不同产业之间的关联推动效应。经济学家布代维尔进一步从理论上将经济空间的增长极概念拓展到地理空间，他认为经济空间应不仅包括经济变量间的内在结构关系，还应包括经济现象的地域结构关系或区位关系。所以，增长极的概念包含两层含义：一层是经济意义上的增长极，特指那些推进型的主导产业部门；另一层是地理意义上的增长极，特指那些区位条件优越的优势地区。

（4）核心—外围理论。约翰·弗里德曼提出的核心—外围理论，又称为核心—边缘理论。该理论的主要观点是：基于区际经济发展不平衡较为长期的发展趋势的考虑，可以将经济系统的空间结构划分为核心区域和外围区域两部分，两者共同构成了一个整体的经济二元空间结构。核心区域经济发展条件较为优越，且经济效益亦较高，故处于支配的地位，而外围区域经济发展条件相对较差，故经济效益也较低，因此处于被支配地位。所以，各生产要素必然伴随着经济发展从外围区域向核心区域实现净转移。在经济发展的起始阶段，二元经济结构非常明显，最初的表现是一种单核经济结构。但随着经济发展进入起飞阶段，多核结构将逐渐替代最初的单核结构。而后当经济发展进入持续增长阶段时，随着政府政策的不断干预，核心和外围之间的界限将逐渐消失，在特定区域范围内实现经济一体化，各个区域的优势得以充分发挥，进而获得经济的全方位发展。

（5）区域经济梯度推移理论。这一理论是在美国跨国企业问题专家弗农等提出的工业生产生命循环阶段理论的基础上提出来的。生命循环阶段理论被经济学者引入区域经济学，并创造出区域经济发展梯度转移理论。这一理论认为，不同国家（地区）的经济发展水平都处于特定的发展梯度上，一个国家内部的经济发展在客观上也存在梯度差异，位于高梯度的地区会通过不断地创新，并不断地向外扩散以求得发展，而位于中、低梯度的地区则可能通过接受扩散或者寻找机会实现跳跃发展并向上反梯度推移以获得发展。

（6）倒“U”形理论。1965 年，威廉姆逊在其发表的论文《区域不平衡与国家发展过程》中提出了这一理论。作者运用库兹涅茨提出的收入分配倒“U”形模型来分析区域经济发展问题，并据此提出了区域经济差异的倒“U”形理论。该理论通过实证分析指出，不论是运用横剖面分析方法进行分析，还是通过时间序列分析，结果都表明，国家经济的发展阶段与区域间增长差异之间呈现倒“U”型的关系。这一理论用时序问题来分析区域空间结构的变动。

第3章　国外农民市民化的典型模式及经验借鉴

3.1　不同国家农民市民化模式分析

3.1.1　英国农民市民化的历程和特征

作为最早的资本主义国家之一的英国，其农民城市化的进程在世界上具有很强的代表性。

3.1.1.1　英国农村劳动力转移的历史背景

首先，从英国社会发展的历程来看，农民劳动力转移的主要动因是农奴制的废除。在农奴制废除前，劳役制束缚了广大的农村劳动力，他们经济和社会地位低下，没有生产自由、婚姻自由和人身自由，摆脱低贱的社会地位是农奴们世世代代的目标。而当时的城镇居民却能享有一定的公民权利，因此大量的农村劳动力为了获得自由希望迁移进入城镇，但是农奴不被允许随意迁徙流动，于是逃亡在所难免了。我们至今无法精确算出农奴逃亡人口的具体数字，也不确切知道多少农奴躲过领主追捕而逃入城镇，但可以合理推测他们构成了中世纪城市市民的一个重要来源。

其次，农业生产的局限性迫使农村劳动力转移。农业生产会受到季节因素的显著影响，催生出“季节性”的失业情况。这种现象就会导致处于失业状态以及隐形失业状况的农村劳动力向就业机会更多、收入更高的地区及城镇流动；又因为土地生产资料同农业劳动力之间存在不平衡性，当有限的土地资源被开发殆尽时，剩余的农村劳动力不得不逐渐向非农业转移，从而开始城市化和非农化历史进程；还由于边际收入递减效应的影响，政府会将农业的剩余劳动力、资金和技术等社会资本投向农业生产以外的产业。这些都是“推动”人口流动的诸多因素，它们共同推动了中世纪英国农村剩余劳动力向城镇的转移。

再次，农业生产力提升是农村剩余劳动力转移的深层原因。马克思也曾指出，生产力的发展和进步是劳动力转移和城市化发展的根本原因。可见，劳动力能够从农村分离、转移到城镇从事非农产业，并获取稳定的生产资料与生存资料，其基本前提条件就是农业生产力的发展和提高。因此，从城市基本的生存需要出发，我们能清晰地看到，在农业生产力得到飞速发展、生产率得以快速提升后，农产品剩余现象越来越多，此时开始出现自由的农村劳动力转移到城镇从事非农产业，而农业生产力提高导致农民收入增加，增强了农村居民的购买力，也会促进对工业品的消费，扩大非农产品销售市场，最后推动非农行业和城市经济发展，从而形成农业和非农业、农村和城市之间的良性循环。

3.1.1.2　英国的农村劳动力转移与城市化的历程

纵观 11 世纪到 19 世纪工业革命的六七个世纪，可将英国劳动力转移与城市化的历程划分为四个阶段：11 ~ 14 世纪初年的“城市兴起”阶段、14 世纪中叶至 16 世纪初年的“衰落”阶段、16 世纪中叶至 18 世纪中叶工业革命之前的“回复和发展”阶段、工业革命时期的“高峰”阶段。

第一阶段：“城市兴起”阶段。可将农村劳动力转移分为地域流动和行业流动两种类型，其中地域流动又分为农村间的短距离流动和从农村到城市的长距离迁移。短距离的地域流动多出现在中古早期，这是和当时商品经济不发达、自给自足经济占据主导地位的社会环境存在密切关系的。而长距离的地域流动多出现于中古晚期和近代早期，这是和社会交往程度扩大、封闭状态被打破以及自然经济解体的进程相一致的。而行业流动则包括农村非农产业向城市工商业转移。

英国初期的大规模农村劳动力转移属于跨区域流动，而非跨行业流动。并且不是向城镇转移，而是在农村间转移。因此，该时期被称为“农村社会的内部流动”阶段。该阶段的短距离、村际间的劳动力转移使农村劳动力从人口众多的乡村流动到土地富余的边疆地区进行垦荒。当边疆地区的土地承载能力接近或达到饱和时，垦荒的移民行为就会停止。

若要推动农村劳动力向城市转移，首先必须要推动农业生产力的大幅提高和进步，否则仅会停留在村级之间的“季节性”循环流动中。在这期间劳动力也存在一定的行业间流动，大多是从农业流向畜牧业和乡村纺织业，比如，在13世纪后期英国的畜牧业和纺织业开始兴起。一般而言，短距离的流动和迁移者多在当日即可返回原地，无论短途交换或季节性打工，迁移者返回当地后继续从事旧有的职业。显而易见，这类劳动力转移和人口流动都不会改变迁移者先前从事的职业和原有的身份，体现更多的是一种近乎纯粹的“地域性”的流动色彩。这一时期大多属于农业劳动力在农村内部的流动，虽然比例很小，但也存在一定比例的劳动力外流，即农村劳动力经过长距离流动进入城市。在长距离的地域流动中，由于路途遥远，长距离迁移者当日或数日甚至更长的时间不能返回家乡，往往留在迁入地或在城镇定居下来，而留在城镇里的迁移者不得不放弃原有的职业，主要以非农业为谋生手段，从而逐渐由农村移民变成城镇市民。

11～13世纪、14世纪早期，英国农村劳动力转移在地域流动——城市化方面取得了阶段性的成果。英国从11世纪初开始大规模的城镇建设，12～13世纪城镇化规模空前扩张。据统计，这一阶段当中城市新增数量达到140个之多。再加上已有的旧堡和市场小镇，截止到14世纪初期，英国已有将近400个城镇。研究表明，12世纪末建立的斯拉夫德城在最初的50年发展时期内，城内居民多来自附近半径16英尺以内的村庄。到了13世纪末期，英国城镇的人口覆盖范围逐渐增大，以中西部城镇为例，居民大多来自周边半径30～40英尺的范围。由此可见，英国不论大城市还是小城市，其形成均源于周边的农村地区，例如首都伦敦的形成即是如此。

第二阶段：农村劳动力转移的“城市衰落”阶段。大体来说，在劳动力转移初期，农村人口向城市的流动可以分为两个阶段：11～14世纪上半叶向城市流动的时期（城市复兴）和14世纪下半叶～15世纪向城市流动时期（城市衰落）。

14世纪晚期和15世纪，英国多数城镇经济发展滞缓。黑死病和其他频频发生的疫病，使英国城乡损失了1/3～1/2的人口。据哈切尔研究，英国城乡人口数量徘徊在225万到275万之间，15世纪中叶为人口最低点——在200万到250万之间，这样，13世纪晚期和14世纪早期的人口膨胀和耕地资源紧张矛盾得到全面解决，乡村出现许多闲置分地，个别村子和市镇甚至出现了荒无人烟的现象。因此，在中古晚期的14世纪下半叶和 15 世纪，英国乡村许多地区出现了劳动力紧缺问题。乡村人口向城市迁移规模变小，多数城镇经济发展滞缓，物价低迷，其中最重要的原因是劳动力短缺。

无论城市还是农村，人口膨胀状况一去不返，许多地区都出现人手短缺现象。乡村存在大量土地和富余的就业机会，农业危机在很大程度上得到缓解，生存压力降低，在人口与资源比例配置上，天平向后者大大倾斜。而人口、资本向乡村“回流”，在一定程度上影响了城市工商业的发展，从而制约了城市人口数量增加和城市规模的扩大。总之，从 14 世纪晚期至 15 世纪都是英国劳动力转移与城市化发展较为艰难的一段时间，包括劳动力转移程度和城市化水平最高的西南部科茨沃尔德地区都出现了经济衰退和城市萎缩，英国史学家称其为“逆城市化”运动，而且这不是个别情况，是很普遍的一个现象。

第三阶段：农村劳动力转移与城市化的发展时期。16 世纪是英国历史上城市化和工业发展的一个重要时期，在此期间，农村劳动力转移高级形式的出现意味着英国农村劳动力转移迈过了初级阶段，进入了“发展时期”。

从 16 世纪下半叶开始，英格兰人口显著增加，在大约半个世纪的时间里从 1551 年的 301 万人增加到 1601 年的 410 万人，1641 年人口快速增长至 500 万，增长趋势持续至 1651 年。此后人口增长出现停滞，就此绵延半个世纪的人口扩张宣告结束。与此同时，在这半个世纪的时期内除了人口和城市化的持续增长之外，英格兰的三大产业也取得了全面的发展。农村劳动力队伍急剧膨胀，使得农村劳动力出现过剩局面，造成大量农民涌入城市，这为城市化进程的发展提供了丰富的人力资源。

与此同时，农村社会发生的一场变革——圈地运动，使得英国农村劳动力转移与城市化进入一个新时期。圈地运动将农村大部分生产者驱离土地，剥夺了农村大多数居民依照习俗和惯例所享有的权利，摧毁了社会传统结构，重组了乡村生产关系。圈地运动不仅仅是贵族、领主通过超经济强迫手段剥夺农民的土地等生产资料的一种暴力运动，也是通过经济手段、经济力量推动的一场经济和社会变革。被推出土地的许多农民辗转迁移到了大大小小的各类城镇，更多的则利用当地和附近现有的资源转入各种非农行业，或作为雇工受雇于采用资本主义方式经营的各个大农场。16 世纪农村劳动力转移除了受到农业生产力提升的推动之外，生产关系的转变也是加速其转移的重要因素。

17 世纪初期，商业和货币危机再次席卷整个北欧，但它对于英国来说却不仅是单纯的“危机”。物价逐渐平稳，居民收入稳定，而此时的劳动力市场需求并没有出现下降，甚至部分地区的工资水平反而出现提升的情况。这为 16 世纪的生产率高速增长和生产关系发生的巨变提供了喘息之机，为农村的制造业、商业以及资本主义生产关系的持续发展奠定了坚实基础。农村劳动力在地域间、行业间的转移也得到了深化发展。在 17 世纪中叶之前的时期，英国的城市化水平一直较低，还达不到欧洲国家的平均水平。随着劳动力转移与城市化步伐加快，到 18 世纪中叶时，万人以上城市居民约占总人口的 17.5%，已超出欧洲大部分发达国家的一般水平（平均城市化水平为 13.8%），如果只计算 5000 人以上规模的城市，英国的城市化率则已高达 21%。此外，城市化的类型也发生了显著改变，农业剩余劳动力的产业转移和行业流动得到了有力推进，推动了工业产业的稳步发展。据统计，截至 1750 年，英国的非农人口比例是 42%，而荷兰是 34%，法国则仅有 31.5%，可见当时的英国已成为欧洲非农比例最高的国家之一。显而易见，17 世纪的 100 年是英国在农村劳动力转移与城市化历史上的一个重要历史转折阶段，完成了从缩小差距到扭转劣势再到实现超越的过程。

第四阶段：农村劳动力转移与城市化的高峰时期——工业革命时期。工业革命极大地提高了社会生产力，带动了各行业生产效率的提升，对劳动力的需求也急剧增长。这对农村劳动力产生了强大的拉力，将众多的农村人口吸引至城镇和工矿中。“自由”已经不是这个时期城市的特权，许多城市由于各种原因失去独立地位而成为中央政府统治下的地方郡县，“自由”也不再对居住在城市里的所有居民开放，来自农村的贫困移民更难问津市民身份，所以现代工业城市赖以拉动乡村人口力量的不再是一种政治因素，而是一种较之中古城市更为纯粹的经济力量。城市展示出能够为乡村剩余劳动力提供各种工作岗位和就业机会的广阔前景，而在乡村，由于农业生产力的进步和农业生产结构的调整，大量农村劳动力已经成为多余的人，在农村单纯依靠农业难以维持生计，城市繁荣富裕的生活水平和大量就业机会深深吸引着他们向城市迁移。

工业革命开启了农村劳动力转移的新历史篇章。在 18 世纪中叶至 19 世纪中叶的 100 年中创造了劳动力转移数量等于工业革命开始前 700 年的劳动力转移数量之和的伟大成就，特别是在 19 世纪初至 19 世纪中叶期间，大量的现代城市开始迅速崛起和发展，英国从仅有 1 个 10 万人口的大型城市增加至 9 个之多。研究表明，截至 1851 年，英格兰和威尔士首次实现非农人口占比超过 50%，基本实现了城市化的目标。与此同时，农业劳动力比例随之下降。具体来看，19 世纪初期英国有 40% 以上的男性均为农业人口，而到 19 世纪中叶该项数据已下降为 25% 以下。由此可见，在工业革命的推动下，英国已经从农业社会迈入工业社会，农民逐渐转化为市民。

3.1.1.3　英国农民市民化的特征

通过对英国农民市民化的进程研究发现，英国的农民市民化进程与农村剩余劳动力的转移如影随形。纵观英国农村剩余劳动力转移的四个阶段，其中早期的农村劳动力转移多是向英国的殖民地转移，而不是进入城市，但后期的转移情况却发生了根本性的转变。其中，圈地运动和工业革命成为推动农村剩余劳动力转移的两大重要转折。从 15 世纪至 19 世纪经历了 400 年时间的圈地运动，从早期的将小块土地整合为牧场到后期的签订圈地协议，采取了多种形式的方法改变土地的使用方式，使众多农户被迫失去土地而向城市转移。据统计，在工业革命开始之前，以 1520 年为例，英国农村中的非农人口占比仅为 20%，而随着工业革命的逐步发展，到 1560 年占比达到 24%，1700 年占比为 34%，1750 年占比为 42%。可见，工业革命不仅加速了英国工业化的发展，而且还促进了农村劳动力的转移以及推动了城市化进程，成为世界范围内的一种历史性运动。由于劳动生产率的快速提高，农业对劳动力的需求急剧减少，农村大量剩余劳动力转移到城市从事工业生产。从 18 世纪 50 年代开始，转移人口达到平均每 10 年 2.5 万人，此后，平均每 10 年转移 5.3 万人，而到 1811 ~ 1820 年，又上升到每 10 年 21.4 万人；1821 ~ 1830 年，更达到每 10 年 26.7 万人。从 1860 年工业革命开始的 100 年时间里，英国的农业人口占总人口比例从 80% 急剧下降到 25%，这正是圈地运动产生的直接影响。由于在早期的圈地运动中英国政府采取了极端的强制性非人道方式掠夺农民的土地，因此把该时期的劳动力转移模式称为“强制性转移模式”。

此后，英国的城市化进程持续推进。1931 年英国农业劳动力为 125.8 万人，占全国劳动力总数的 6%。但是到 1965 年下降到 4%，1978 年为

2.2%，1986年保持2.2%。英国工业革命之前至工业革命结束的农民市民化强制性色彩非常浓，而后期的农民市民化则是政府故意为之，是一种自觉性选择。

3.1.2 美国农民市民化的历程和特征

3.1.2.1 美国农民市民化历程

美国也是较早进行农村劳动力转移的国家之一，它的城市化进程起始于19世纪初期。在独立战争之前，作为英国殖民地，美国经济主要以农业和畜牧业以及小规模的手工业为支撑，而工业的发展直到1789年联邦政府建立才真正开始。南北战争的结束为美国资本主义工业发展扫清障碍，产业革命的高潮就此出现，甚至超过了工业发展的速度。在工业产业高速发展的带动下，美国城市人口占比从1870年的25%提高到1920年的50.9%，仅用了50年的时间。

美国农民市民化走的是一条自由迁移的道路，其历程可以分为三个阶段。

阶段一：初始阶段（1790～1830）。该阶段农业仍然是美国经济的支柱产业，工业化水平非常低。因此，美国农业人口在总人口中的比例超过95%，而城市无论从数量还是规模上来看还都很小，人口超过2500人的地区就可以算作市区。随着海运业的发展，美国与欧洲国家，特别是英国的贸易往来日益密切，于是大西洋沿岸地区逐渐形成如纽约、波士顿、巴尔的摩、费城等的贸易城镇。随着1825年连接纽约与五大湖区的伊利运河竣工，美国的外贸产业通过运河网络得以迅速扩张，向内陆和西部地区不断延伸，芝加哥、底特律、密尔沃基等城市逐渐兴起。城市数量少，城市人口增长不稳定，但在城市中从事商业、制造业以及其他服务业的人口比例高。

阶段二：加速阶段（1830～1930）。该阶段中美国的城市数量急剧增加，城市人口高速增长，城市化得到了前所未有的发展。快速发展的原因可归结为两个方面。其一，大规模国际移民的涌入。从移民的数量来看，1851～1920年的70年间，年均移民数量多达39万人，与同期美国国内的人口自然增长之比达到了56.5∶100。从移民的构成来看，大部分移民来自英、德、法等欧洲发达国家，并且多为产业工人和专业技术人员，他们在为美国城市化发展提供充足劳动力的同时，也带来了先进的冶炼、纺织等诸多工业技术和知识。其二，本国工业化的快速发展。美国本土工业化的发展在空间上推动了相关产业发展，使得城市化进程也随之发展。国内东西部地区之间运输网络的完善，在促进美国整体经济发展的同时，也促进了农民市民化的进程由东部向西部推移。美国经济逐渐由农业产业主导转变为以工业产业推动的新格局。1920 年美国城市人口比重达到 51.2%，首次超过农村人口。从农村转移到城市的劳动力转而从事制造业和服务业。

阶段三：郊区化阶段（1930 年至今）。城市郊区化也称为“逆城市化”。然而它并不是城市化的逆过程，而是指市区人口向郊区或卫星城市转移的过程。郊区化不仅可以有效化解中心城市人口密集、交通拥挤、住房紧张、环境污染严重等问题，还促使中心城区完成了由工业经济向服务经济的转型升级，成为信息交流和经济决策的中心。随着郊区化的深入推进，城市工商业也向着潜力大、生态环境好和经营成本低的郊区转移。据统计，过百万城市中的人口占总人口的比例在 1880 年仅为 3.4%，到 1930 年为 13.3%，达到最高比例。在经济危机之后，美国经济受到了极大冲击，再加上城市居住环境的恶化以及汽车在家庭中的普及，人口逐渐由城市向郊区迁移，据统计截至 1980 年，城市人口占比仅为 7.7%。

在 20 世纪 50 年代至 70 年代的 20 年间，美国近郊住宅面积与城市住宅面积之比从 23% 上升到 37%，郊区人口数量从 1950 年的 4023 万增长到 2000 年的 1.4 亿，郊区人口比重由 26.7% 增长到 49.8%。几十年来郊区人口稳定增长，其中 20 世纪 60 年代增长最快，而城市中心的人口增长相对于郊区来说显得缓慢，非都市区的人口则有升有降。从城市中心、郊区和非都市区人口变化的过程来看，美国人口增量主要分布在郊区。1950 ~ 2000 年，美国城市人口增加了 1.3 亿，其中约有 77% 住在郊区。

郊区化并不是将“城市化”分散的过程，而是一国和地区实现了城市化后其城市人口分布状况依据经济、社会等因素的变化在城市区域进行动态调整的过程，它并不是“非城市化”的分散化过程。但 20 世纪 80 年代之后，由于受到全球石油价格持续攀升的影响，郊区至城市之间的通勤成本加大，加之政府对中心城区的环境治理与改造等因素的影响，部分居住在郊区的人口重新迁回中心城区，开启了“再城市化”的序幕。

3.1.2.2 美国农民市民化特点

美国城市化的历程大概经历了100年的时间。截至20世纪末，美国城市化率已经超过70%，成为当时世界上城市化水平最高的国家之一。结合美国三个阶段的城市化发展进程，可以发现其总体特征表现为以下三个方面。

（1）自由迁徙、自上而下的非农化

相对于英国圈地运动导致的农村人口强制性迁移而言，美国的农村人口转移则是自由和自然的流动过程，以此称之为自由迁移模式。这种人口的自然迁移可归结于内因和外因两个方面。内因是源于美国人的冒险主义和开拓精神，外因则是政府对交通运输网络的发展，公路、水路、铁路等基础设施的建设使大批农村人口得以顺利转移到城市，为美国工业经济腾飞提供了充足的劳动力供给。在城市化的不同阶段，人口迁移方向也不同。在集中城市化阶段，人口主要从农村迁向城市，而在郊区化阶段，人口又从大都市区内的市区迁向郊区。从人口区际迁移的角度讲，在美国城市化过程中，人口从东北部和南部地区迁向中北部和西部，美国一百多年来的人口迁移使得人口在地区分布上趋于均衡，西部和东北部的人口比例各在20%左右，而南部和中北部的人口比例各在30%左右。这从一个侧面也说明了美国工业以及城市的地理分布由工业化初期的不均衡性，在内战后逐步走向均衡的过程。人口自由流动促进了美国的城市化，人口区际迁移过程与美国区域发展以及城市化由发散走向收敛过程刚好一致。美国学者查尔斯·卡尔洪认为这一时期“美国人生活中的中心事件是国家从一个巨大的、农业的、乡村的、孤立的、地方的和传统的社会转变为一个工业的、城市的、一体的、全国的和现代的社会”。

（2）内生动力推进城市化

美国的城市化进程不同于其他的发达资本主义国家，其受到战争、自然灾害、行政干预等外生、偶然或不确定性因素的影响比较小，更多的是源于经济发展的内生动力。

从区域发展阶段来看，在美国建国初期，经济发展始于东部地区。这是由于商业贸易的发展推动了东部地区的城市发展。南北战争结束至1920年期间，工业化成为城市化的主要动力，作为重工业区的中西部地区脱颖而出。1960年至今，随着第三产业和高科技企业的崛起，以高科技产业聚集区为代表的太平洋沿岸以及南部地区异军突起。纵观上述阶段，美国城市的发展规模由小到大，逐渐形成了“城市体系—大规模郊区化—大都市区”的发展格局。美国区域发展由发散到收敛的过程以及城市空间形态由点状、线状再到面状的发展过程无不体现出内生性特点。与政府出台的城市化相关法规政策相比，产业结构的转型升级、交通运输网络的发展等这些内生性因素才是真正引领美国城市化发展的动因。

（3）跳跃性与渐进性城市化并存

与其他发达国家的城市化不同，美国属于移民国家，其历史并不悠久，其社会经济发展也远远晚于欧洲的资本主义强国。最初，作为英国的殖民地，其领土仅限于大西洋沿岸，南北独立战争之后，才逐渐扩展到太平洋沿岸。其中，东北、中西以及南部地区，因地理位置优越经历了传统的农业社会发展阶段。西北地区则相对独特，作为印第安人的保留地，其城市化发展的路径与其他地区截然不同，没有经过农业先行的发展轨迹，直接走上了工业化与城市化并进的渐进式发展道路。具体而言，在开发西部之初，采矿业成为先导产业，催生出以投资者、产业工人、商人等群体为居民的城镇，城市文明的初级阶段就此产生。虽然，随着矿产资源的逐渐枯竭，许多城镇逐渐消失，但是之前所产生的城市文明并没有消散，而是在人口流动过程中得到了发展和升华，为城市化的深入推进奠定了坚实的基础。可见，美国城市不仅与工业化同步而且还与西部大开发息息相关。西部地区这种跨越农业发展阶段的城镇化模式成功地甩掉了由于农业产业问题所产生的历史包袱，其城镇化速度远超东部，成为全面城市化水平最高的地区，因此，美国城市化过程经历了跳跃式的发展道路。

3.1.2.3　美国农民市民化促进因素

美国农民市民化是多方面因素共同促进的结果。在交通运输方面，美国的水陆空立体交通网络非常发达，尤其是汽车的普及使劳动力可以在更为广阔的城镇空间上自由转移；在制度方面，由于美国的城市化具有内生属性，基本是依靠市场经济推动，因此政府并没有过多地采用行政干预手段，而将更多的精力投入劳动力的培训、劳动者技能和素质的培育之中，通过提高劳动力的综合职业素养达到提高社会劳动生产率的最终目的；在社会层面上，美国本身就是一个移民国家，劳动力转移情况非常普遍，并且大部分转移的劳动力都能够很快地被当地城镇所接受，因此城镇化率提升速度相对较快。

美国农民市民化是经济发展和市场发挥作用的结果。在市场经济体制下，美国经济活动遵循市场规律，由市场机制发挥主导作用。伴随着经济的发展，城市化不断发展，城市化过程是建立在经济不断发展的基础上的，是一个渐进的过程。按照美国州政府对地方政府的自治宪章，如果社区的人口密度和经济规模具有了城市的特征，地方组织可以组成具有法人资格的自治市，国民的自主意识得到充分体现。

3.1.3 日本农民市民化的历程和特征

3.1.3.1 日本农民市民化历程

日本作为发达国家中城镇化发展的后起之秀，其城镇化和农民市民化始于明治维新时代。从 19 世纪末至 21 世纪初的一百多年的时间里，人口从 533 万增长到 1.1 亿，城镇化率从 11.75% 提高到 86.3%，尤其是在第二次世界大战之后，日本的人口、经济和城镇化都迎来了高速发展时期。在工业化的推动下，在短短 30 年的时间里一跃成为世界第二大经济体，在 50 年的时间里，完成了欧美发达资本主义国家至少一百年才能完成的城镇化历程。具体而言，其城镇化和市民化的过程经历了以下四个阶段。

阶段一：早期城镇化时期（明治维新至 20 世纪 40 年代）。在明治维新之前，日本经济始终以农业产业为主导。据统计，1868 年日本第一产业的从业人口占总人口的比重为 87.9%，第二产业仅占 4.1%，二者悬殊。在明治维新的推动下，日本经济得到了快速发展，劳动力逐渐由农村向城市转移，由第一产业向第二产业和第三产业转移。日本在明治二十二年（1889 年）才开始设立市制。严格说来，日本的城市化正是从这时开始正式起步的，日本在 1889 年的城镇化水平为 5% 左右。

随着经济的快速崛起，农业产值逐渐被工业产值超越，工业化进程的加速催生了大量农村劳动力向城市的聚集，城市人口的比重从 1898 年的 11.75% 上升到 1920 年的 18.04%。但与此同时，农村人口占全国总人口的比重为 82%，比例依然居高不下。城市数量从 1888 年的 37 个上升到 1920 年的 85 个，而农村的数量从 58433 个减少到 10796 个。从 1889 年到 1920 年，日本城市化水平仅从 10% 上升到 18%，到 1950 年也仅为 37%。从 1889 年到 1950 年的半个多世纪的时间里，日本的城市化水平年均仅提高 0. 44 个百分点。

阶段二：重建初期城镇化时期（1945 年至 20 世纪 60 年代）。由于第二次世界大战的爆发，日本的城镇化进程出现了停滞。大批城市居民为了躲避战火纷纷转移到农村。战争使整个日本遭受重创，城市由于轰炸受到了严重破坏，如东京就有 56% 的房屋毁损，51% 的居民无家可归。二战结束后，由于大批复员军人、海外回归人员、城市疏散人员返回农村，农村人口剧增，城市人口急剧减少，城镇化水平由 1940 年的 37. 72% 下降为 1947 年的 33. 11% 。虽然城镇化倒退回十年前的水平，然而同期的城市绝对数量却在持续增长。

二战战败之后，日本的军国主义思想不再占据社会思想主流地位。大量的民众从战争重灾区涌入东京、大阪等恢复较快的大城市。为了配合日本政府提出的政策分权以及人口、经济的集中政策，在战争后的十年时间里，东京增加了 150 万套居民住宅，但其中有 75% 为私人搭建，从而出现了大面积的贫民窟。为了调控大城市人口的无序增长，解决产业过度集中建设的问题，尽管政府在宏观层面上进行了相应调控。但是各级地方政府为促进经济发展，并没有较好地贯彻国家政策，这让国家政策取得的收效甚微。

阶段三：加速城市化时期（20 世纪 60 年代末 ~ 70 年代）。1956 ~ 1973 年，日本经济经过调整终于迎来了黄金时期。工业化和城镇化协同高速发展，工业生产年均增长 13. 6% ，农业劳动力年平均转移递增率达到 3. 6% ，城镇化水平年均增长约 1 个百分点，到 20 世纪 70 年代初人均 GDP 达到 6000 美元。在经济增长的同时，日本全国人口迅速向城市集聚，城镇化进程加快，进入城镇化发展中期——加速时期。

20 世纪 70 年代，从整体的集聚动力来看，工业产业带与三大都市圈的空间复合，为日本经济发展要素的空间集聚提供了必要的条件。在京滨、阪神、中京、北九州四大工业带的基础上，日本制造业进一步高度集中在东京—横滨、大阪—神户、名古屋—东海道的临海工业地带，尤其是出口型产业进一步向港口工贸城市集中。1975 年，三大都市圈的三次产业就业人数分别占全国就业人员总数的 9% 、37. 9% 和 52. 8% 。

阶段四：完善城镇化时期（20 世纪 80 年代 ~ 21 世纪初）。1980 年以后，由于受到 1973 年和 1979 年两次石油危机的影响，以及 20 世纪 90 年代亚洲金融危机的严重冲击，日本的经济增速迅速下滑。再加上企业为了降低生产成本，纷纷将资产转移到农村地区和发展中国家，在缺少工业支撑的局面下，城市对转移人口的吸纳能力明显降低，城市化增速显著下降。1996 年城市化水平为 78%，仅比 20 年前高出 2 个百分点。2000 年日本城市化水平为 78.68%，2005 年为 86.3%。

伴随着城镇化的推进，日本主要的大城市均在不断地向外扩张，城市交通日趋发达，因此在大城市之间的区域出现了许多新兴城市，以大城市为核心的都市圈由此形成。由于东京、大阪、名古屋等这样的大城市人口过度集中，城市过度拥挤，于是日本开始大力兴建和发展高速铁路和现代通信技术。由此，日本城市居民开始向城市的外部区域转移，形成了世界上最现代的城市空间形态。从东京、大阪、名古屋、神户、横滨、京都等大城市的人口发展状况来看，人口的持续增长趋势在 20 世纪 60 年代发生了逆转。首先是大阪出现了人口的负增长，而后除横滨以外的其他城市也相继出现此状况。以东京为例，据统计，1990 年东京 3 个区的总人口为 816 万，到 1992 年减少了 17 万，总人口降至 799 万。然而，大城市人口的负增长并不意味着其经济的衰退，而是日本大城市以外的郊区在交通、住宅、通信等领域得到迅速发展，吸引了大批城市居民迁移至此，这一时期日本郊区化特征非常明显。

在郊区化的同时，日本都市圈化的趋势也越来越明显。20 世纪 80 年代后期以来，在全球化和信息化的浪潮下，日本向信息社会过渡，承担生产职能的工厂进一步从都市扩散到周围地区，甚至从周围地区转移到海外，而承担中枢商务职能的都市圈的作用进一步加强。在此背景下，人口再次向都市圈聚集，而且城市与乡村的界限越来越模糊，都市圈的半径不断扩大，特别是东京圈最终形成了太平洋沿岸大都市圈（巨型城市带）。

3.1.3.2 日本农民市民化特点

日本国土面积狭窄，南北狭长多山，资源匮乏，人均土地资源极为有限，这样一个国家在推进城市化的发展道路方面必然有其独特之处。

（1）土地集中与劳动力转移的非同步性

二战结束后，美国就对日本社会进行诸多方面的改革，土地改革便是其中之一。此次土地改革推行自耕农制度，即将土地廉价卖给农民。这一制度的实施，使长期为地租而苦苦挣扎的农民获得了自己的土地，极大地调动了农民的务农积极性，日本的农业产业得到了快速的恢复和发展。但自耕农制度明确禁止农户对土地进行自由转让，土地的租赁受到政府的严格控制。虽然此政策旨在保障广大农户的土地权益，却严重阻碍了土地的集中开发和利用，大大降低了土地的使用效率。

此外，经济发展推动了土地价格持续上涨。此时农户不仅仅将土地看作生产资料，更将其作为自己的重要资产，产生了严重的惜售心理。于是在 20 世纪 60 年代，政府为了促进农业生产效率的提高，推动土地向专业农户的集中，实现土地流转和规模经营，开始鼓励小农户向非农产业转型，但收效甚微。另外，由于农业收益偏低，日本农村中存在大量的兼业农户，造成虽然农村劳动力已进入城镇工作，却不放弃其土地权益，将土地视为缓冲地。一方面将土地作为自己的一项重要资产，持土待沽；另一方面，将土地作为失业或年老时的最后的生产依靠。因此，日本出现了虽然农村劳动力转移速度很快，但农户以及农场主数量减少的速度远不及前者的尴尬局面，使土地流转和集中受到严重阻碍，既没有实现农业产业的规模经营，也没有实现国内粮食的自给目标，造成了土地资源的严重浪费。

因此，日本农村劳动力转移的鲜明特征是：虽然农村劳动力大量转移到城镇，但其不放弃土地权益。因此，农村的土地难以实现规模化经营，农业劳动生产率没有获得提升。据统计，从 1960 到 1975 年的十五年间，日本农户的数量仅下降了不足 20%，而同期的农业从业人口却减少了 50%。可见，有相当一部分农户在从事非农工作的同时保留着自己的土地权益。1955～2000 年，日本农户数从 600 万户下降到 227 万户，但其中经营 1 公顷以下土地的农户一直占总农户数的半数以上。1960～1985 年间，农户户均农地面积从 1 公顷仅上升到 1.22 公顷。从以上数据来看，日本的农业产业规模化经营还远未实现。

（2）以兼业为主的农村劳动力转移

日本劳动力转移的显著特点即以兼业方式从农业产业向非农产业进行转移。日本农村劳动力转移方式分为两种：其一是异地转移，在日本经济高速增长的初期，众多农村青年抓住时机离开家乡涌入城市；其二是就地转移。伴随着经济的持续高速增长，区域开发逐步扩展，日本的工业布局逐渐分散。一些工业企业转移至生产成本更低的农村，由此农村的非农产业开始蓬勃发展起来，使得对农村劳动力的需求增加，促进了农民的兼业化。所谓兼业化转移，就是农户在从事非农业生产的同时，不放弃自己在农村的土地经营，以便减少失业风险，提高家庭收入。以农业为主，兼顾他业的农户称为第一兼业农户；以他业为主，农业为副的农户被称为第二兼业农户。据统计，1955 ~1975 年的 20 年中，日本农户总数从 6043 万户降至 495. 3 万户，同时，兼业农户数却从 393. 7 万户增至 433. 7 万户，占比也从 65. 1% 上升至 87. 6% 。1953 ~ 1975 年，日本农民的农业收入只占全部收入的 26. 4% ，非农业收入却占了 73. 6% 。1960 ~ 1985 年，以非农业收入为主的第二类兼业农户比重大约增加了 40 个百分点。其中，在 1979 年全国从事农业劳动的 1264 万人中，有 846 万是兼业者，在兼业农民中有 82% 是雇佣工人。农村工业化进展迅速的富山地区以 94% 的兼业率居于全国之首，那里只有 6% 的专业农户。可见，日本的兼业用户正在逐步由第一兼业农户向第二兼业农户过渡。对于多数农户而言，农业已经成为家庭的副业，农民已经变为拥有土地的非农产业工人，其兼业化具有明显的地域分布特征，即距离大城市越近的农村，兼业农民数量越多，第二兼业农户数量也越庞大。高速增长的经济使农民的收入结构发生了根本性的变化，非农产业收入超过农业收入。兼业转移模式在为转移提供物质保障的同时，也为缩小城乡收入差距起到了积极的推动作用，但其中也存在阻碍农业规模化发展的消极影响。

日本的国土资源有限，人多地少，这是农户普遍兼业现象产生的重要因素之一。随着日本经济的飞速发展，生产要素成本持续攀升，大部分农户均抱有“持土待沽”的心理。此外，日本的兼业农户规模很小，日本机械也适合小农生产，农民可以利用休息时间完成农业劳作，所以兼业生产并不困难。此外，战后日本政府对农业的扶植和保护，使日本农户可从农业中获得较有保障的收入。战后，日本农业现代化是在政府主导下完成的，政府的组织性大大克服了小农体制与现代化要求不适应之处。在这个过程中政府努力采取措施保障农民的农业收入。这些措施的持续稳定，使日本农民从农业生产中可获得稳定的收入，因而不太愿意放弃小块土地，即使外出有了稳定的工作，也将耕种田地收入作为自己收入的补充，因为它与劳动的付出相比较是划算的。然而，农业劳动力转移以兼业为主，造成了很多没有效率的小农场，他们受到国家农业政策的保护，再加上日本政府对农业的巨额补贴，使得农业技术和制度不能适应要素相对价格的变化而发展，导致日本农业日益成为一种无自立能力、低效率的产业，使得日本农业的整体效率难以提高，从而削弱了日本农业的国际竞争力。

（3）工业化带动城市发展

自明治维新时期日本开始推行城市化以来，工业化的城市化逐步发展。20 世纪 30 代日本开始推行工业化政策以来，城市的工商业为农村剩余劳动力提供了大量的就业机会，促进了农户转移速度的加快，农村人口的急速减少导致城市人口的快速增加。据统计，城市人口比重由 1920 年的 18% 上升到 1940 年的 35%，非农就业比重占 75.3%，城市化达 68.1%。港口城市和滨海工业特区出现，开始向重要工业城市集中，形成了重要的工业区，如京滨、阪神、中京和北九州工业区等。20 世纪 50 年代后，日本经济的高速发展，临海地区工业用地的开发，大城市周围新开发工业的集聚，极大地加速了日本城市化的进程。在城市化发展的过程中，出现了大城市集聚的现象。仅占国土面积 14.4% 的东京、大阪和名古屋三大都市圈就是最典型的以工业带动城市发展的范本。

（4）政府宏观整合，力求均衡发展

日本城市化的进程与西方有很大的不同。西方发达国家的城市化主要靠市场和资本的运作，通过商品经济自然地促成城市化，而日本是通过制度和法律的顶层设计推动的，这很大程度上是出于政治上的需要。例如，两次世界大战时期，国家通过发展重工业和军事工业推动了城市化，以及日本的町村合并政策、政令指定都市等的实施。第二次世界大战后，日本政府制定了许多有利于城市化的法律和政策，由政府主导处理城市化过程中产生的与农业、农村、农民的矛盾。在发展工商业方面，政府积极地引进外资和技术，促进第二、第三产业发展。1961 ~ 1962 政府颁布了《促进不发达地域发展法》和《促进新工业城市建设法》，计划统筹建立一个连接东南各海湾的特大城市群地带。后来，政府又开始通过国家的产业政策将工业和投资分给东京、大阪、横滨、名古屋周边的卫星城市和中小城市，以推动日本城市群的均衡发展。

（5）“以点带面”，协调发展

日本首选高度集中城市化战略，促进了城市化的快速发展，但它不是孤立地发展大城市，而是平衡城乡之间的协调发展，使得城市化水平比较均衡，中心城市与周边地区协调统一发展。日本在战后城市化与工业化齐头并进、转移农业劳动力的过程中，首先选择的是大城市发展战略，形成了东京、名古屋和大阪几个“大都市圈”，即以某一个大城市为人口聚集的中心，周围发展卫星城，再向外辐射与扩展。事实证明，日本的这一战略选择是成功的。在选择大城市发展战略的同时，并不是孤立地发展大城市，置农村发展于不顾，而是有计划地实现城乡一体化。为促进城市化的健康发展，日本根据城市化的不同阶段五次制定了《全国综合开发计划》以解决城市化发展中产生的问题。为了缩小地区间差异，防止城市过大化，促进地区间均衡发展，日本开始实行分散工业布局，指定了新产业城市和工业特区。针对各地区的特点，提出了区域建设的基本方向及地区中枢城市和核心城市的重要功能，同时强调了地区之间的协作关系，地区总体基础设施建设以及正确处理人口、资源、环境之间的协调关系。

（6）变“危机”为“契机”

日本的城市化进程中也出现过许许多多问题，过度地追求经济发展导致许多城市病发生。例如，环境问题、环境污染造成的公害病、城市住房问题、道路拥堵问题，等等。进入20世纪70年代，政府出台一系列法律法规，着手治理这些城市问题，不仅采用各种科学技术降低污染，而且建立了较为完善的法律体系，从法律角度加大环境治理力度。颁布的《环境基本法》确立了新的环境政策方针，将城市化过程中出现的城市污染以及全球环境恶化等问题全部纳入法律体系。20世纪90年代开始探索以节约资源、促进资源再利用为宗旨的环境保护措施，提出构建以抑制资源消费量、减少对环境压力为目的的“循环型社会”的构想。同时，日本国民针对国内的环境政策提出改革意见，向政府提供有益的意见和建议。随着群众性环境保护运动的不断推动，日本国民的环境保护意识不断增强。城市化进程中伴随的环境问题也得到大力解决。今天日本的节能环保技术、节能环保产品居于世界领先水平。

总的来说，日本的城市化和欧美国家有很多相似之处：一方面，工业的快速增长提高了农业的机械化水平，提高了农业劳动生产率；另一方面，由于机械化而分离出来的部分农村剩余劳动力被快速的工业化所消化，农业人口大量减少。快速的工业化使农村劳动力迅速从农业中转移出去。在欧美一些发达国家，国家工业化的发展带动了农村劳动力的转移。农村剩余劳动力的转移使人口与土地彻底分离。少数的专业农户拥有大量的土地，管辖着大规模的农场。由于这些国家的农业实现了规模化经营，有效地降低了生产成本，再加上现代化农业机械设备的帮助，欧美国家的农产品在国际市场上具有很强的竞争力。

然而，日本城市化发展模式在发达国家中具有一定的特殊性。日本的工业化起步晚于欧美国家，它可以充分利用后发优势，节省开发研制机械技术的时间。日本的工业化进程十分迅速，与此成正比的是日本农村剩余劳动力的转移速度。在整个经济高速发展时期，农村劳动力向非农产业转移的速度是惊人的，远远快于欧美国家。日本人多地少，农业兼业经营现象普遍。兼业转移的劳动力转移方式使农户与土地不能彻底分离，土地不能集中到少数专业农户的手中。因此日本的土地集中程度相对来说低于欧美发达国家。日本耕地规模小，增加了生产成本，现代化农业设备的使用受到限制，因此日本农业生产率低于发达国家的平均水平。农业生产率低下，导致农产品价格居高不下。相对较低的农业生产率使日本农业在国际市场上处于劣势地位。在日本经济高速发展后期，相对于工业劳动生产率来说，农业劳动生产率的提高并不显著，工农业收入差距还很大，城市工商业仍然对农村劳动力有着巨大的吸引力。这就导致日本农村人才的大量流失。小规模经营基础上的农户的高度兼业化，使老人、妇女成为农村从事生产劳动的主力，而本应成为农业生产主体的核心劳动力却从事非农产业的劳动。目前日本农业所面临的一个重要难题就是农村劳动力“空洞化”现象，农业生产后继无人。在激烈的国际竞争中，与欧美国家的专业农户相比，日本这样的弱势农村劳动力主体是没有竞争力可言的。简而言之，在日本，战后国家工业化的迅速发展扩大了工农业的生产差距，虽然农村剩余劳动力转移速度很快，但在日本经济高速增长时期，以兼业为主要方式的农村劳动力转移，阻碍了农业劳动生产率的提高，导致农业中核心劳动力大量减少，给日本农业发展带来很多后遗症。

3.1.4　韩国农民市民化的历程和特征

3.1.4.1　韩国农民市民化的历程

城镇化是人口由农村向城镇转移的过程，是世界各国工业化发展历程中必经的历史阶段。在短短 30 年的时间里，韩国基本完成了城镇化进程。

韩国城镇化经历了三个重要历史时期：第一阶段，1968 年，韩国总人口数量减少；第二阶段，1977 年，韩国的城市人口数量超过农村人口数量；第三阶段，1990 年，韩国城镇人口占比达到 74.4%，如果加上镇一级人口，城镇人口比例高达 82.7%，城镇化水平达到发达国家水平。根据以上三个时间节点，我们可以将韩国城镇化分为三个阶段。

第一阶段，起步和成长阶段。1960 年韩国开始农民市民化进程，在这个时期，韩国政府着手处理人口流动过大所带来的混乱局面，并开始进行现代化建设布局。但真正的快速增长出现在 1968～1977 年，因为这个时期韩国政府在农业生产上大量采用了机械化农具，进而大幅提升了农业生产力，由此产生了大量的农村剩余劳动力。同时韩国政府先后四次实施了以首尔为中心的经济开发计划，大幅提升了农业生产效率，进一步促进了人口由农村向城镇的转移。这个时期韩国的城镇化出现了以首尔为中心并向东南沿海集中的趋势。

第二阶段，加速阶段。这一阶段为 1977～1990 年，这个时期是韩国经济第二次起飞的时期。因为韩国政府开始大力处理通货膨胀问题，企业竞争力大大加强，出口产品开始大幅度增加。这是韩国历史上经济快速追赶发达国家的重要历史时期，并顺利完成了国家工业化。同时韩国人口快速增长，以首尔为例，由 60 年代末不足 300 万人，激增到 1998 年的 1000 万人，一跃成为世界性大城市之一。人口城镇化水平由 1960 年的 28.3% 增至 1985 年的 74%。

第三阶段，后城镇化阶段。从 20 世纪 90 年代开始，韩国城市人口增速放慢，城市人口年增长数量由原来的 100 万减少至 45 万，直至 2003 年降低至 35 万。造成这个现象的原因是韩国人口的老龄化，农村人口输出不足。还有韩国进入信息时代以来，人们的就业结构发生了变化。经济发展模式决定了韩国城镇化的进程，韩国处于经济高速发展阶段，必然要求社会资源的重新分配，工业化的高度发展促进了集聚效应，形成生产要素向城市集中。韩国的大城市、新城市基本都集中在交通主干线的枢纽地区，例如，沿海港口（釜山、仁川）、首都城市群（安山、城南、高阳）、工业区（马山、昌源）等。针对韩国人口由农村向城镇的流动，韩国政府历来重视政策的导向作用，例如 20 世纪 60 年代的人口抑制流动政策，到 70 年代又开始实施人口分流政策，再到后来的城市收容政策和扩建政策，这些政策的实施保证了韩国社会人口出现了多次大的流动时期，但没有造成社会的动荡不安。

3.1.4.2 韩国农民市民化的特点：快速农民市民化

韩国的城市化起步晚，但是依靠工业化驱动，仅仅用了 20 多年的时间就基本完成了城市化建设，城市化推进速度非常迅速，城市化水平大幅度提升。韩国的城市化推进具有鲜明的特点。

第一，在韩国城市化高速发展阶段，政府成为推动经济快速增长的原动力，同时也助推了韩国的城市化的快速发展。一方面，政府主导了整个国民经济的发展，制定了工业集中在城市布局以及劳动力自由流动的宽松政策；另一方面，政府引导基础设施建设，增强了城市的集聚功能。

第二，韩国城市化的速度非常快，伴随而生的城市病问题也非常多。工业化进程使韩国经济快速增长，但由此也带来了各种问题，比如城市人口膨胀、房地产价格高涨、交通堵塞，农村出现空心化、务农者高龄化、劳动力短缺，有的村庄老年人占到总人口的一半以上。首先，农村空心化和高龄化问题突出。工业化与城镇化的快速推进，使韩国农村人口迅速减少。农村劳动力大量流向城镇，从而使农业产值在国民经济总产值中的比重大大下降，农业在国民经济中的基础地位受到严重削弱。农业劳动者的大量流失，使韩国农业生产受到严重影响，农业生产后继乏人。其次，农业生产能力下降，许多农产品只能依赖进口。农村劳动力的快速流失，使得韩国粮食、肉类、蔬菜、水果等自给的代价增加，这些物品的价格都比国际市场高出许多。尽管政府严格控制国外农产品进入韩国，但国际贸易自由化势不可当，韩国政府最终不得不让国外农产品大量进入本国市场，韩国农产品供给进入了不得不依赖进口的时代。再次，农民收入减少，农业农村经济问题凸显。韩国工业化驱动快速实现城镇化的实践，尽管成效显著，但因忽视农业农村经济的发展，导致农村与城市的发展差距日益变大，城乡发展严重失衡。一是农村务农者大大减少，而且趋向高龄化。二是农业生产成本日渐增高，农民增收困难，加上农业产前、产中、产后的社会化服务体系还不够完善，导致韩国农业、农村、农民问题和矛盾突出，影响了韩国经济的协调发展和社会的稳定。三是城市交通建设、城市地价暴涨等问题制约韩国内需经济。交通建设是发展的命脉，但由于韩国的农民市民化发展过程主要集中在机动车未普及时期，因此老城区道路狭窄，停车位严重不足，开车出行的最大困扰就是停车难。主干道的最右侧车道经常被临时停放的车辆侵占，造成通行压力增大。密集的人口使得上下班时间市内道路拥堵严重，而在重要节假日期间，人群在城市之间的移动往往造成高速公路的瘫痪。此外，城市人口超短期间、超高密度地集中使得土地价格暴涨。地价的暴涨尤其集中表现在首尔等大城市，房地产泡沫严重。随着韩国城镇化进程的基本完成以及人口老龄化加剧，韩国房地产市场从 2007 年开始步入下行通道，交易规模持续缩小，价格不断走低，一些参与房地产投资的普通民众不堪贷款重负，沦为房奴甚至信用不良者，这已成为韩国社会一个突出的问题。

第三，政府对问题的反应比较迅速，建设和治理同步进行。

第四，韩国的城市化反映出自己的民族特色。儒家文化和韩国民众的国民意识都影响了韩国城市化的发展。韩国城市化的这些特点在韩国城市的发展过程当中得到了充分的体现。

3.1.5 拉美国家农民市民化的历程和特征

在第二次世界大战结束之后，拉美国家和地区迎来了城镇化和市民化的历史时期。随着二战结束，拉美地区的殖民体系彻底瓦解，拉美地区的原殖民地国家纷纷获得独立，国家的经济得到恢复与发展。伴随着国家工业化的飞速发展，大量的农村剩余劳动力向城市转移，其城市化建设也得到了迅速发展。20 世纪 50 年代拉美国家迎来了城镇化快速发展的时期。拉美国家实施进口替代的工业化国家战略，促进了重工业发展，同时这些重工业基本分布在规模较大的城市，因此国家建设的大量资源也投入这些较大的城市。在农村，拉美国家的农业资本主义的实施进一步促进了土地和资本的集中；此外，国家减少了对农业产业的投资和基础设施的建设，因此造成农业产业的衰退，导致大量的农村人口难以维系生活。基于以上原因，大量的农村人口开始涌入城市，并且大部分集中在规模较大的几个城市，因此导致拉美地区在那个历史时期城市人口的增长速度远远超过其他地区的国家。从 20 世纪 70 年代开始，拉美国家的大城市人口平均每十年翻一番，而这些城市又缺乏足够的产业基础和就业能力，因此造成大量人口失业，形成了城市居民的贫困化。到了 20 世纪 70 年代中期，拉美国家的城市人口占到了人口总量的 60%，但在工业部门就业的人口比例只有两到三成，大约 25% 的城镇人口只能生活在贫民窟，这就造成了“过度城市化”的问题。这里着重以巴西和墨西哥为例阐释拉美国家农民市民化的发展历程及其特征。

3.1.5.1 巴西农民市民化发展历程和特征

（1）巴西农民市民化发展历程

巴西曾经是葡萄牙的殖民地，经过独立斗争最终获得了国家的独立主权。巴西在南美洲国土面积最大，自然资源和矿产资源十分丰富，经过长期的发展，巴西已经成为南美洲人口最多且经济发展较好的国家，在此期间巴西的城镇化建设也获得了长足发展，其城镇化进程可以划分为如下两个时期。

第一，城镇化初期。巴西的城镇化起始于殖民地时期，终止于 20 世纪 30 年代。城镇化初期阶段，由于巴西是隶属于葡萄牙的殖民地，其主导产业主要是种植业和农产品初级加工及原材料供应，工业发展相对滞后，城镇化程度非常低。最早形成的城镇，如圣保罗和里约热内卢等，都是为服务殖民地经济而建设起来的。巴西最初的城镇化人口并不是由国内农村转移而来，而是大量的欧洲人口移民而来的。19 世纪 50 年代以后，巴西的铁路建设和咖啡经济的迅猛发展，极大地推动了巴西的城镇化发展，铁路沿线和咖啡种植及交易集散地产生了大量新兴的城镇。19 世纪后半期，大量欧洲移民涌入巴西，迁移人口规模约 400 万人，这也极大地推进了巴西城镇化的进程。此外，随着 19 世纪末巴西奴隶制度的彻底废除，巴西国内自由流动人口大增，基于以上的历史原因，这一时期巴西的城镇化规模和速度都显著提高。

第二，超工业化的过度城镇化时期。20 世纪 30 年代以来，巴西城镇化建设进入超工业化发展时期，经济发展速度落后于城镇化的速度，巴西城镇化进入过度发展时期。在瓦加斯革命后，巴西政府开始全面实施进口替代的国家战略，进而推动了中心城镇的快速发展。20 世纪 50 年代，随着巴西工业化进程的加速，工业产值急速增加，1967 ~ 1974 年巴西进入了经济增长的黄金时期，年经济增长速度都在 10% 以上，历史上称之为“巴西奇迹”。随着经济的高速发展，巴西国内的大城市的人口集聚效应开始显现，例如，圣保罗市在这一时期人口开始激增。随着经济的高速增长，巴西国内的沿海城市的人口也开始大幅增加。巴西的城镇化率由 1950 年的 36% 快速增长到 1980 年的 67%，仅仅用了 30 年的时间就完成了西方国家半个世纪才达到的城镇化水平。同时，据统计，人口为 2 万以上的城镇由 1950 年的 96 个激增到 1980 年的 496 个，并形成了规模较大的城镇化分布体系。现在，巴西已经达到高度的城镇化水平，但城镇人口主要集中在圣保罗等东南沿海地区，城镇化分布出现了不均衡的情况，巴西的城镇化发展速度超过了经济发展速度，因此出现了大量的城镇人口失业现象和城镇人口贫困化等社会问题。

（2）巴西农民市民化的特征

现在巴西的城镇化水平达到了 90%，城镇生活污水处理和垃圾处理达到了 98%，城镇化水平处于世界领先水平，但出现了过度城镇化的一些共性问题。巴西 90% 的人口集中在国内的大中型城市及卫星城市，因此出现了农业劳动力人口不足的现象，大量农业用地被闲置而未能得到充分开发与利用。巴西的农业生产主要采用大型农场集中耕种和管理，而这些大型农场的数量有限，虽然采取了现代化的农业生产方式，但仍有大量农业用地没有被开发利用。在巴西众多大城市的周边分布的众多卫星城市（即小城镇），人口数量由十几万到几十万不等，这些卫星城市的周边分布着巴西的农业、种植业、畜牧业等传统产业，同时也分布着第二产业和第三产业的公司，这样为小城镇人口提供了大量的就业机会，进一步促进了卫星城市的发展。但巴西的大中城市和卫星城市的周边也分布着大量的贫民窟，其公共基础设施建设落后，失业率和犯罪率都很高，例如在巴西的里约热内卢市，贫困人口占到了城市人口总量的 20%。

3.1.5.2 墨西哥农民市民化发展历程和特征

（1）墨西哥农民市民化历程

第一，城镇化初期。墨西哥的城镇化初期是在 20 世纪 40 年代之前。迪亚斯总统上任之后开始了墨西哥的城镇化。迪亚斯总统通过大力发展采矿产业、大力建造港口和铁路，并推动发展对外贸易，使得墨西哥北方及内地城市如瓜达拉哈拉、梅里达等小城镇迅速发展起来。1803～1884 年墨西哥城镇人口由 13.8 万人增长到 30 万，到 1878 年，墨西哥有 52 个人口超过 1.5 万的大中小城镇，其中铁路建设导致大量外来人口涌入墨西哥，进而促进人口增加。19 世纪末，墨西哥经济发展促进了城镇化的发展，但农业的主体地位没有发生本质的变化。20 世纪初墨西哥城镇人口占总人口的比重仅为 10.5%，当时墨西哥全国人口 1360 万，城镇人口只有 143 万，10 年后城镇人口增加到 178 万，年均增长率仅为 2.2%。到了 1930 年城镇人口增长到 289 万，城镇人口比重提升到 17.5%。墨西哥城镇化快速发展的两个原因分别是：第一，城镇化推动力量来源于 1910 年国内革命；第二，与美国外交关系正常化，使得边境城镇华雷斯、华纳等经济得到发展。1930～1940 年的 10 年间城镇化速度有所减缓，由前 10 年的平均增长

3.6% 下降到 3.1%，其主要原因是当时爆发的世界性经济危机，以及墨西哥国内实施的土地改革有效调动了农民的积极性，减少了农村人口向城镇的转移数量。

第二，过度城镇化时期。墨西哥在 20 世纪 40 年代以后进入城镇化过度发展时期，具体表现为城镇的数量和规模急速增加，城镇人口数量激增。1940～1950 年的 10 年中城镇人口年均增长率超过 60%，创最高历史纪录。1970～1990 年的 20 年中城镇人口达到 2467 万人，增长了 112%，而全国人口增长率仅为 66%，城镇数量增加到 153 个。城镇人口增长最快的是墨西哥城，由 1940 年的 176 万提升到 1970 年的 6687 万人。到了 1990 年人口规模在 10 万至 100 万的城镇达到了 56 个。造成墨西哥过度城镇化的原因主要有如下两个方面：第一，工业化的快速发展带来了大量的就业机会，进而促进了大量农村人口向城市转移；第二，由于墨西哥国内农村基础设施落后，农业经济发展水平较低，农民水平远远低于城市生活水平，城乡二元现象较为严重，导致大量农村人口向城市转移。正是基于以上原因，出现了墨西哥的过度城镇化问题。

（2）墨西哥农民市民化特征

波菲利奥·迪亚斯总统执政期间，墨西哥工业获得迅猛发展，城镇化由此起步。到 20 世纪初，墨西哥工业化进程加快，城镇化进入快速发展时期。总的来说，墨西哥的城镇化可划分为两个阶段。第一阶段，从 20 世纪初到 40 年代，可称为城市化初期阶段。由于受国内外政治经济因素的制约，墨西哥在 20 世纪的前 40 年城市化进程迟缓而曲折。1900～1910 年，由于受制于庄园生产关系，农村剩余劳动力无法自由迁移，城市人口的增长主要靠居民的自然增长。城镇人口从 1900 年的 143 万增加到 1910 年的 178 万，年均增长率为 2%。1910 年后革命的推动导致国内流动人口的增加，1910～1930 年，墨西哥城市人口占比由 11.7% 上升到 17.5%，城镇人口增加到 289 万，年均增长率为 2.45%。1930～1940 年由于城市经济危机的影响以及政府土地改革刺激了农民生产的积极性，城市化进程呈现减缓趋势，城市人口年均增长率由 1921～1930 年的 3.6% 下降至 3.1%。第二阶段从 20 世纪 60 年代至今，可称作超工业化的过度城市化阶段。从 20 世纪 40 年代起，墨西哥进入加速发展阶段，城市化水平迅速提升。1950～1970 年，墨西哥的城镇化率从 42.6% 增长到 66.3%。欧洲国家用了 50 年的时间实现了城镇化率由 40% 提升至 60%，拉美国家平均用了 25 年时间，而墨西哥仅仅在20年内就实现了。截至2008年墨西哥城市化率进一步增长到77.2%，超过德国等发达国家。

单从数字上看，墨西哥的城镇化发展速度和水平似乎是不错的，但实际上墨西哥的城市化确实是过度的甚至是畸形的。这主要体现在以下两个方面。一方面，墨西哥的城市化是在其工业化远远滞后的情况下“虚假”发展起来的。由于没有工业的支撑，仅依靠第三产业，使得墨西哥的城市尤其是大城市如墨西哥城的经济发展水平远远不及城镇化发展水平。另一方面，由于经济发展水平落后与城镇化的高速发展，城市畸形发展，出现了大量的贫民窟和城市贫民，造成大量的城市贫民，产生诸多社会问题。墨西哥的城镇化道路可谓教训惨重。

总结墨西哥城镇化发展历程，有两个特点。第一，大城市主导。大城市超强的人口吸纳能力吸引了大量的农村人口涌入，但达到一定程度就会超出其承载能力，于是一些负面问题显现出来，形成大量的贫民窟，城市失业人口数量增加，大量入城的农民成为城市的边缘群体，进而导致城市秩序的混乱，引发犯罪等社会问题。第二，工业化基础较弱。墨西哥的工业化布局与发展是在政府保护和主导下发展起来的，通过发展资本密集型工业推进工业化发展，而墨西哥政府资本有限，只能通过其他的融资渠道获取工业化发展的资金，结果导致债务负担沉重，企业市场竞争力差，无法解决进城农民的就业问题，难以有效支撑城市化的健康发展。

3.1.6 苏联农民市民化的历程及特征

1917年十月革命胜利后，苏联通过实施计划经济体制开始现代工业化进程，同时也拉开了城镇化建设的序幕。1928年，在苏联五年制的计划经济体制的引领下，工业化发展进入提速阶段。大量的工业企业出现，尤其是重工业得到了显著发展。工业的发展带动所在城市的基础设施的建设，同时工业需要大量的劳动力，进而又吸收了大量农村劳动力进入城市，直接推动了城镇化进程。到1940年苏联城镇化水平达到了32.5%，12年的时间里城镇化水平提高了14.5个百分点，年均增长超过1个百分点。第二次世界大战结束之后，苏联的经济得到恢复与发展，同时城镇化进程也取得显著进展，1950年城镇化水平提高到38.9%，1965年城镇化水平达到52.0%，20世纪70年代，苏联的城镇化水平在超过60%以后速度逐渐放缓。通过苏联的城镇化发展历程我们可以看到，苏联由于人口总量少，即使其工业化以重工业起步，且重工业始终占有较大比例，其城市化依然达到了较高水平。然而，农业和轻工业的滞后也始终影响着苏联经济的健康发展和城镇人民生活水平的提高，而且苏联在严格的计划经济体制下，通过自上而下的政策实现城镇化，城乡“二元结构”特征显著。

3.2　国外农民市民化的典型模式比较

3.2.1　国外农民市民化的典型模式

国外农民市民化和城市化的过程均是建立在近代工业化的基础上经过 260 多年的历史不断演进的。市民化与城市化的模式与各国的经济政治体制、人口、土地等资源密不可分，国外农民市民化与城市化亦呈现出多种多样的发展模式。我们根据政府与市场机制在农民市民化与城市化演进过程中所扮演角色的不同以及农民市民化与城市化推进与工业化、经济发展关系的不同，大致将国外农民市民化与城市化的模式分为三种，即西欧发达资本主义国家的政府调控下的市场主导的市民化模式、以美国为代表的自由放任式市民化模式以及以拉美国家为代表的缺乏产业支撑的过度市民化模式。

3.2.1.1　以西欧为代表的政府调控下的市场主导型市民化

以西欧为代表的发达资本主义国家工业化起步较早，在这些国家的城市化与农民市民化过程中，市场机制发挥了举足轻重的作用，政府借助行政、法律、经济手段引导城市化与市民化的健康发展。西欧发达资本主义国家的城市化与农民市民化的主要特点就是城市化、市民化与工业化是协调发展、同步推进的，是一种同步型市民化与城市化。近代工业的发展带动了城市化与农民市民化的不断推进。政府在城市化与农民市民化的过程中发挥着不可替代的作用，在土地、住房、交通、环境等方面制定各项公共政策，加大政府调控力度。例如 1935 年伦敦郡为了规范城市建设的合理性，减少城市建设对乡村环境和利益的损害，通过了“绿带开发限制法案”，由政府收购土地建设绿化隔离带，维护城乡协调发展。在中央政府成立城乡建设规划部，地方政府必须依法进行城市和乡村建设规划。在西欧发达资本主义国家城市化发展过程中，土地、人口、资金等各项要素通过市场机制的作用得以自由流动和配置。同时政府通过建立健全法制，制定城市化发展公共政策，加强建设基础设施、公共设施和改善城市环境等手段进行必要的调控和干预，使城市化、市民化与工业化、市场化良性发展。

3.2.1.2 以美国为代表的自由放任式市民化

在美国的城市化与农民市民化的发展历程中，市场发挥着主导作用。美国特殊的政治体制决定了其城市规划及管理属于地方性事务，联邦政府没有通过宏观调控引导农民市民化与城市化的健康协调发展，进而导致了城市化和市民化自由放任的发展，呈现出过度郊区化，城市不断向外低密度蔓延的趋势。20 世纪 40 年代后，随着美国社会经济的发展以及汽车的普及，许多城市人口流向郊区，城市的空间结构与布局发生了本质的变化，由最初的紧凑密集型向多中心分散型布局转变，城市空间布局开始沿着公路线不断向外低密度延伸。这种低密度的蔓延式扩展的好处是有效降低了城市人口的密度，进一步缩小了城市与郊区、乡村之间的发展差距。但低密度的蔓延式扩展也带来许多问题，例如这种城市扩张会占用大量森林、农田、绿地，对土地资源和生态环境构成了一定程度的破坏；工作地点与居住地的距离拉远之后，在通勤时间上的耗费增加了，进一步加剧了能源消耗；城市扩张后人们的居住区过于分散，难以配套齐备的商业服务、文化教育等设施，增加了基础设施建设的成本；人口的减少导致老城区设施破旧，得不到更新，商业服务、文化教育、休闲娱乐的优势得不到充分发挥等。20 世纪 90 年代以后，美国政府、城市规划人员、学者和居民都开始意识到低密度城市空间布局所带来的问题，提出了“精明增长”（Smart Growth）的概念。其主要内容包括：强调空间紧凑，用足城市存量空间，减少盲目扩张；鼓励乘坐公共交通工具和步行；加强土地利用的混合功能，保护开放空间和创造舒适的环境；通过鼓励、限制和保护措施，实现经济、环境和社会的协调。

3.2.1.3 以拉美国家为代表的缺乏产业支撑的过度市民化

拉美国家由于长期受殖民地经济制约，其城市化和市民化呈现出独特的发展模式，其主要特征为：外来资本主导下的工业化与当地落后的传统农业经济并存，工业化落后于城市化的发展，表现出缺乏产业支撑下的过度城市化与市民化。例如巴西、墨西哥、委内瑞拉、哥伦比亚、秘鲁这 5 个国家中，在 20 世纪三四十年代工业化与城市化发展大致同步，其比率均为 10% ~15%，但是到了 1960 年，工业化比率没有变化，但是城市化和市民化的比率却大幅上升，2 万人以上城市人口比重增至 30% ~50%。由于工业化落后，城市化和市民化的发展缺乏产业支撑，流动到城市的人口面临着较高的失业风险，城市贫民窟到处可见，城市化和市民化的质量较低。拉美国家的过度市民化形成的主要原因，一方面在于城市的发展与经济的发展脱节，特殊的历史因素导致其对宗主国资本的依赖较大，政府忽略了发展本国的民族工业；另一方面在于这些国家忽视了改造传统农业，导致广大农村地区发展滞后，城乡差距加大，从而促使农村人口向城市流动，进一步加剧了城市的承载压力。

3.2.2　国外农民市民化典型模式比较

西方发达的资本主义国家开创了较为成功的城市化与市民化模式。从其发展过程来看，它们的城市化和市民化发展模式基本上都是工业化带动城镇化、大中小城市群协调发展、城乡差别和工农差别从扩大到逐步缩小、城市社会环境由乱到治、城市人口分布由集中到分散，依靠市场的力量进行资源要素的自由流动和配置，政府通过行政手段进行必要调控。如前文所述，发达资本主义国家的城市化与市民化发展模式具有如下基本特征。

3.2.2.1　工业化与城市化同步发展

工业革命发端于西方资本主义国家，工业化的发展带来了产业的兴盛和人口的集聚，推动了城市化和市民化的进程。城市化的发展促进了人口集聚，城市的规模和数量大增，增强了工业生产和城市的规模经济效应，这又在一定程度上促进了工业化的发展。可见西方发达资本主义国家的工业化与城市化、市民化是相互协调、相互促进的良性循环过程。

3.2.2.2　城市规模与空间布局多样化

发达资本主义国家由于各自的政治、经济、历史、资源等国情条件不同，其城市化过程中城市的规模和空间布局呈现出多样化的特征。有的国家以发展中小城市为主，如法国和德国；有的国家以发展大城市、大都市为主，如英国形成了以大伦敦市为首的六大城市群；有的国家城市分布较为均衡，有的国家的城市则分布在较有区位优势的地区。总之，各国的城市规模与空间布局没有统一的模式，呈现出多样化和动态化的发展特征。

3.2.2.3 城乡差别由扩大到缩小

在发达资本主义国家城市化和市民化发展的早期，由于城乡收入差距的不断加大，城乡差别普遍呈扩大的趋势。这在城市化发展的早期加速了城乡之间生产要素的合理流动和有效配置，为工业化和城市化、市民化的推进提供了有力的支撑。但城乡差别的逐渐扩大也带来了一系列严重的负面影响，城乡过度的贫富差距成为影响社会稳定的重要因素。在发达资本主义国家城市化和市民化推进的中后期阶段，政府不断加大对农业和农村发展的支持力度，努力促进城乡一体化的发展，使城乡差距不断缩小。

3.2.2.4 城市发展由开放到政府调控干预

西方发达资本主义国家在工业化和城市化发展的早期采取自由放任的城市发展政策。随着城市规模的不断扩张以及人口的不断积聚，政府自由放任的城市政策暴露出种种弊端。城市发展缺乏规划，公共基础设施缺失，居住环境恶劣，城市居民生活相当贫困。如英国城市化和市民化早期，由于政府的缺位，城市人口膨胀、住房短缺、就业竞争激烈、公共卫生事件频发、环境污染、交通拥挤、犯罪率居高不下、城市贫富悬殊等城市病突出。在西方发达资本主义国家城市化和市民化推进的进程中，随着技术的进步和市民对治理的呼声越来越高，政府纷纷开始通过行政立法等手段对城市化进行调控干预，建设城市发展规划，治理污染，建立较为完善的社会保障体系，等等。总之，这些国家的城市化和市民化经历了一个由放任到干预、由乱到治的过程，在政府的主导下建立了完善的城市发展规划、市政建设、城市社区与公共管理服务体系，提高了城市化和市民化的内涵。

3.3 国外农民市民化的经验借鉴

纵览国外市民化的发展历程，我们发现，每个国家的农民市民化都是在符合本国实际的特定的历史背景下进行的，并且各自有其鲜明的特点。所以，对他国的农民市民化模式不能生搬硬套，必须从国际做法中吸取经验教训，以期对推进我国的农民市民化有所裨益。

3.3.1　农民市民化须以农业发展为前提

从本质上说农民市民化需要建立在两个基础之上，一是城市拥有充分的就业岗位和生存资源，二是必须有可靠的农业基础。因为农民迁移到城市，脱离农耕而从事工业或服务业，可靠的农业基础可以负担城市和市民的粮食需求等生存必需，能够有大量剩余农产品和农村剩余劳动力。

3.3.2　城市化必须与工业化和经济发展适度同步

很多国家城镇化的经验和教训表明，过度城市化是病态城市化。过度城市化既不能改变落后的农村面貌，又不能带来现代化的社会经济，还会导致严重的“城市病”。另一种情况是滞后城市化，滞后城市化则是发育不全的城市化，这种城市化不符合人类社会发展的必然趋势，不利于实现城市现代化。只有同步城市化，才有可能实现工业现代化、农业现代化与城市现代化协调同步发展与良性循环。发展城市化需要有产业的支撑，通过发展产业创造就业机会，实现产城协调发展。以工业化、产业化、信息化为动力，走内涵式发展的城市化发展道路。通过集聚人口和产业，奠定经济发展、社会民生发展的良好产业基础，完成城镇化的良性内生增长模式的转型，注重产业发展与城镇化的内在协调联动，通过信息化、高新技术的使用和对传统产业的信息化改造提升城镇化发展的水平；为工业化、产业化提供完善的基础设施和丰富的人力资本。

3.3.3　形成多极多层次的城镇体系

借鉴西方发达国家城市化建设取得的经验，发挥都市圈经济对我国城市化可持续的推动作用。选取资源环境承载能力较强、集聚经济作用明显和人口条件较好的区域，发展若干新的都市圈，承接现有城市群地区结构升级和优化整合后转移出来的产业，承接生态环境脆弱地区和自然保护区转移出来的人口，逐步成为支撑全国经济持续增长的新的经济密集区和人口密集区。将推进新型城镇化与主体功能区战略相结合，优化城市布局、增强城市功能，把加强中小城市和小城镇建设作为重点，促进不同区域大中小城市和小城镇协调发展，形成有序分工、优势互补的空间布局。

3.3.4 注重政府扮演的角色

在城市化的进程中，根据国际经验，政府在城市化推进中所扮演的角色不同，由此形成这两种市民化过程。一种是美国的自由迁徙式的农民市民化过程，强调的是市场机制、内生变量的作用，政府不直接干预，但是需要相应的法律、政策、制度来引导、辅助和支持城市化进程和农民市民化过程。另外一种是日本的政府有效干预型的农民市民化过程，强调发挥政府的政策主导引领作用，通过调整、优化原有的农业产业结构，推动实现农业现代化进程；发展农民组织，政府通过利用这些组织，引导农业生产方式向“龙头企业 + 基地”及“农协（市场） + 基地”的方式转变，促进农业逐步融入工业循环的生产体系之中；大力发展工业，为转移到城镇的农村剩余劳动力提供更多的就业机会。

城镇化是一场深刻的社会大变革，涉及诸如经济结构调整、社会结构变迁、城镇布局、区域协调发展等一系列重大的社会问题，政府在市场化的基础上适度加强引导，对城镇化的健康协调发展非常必要。综观各国城市化发展历程，很多国家出现的大城市病或城市危机，大多归咎于政府在公共政策引导方面的欠缺。所以，要实现城镇化的可持续发展，政府需要在城市规划编制、城市发展方向、区域统筹协调、公共政策制定等方面发挥积极的引导作用。

3.3.5 重视发挥中小城市的作用

为了合理安置迁徙人口，政府在发展中心城市以外，需要重视卫星城市、城市经济带、城市圈（群）等周边建设，重视发挥中小城市的作用。可以选择集中型的城市化；让人口适当分散到中小城市，让大城市人口适当分散到郊区和卫星城的分散型的城市化。历史经验告诉我们，城市不是越大越好、越集中越好、越多越好。而城市过少、过小、过于分散，又会影响聚集效益和规模效益，占用大量宝贵的土地资源，不利于农业的发展。应采取中性的城市化规模政策，既要考虑大城市较大的人均产出，又要考虑大城市较高的劳动力、土地和居民生活费用，提高土地的使用率。

3.3.6 正确应对过度郊区化和过度逆城市化

城市化是农村人口不断由农村转向城市的过程，也是城市地域扩大、城市文明和生活方式普及的过程。不过，一味追求大城市向郊区等周围地区扩张，在郊区形成星罗棋布的住宅区，而人们工作、学习的场所和商业服务机构等却仍然位于城市中，这便导致了人力、物力、财力的分散，社会成本的增加。

3.3.7　消除城乡融合障碍

城市化进程的最高水平是文明一体化，所以农民城市化提高的前提应当以城乡融合为主。保证生产要素在城乡之间顺畅流动，使得不同区域、不同经济发展水平的居民在就业机会、商业经营和福利待遇等方面实现统一。城市化进程就是消除居民之间不平等的过程。国际经验告诉我们，要实现城乡一体化，必须纠正传统的偏重城市发展的政策导向，在城镇与农村发展之间形成良性的互动机制，消除城乡融合壁垒，这是统筹城乡发展、协调有序推进城镇化和农民市民化的重要动力。

3.3.8　正视“城市病”和在农民市民化过程中出现的问题

由于城市化发展水平不均衡，农村人口迁徙动向随势而动，虽说会带来经济快速发展，也可能会引起巨大的经济差距和政治不稳定。比如，迁往中心城市的农民成为既得利益者，取得巨大财富，与迁至中小城市和留守农村部分的农民相比，二者收入差距和贫富差距越发明显，成为严重的社会问题。如果农民都往利益最大化的城市迁徙，会造成特大城市人口过度密集，大量人口聚集在大城市之中，造成区域经济发展不平衡，出现“空洞化”的农村等边缘地带，也使得城市出现了交通拥堵、环境污染等“城市病”。在城市化和农民市民化进程中必须正视并破解“城市病”，必须坚持“先治病、后发展、边治病、边发展”，积极探索解决方法。

第4章　我国农民市民化的现状研究

4.1　我国农民市民化的历程

综观世界各国社会经济发展路径，不难发现，基于更高发展水平的根本需要与推动，追逐着劳动生产率不断提高，产业技术不断创新，社会结构不断演化，由此，经济发展的结果表现为人均收入水平不断提高，社会发展的结果是人的社会属性不断增强，人口流动呈现出从农村向城市、从农业向制造业、从制造业向服务业流动的路径，从而使产业技术创新与升级、经济结构调整、人口流动与聚集相互推动与融合。因此可以说，人口城镇化、农民市民化是人类社会发展到一定阶段不可避免的趋势。

就我国而言，近年来户籍制度改革的不断推进，进一步促使农村人口向城镇迁移、流动。农村人口转变为城市人口，多数是农村人口经过迁移进入城市实现的，少数是由所在的乡村逐渐发展为城镇而转变为城镇人口的。在我国漫长的历史发展进程中，不同历史阶段，城乡之间人口迁移与融入呈现出不同的特征。为简化起见，仅以中华人民共和国成立为时间界点，将其划分为以下两大阶段。

4.1.1　中华人民共和国成立以前的农民市民化历史分析

中华人民共和国成立以前的我国农民市民化过程是伴随着古代及近现代城市在不同时期逐渐演变的一个过程。因此要想研究中华人民共和国成立以前的农民市民化的特点，首先要了解我国城市发展变迁的历史进程，尤其是不同历史条件下的城市的政治和经济功能，这对于掌握我国古代农民市民化的特点是非常有必要的。从我国古代经济发展的历史来看，本章把我国古代经济划分为三个阶段：先秦时期经济阶段、宋代以前经济阶段、宋代及以后经济阶段。

（1）先秦时期。先秦时期，我国社会发展的阶段尚处于原始社会及奴隶制社会，因此这个时期往往是基于政治因素的考虑兴建城市。古代封建社会强调“普天之下，莫非王土”，因此我国古代的城市，从王都到郡县，都是基于统治阶层的政治需要而修建的，几乎没有因为工商业的发展和人口的聚集而发展起来的城市。这是中国古代城市发展的一大特点。以周朝为例，我们了解一下先秦时期城市居民的组成。周朝的都邑被称作“国”或“都”，国中居民称为“国人”，主要由奴隶主、贵族、平民、手工业者以及直接服务于奴隶主的商人等组成。因此这一时期奴隶主贵族、平民、手工业者、商人以及一部分奴仆等组成了中国古代城市的主要居民。这一时期的城市居民形成了有着浓厚的政治色彩的市民化特点，古代城市居民的形成源于统治者的需要，几乎不涉及经济因素。中国春秋时期的鲁国实行“初税亩”，标志着我国奴隶社会土地国有制的瓦解。战国时我国开始进入封建社会，这一时期在农业不断发展的基础上，社会生产力得到了发展，促进了手工业与农业的进一步分离，形成了独立的专门生产部门，手工业也得到了发展并细化为若干个手工业部门，如《周礼・考工记》中所载：“攻木之工七：轮、舆、弓、辏、匠、车、梓……”当时手工业有如下几种形态：农民的家庭副业；独立的专门小手工业者；规模较大的手工业生产者［部分仍然是官办性质，由“官”（贵族国家）占有、经营、管理，也有一部分由新兴的大工业主役使奴仆进行生产］。由此可见这一时期城市居民的变化表现为手工业者数量的增加。另外，在战国时期，构成城市居民的另一个群体——商人开始占据重要的地位，并且这种情况一直延续到汉代。当时一些大商人的身影出现在各诸侯国国都以及各重要城市之中，例如白圭、吕不韦等当时著名的大商人都成为叱咤风云的重要历史人物，而中小商人更是数不胜数。这一时期经济发展对城市居民的形成和发展产生了深远的影响，城市固定人口主要以各种大小商人为主。

（2）先秦到宋。东汉和南北朝时期，一方面地主庄园经济登上历史舞台，另一方面这时期频发的战乱极大地限制了城市发展所需要的外围环境和物质基础。虽然这一时期处于封建社会的上升阶段，但就城市发展而言却是一个萧条时期。随后，在隋唐及以后时期出现了北民南迁、南方城市兴起的城市发展的新特点。隋唐时期是我国封建经济的第二黄金期，社会安定，经济得到很好的发展，进一步促进了我国城市商业和手工业的大发展。以唐朝的长安城为例，长安城的兴起不仅仅是因为政治因素，商业的繁荣更是使其熠熠生辉，促使长安城成为当时国际著名的大都市。这一时期，由于商业和手工业的发展，也兴起了一系列著名的商业都会，最为出名的就是当时所谓的“扬一益二”。这些著名的商业都会的兴起不仅仅是因为政治因素，商业因素所占的比重也逐渐上升，这一特征的出现预示着我国宋代以后城市兴起的新特点，即经济因素在城市发展中的比重逐渐提高，因为商业和手工业发展而产生新兴城镇。到了隋唐时期，同以前相比城市主居民构成没有多大的变化，最主要的常住居民是商人和手工业者。此外还有各级统治阶级以及因为手工业的发展而产生的雇工。因为隋唐时期中国的社会经济的高度发展，外国留学生及各国商人、遣唐使、周边少数民族贵族也构成了城市常住或暂住人口来源。这一时期，市民化的过程也是经济因素在城市兴起因素中比重上升的过程以及各种文化、经济思想交流的一个过程。随着唐代中后期城市经济的发展，与之相适应的传奇小说、市井文化也逐渐兴起，这是我国古代市民化的一个新特点。

（3）宋代至中华人民共和国成立。自宋代到中华人民共和国成立这个漫长的历史阶段，我国城市发展进入了一个新的阶段。随着城镇中手工业者数量的大量增加，专业的手工业市镇在这一时期出现。譬如当时南宋都城临安“处处备有茶坊、酒肆、面店、果子、彩帛、绒线、香烛、油酱、食米、下饭鱼肉等铺”中从事生产和销售的手工业者。除了这些在都城居住的手工业经营者外，还有许多工匠待人雇佣，他们都成为当时的市民。而在明代万历年间，苏州百姓“无积聚，多以丝织为生，东北半城多居织户”（《苏州府志》），可见手工业者数量之多。同时更有大量的手工业者聚集在各专业市镇之中，例如湖北汉阳县汉口镇，“户口二十余万，五方杂处，百艺俱全”（《皇朝经世文编卷四〇》）；广东南海县佛山镇，乾、嘉年间已发展成为有622条大街小巷和数十万人口的工商业市镇，“实岭南一大都会”（《乾隆佛山忠义乡志》卷一《佛山镇论》，《道光佛山忠义乡志》卷一《疆域志》）。由此可以看出城市居民中手工业者和商业领域的从业者所占的比例逐步增大。而到了宋代以后，尤其是明清时期，我国古代城镇工商业人口数量迎来了一个最高峰。在当时仍然处于典型的农业国度中，出现如此众多工商业人口的城镇，这无疑成为当时中国社会快速发展的标志，也是生产力水平提高的重要表现。而如此众多的工商业人口的出现，其市民化的成型也经历了一系列的过程。商人长期以来是我国古代城镇市民中的主要构成者，从春秋一直到明清皆如此。而商人的来源绝大多数不是周围附近乡村的百姓，也就是说他们的籍贯并不在城镇附近的乡村。同时，古代商人更多来自贫困山区的居民，而并非都是来自商品经济发达、商业意识浓厚地区的百姓，因为这些人生活的地方处于落后的自然经济条件下，难以为生的农业生产，迫使他们远走他乡，出外谋生。因此中国古代商人的市民化过程首先是农业人口向商业人口转变的一个过程。手工业的情况也是如此，外乡人比土著比例要大。只是到了宋元之后，所兴起的工商业城镇中，其手工业者主要来源于当地居民。这是由于这些新兴的工商业城镇，本来就是拥有一定资源的农村，后来随着商品经济的发展，市场上对其产品需求量变大，这些本来农工兼为的百姓，逐渐转向从事专门的手工业生产。

通过对我国不同历史时期城镇居民的演变及农民市民化过程的回顾，我们可以概括出不同历史阶段的农民市民化具有如下四个特点。

第一，随着古代社会商品经济的发展，我国城市的经济功能逐步增强，政治功能相对减弱，城市居民中工商业人口从数量和构成比例上逐渐成为城镇人口的主体。

第二，农村是古代城镇工商业者的主要来源，且以外乡农村人为主。这是我国古代农业社会人口流动的显著特点。城市发展所需要的人口大部分来自农村，而城市之间的人口流动的数量则很少。因此城镇和农村之间，特别是城镇工商业者和农村有着种种紧密关联，比如城镇工商人口与农村存在密切的血缘、地缘和姻亲关系；城镇中的手工业人口，特别是宋元以来的部分雇佣工人与农村的联系更为密切。

第三，城镇居民具有明显的代际更迭性，而延续性不强。正是因为我国古代城镇的工商业者同农村存在的密切联系，因此我国古代工商业者的最终归宿朝着两个不同的方向发展。一方面，由于我国古代战乱频仍，平均每经过一两百年就要改朝换代一次，战争对城市的破坏非常大。因此，我国古代城市很少会有累世居住的望族。相对于农村聚族而居的几代、十几代甚至是几十代的大家族来说，古代城镇人口只是匆匆过客，并且他们总是把自己的根扎于农村的土地上。所以不少城镇工商业者年老（即成为老市民）之后，都要告老还乡，返回故里，他们将资本投资于购买土地，回流互动，成为新兴的地主，实现了城乡生产要素，尤其是资本、信息、观念等要素的回流。另一方面，宋代以来，尤其是明清时期，城市经济前所未有地繁荣，文化生活的丰富是农村地区无可比拟的，再加上工商业阶层社会地位的提高，因此也有不少工商业者开始在城市长期定居，而不是仅仅为了谋生而暂时居住，这部分人成为城镇市民中的固定部分。不过从整个历史时期来看，前一种情况一直是主流，后一种情况从明清时候才开始增加。

第四，正是由于我国古代战乱以及城镇工商业者的两种不同归宿，我国古代市民一直没有形成一个稳固的群体，城乡人口之间变动特别大，同时这也是我国传统农业社会城市发展的一个特点。

4.1.2 中华人民共和国成立以来农民市民化的发展历程

自1949年中华人民共和国成立以来，中国人口城市化经历了一个波澜起伏、曲折发展的历程。根据变化趋势与特征，大致可划分为如下五个阶段。

4.1.2.1 启动阶段（1949～1957年）

中华人民共和国成立时我国人口城市化水平极低。统计资料显示，1949年市镇人口在全国总人口中的比重仅有10.6%，而此时世界城镇人口比重超过28%。经过三年恢复，1952年底，全国城镇人口占总人口的比重升至12.5%。从1953年开始，中国进入了第一个五年计划建设时期，我国的国民经济得到了一定程度的恢复，与此同时国家开始进行城市改造和建设。在这一段时期，国家围绕694个重点建设项目，采取了“重点建设、稳步推进”的方针，新建了6个城市，大规模扩建了20个城市，一般扩建了74个城市。经济社会的发展增加了对劳动力的需求，加之当时政策鼓励农民进城，大量农村人口开始进入城市定居，在一定程度上推进了城市化的进程。随着工业化进程的加快，为适应城市建设和城市经济发展的需要，1955年9月国务院颁布了中华人民共和国成立后的第一个市镇建设法规——《国务院关于设置市、镇建制的决定》，规定：市是属于省、自治区、自治州领导的行政单位，聚居人口10万人以上可设市；不足10万人但为重要工矿基地、省级地方国家机关所在地、规模较大的物资集散地或边远地区的重要城镇。镇是属于县、自治县领导的行政单位，县级或县级以上地方国家机关所在地，不是县级或县级以上国家机关所在地但聚居人口在2000人以上、有相当数量的工商业居民，以及少数民族地区聚居人口2000人以下，但有相当数量的工商业聚居区。同年11月又颁布了《国务院关于城乡划分标准的规定》，将城镇明确规定为：设置市人民委员会的地区和县（旗）以上人民委员会所在地，或常住人口在2000人以上、50%以上为非农业人口的居民区，此外均列为乡村。中华人民共和国成立之初全国城市共132个，城市常住人口5765万人，占全国总人口的

10.64%。到 1957 年底，全国城市增至 177 个，全国市镇人口 9949 万人，比 1952 年增加了 2786 万人，市镇人口占全国总人口的比重由 1952 年的 12.5% 上升到 1957 年的 15.39%。1949～1957 年，全国市镇人口比重由 10.64% 上升到 15.39%，增长了 4.75 个百分点，平均每年增长 0.59 个百分点（详见表 4－1）。

表 4－1　1949～1957 年城市化初始阶段城镇化进程

年份	全国人口(万人)	市镇人口(万人)	城镇化率(%)
1949	54167	5765	10.64
1950	55196	6169	11.18
1952	57304	7163	12.50
1955	61465	8285	13.48
1957	64646	9949	15.39

资料来源：《中国统计年鉴》（1950～1958 年）。

4.1.2.2　奔跑阶段（1958～1960 年）

1958 年以前，农村迁入城市的人口数是逐步上升的。从 1958 年开始，由于国家政策的失误，城镇人口盲目增长。1957～1960 年市镇人口由 9949 万人猛增到 13073 万人，增加了 3124 万人，增长 31.4%，平均每年增加 1041 万人，年递增率达到 9.53%，特别是 1959 年比 1958 年猛增 1650 万人，增长率达到 15.39%，是 1949 年以来城镇人口增长率最高的一年。

4.1.2.3　下降停滞阶段（1961～1978 年）

为缓解 1959～1961 年国民经济所发生的严重困难，党中央提出了“调整、巩固、充实、提高”八字方针，大规模精简职工，下放干部。1963 年 12 月，中共中央、国务院发出《关于调整市镇建制、缩小城市郊区的指示》，撤销了不够条件的市，压缩了城市郊区范围，同时将设置镇的标准提高，规定聚居人口在 3000 人以上，且农业人口在 70% 以上，或者聚居人口为 2500～3000 人，农业人口占 85% 以上，确有必要由县级国家机关领导的，可设镇的建制，不符合条件的一概撤销。从而减少市镇数目，压缩城镇人口，致使农民市民化进程受阻。相关资料显示，当时设市城市由 1961 年底的 208 个减少到 1964 年底的 169 个，县辖建制镇由 4429

个减少到1964年6月底的3148个。相应的市镇人口也就连续3年出现负增长，1964年底与1960年底相比，市镇人口净减少3188万人，下降24.39%，平均每年减少797万人，年均递减率为6.8%。1961~1963年全国共精简职工1800万人，压缩城市人口2600万人，1961年与1962年城市人口的净迁入率分别为-39.1%和-45.2%。

虽然后来有回升和起伏不定的增长，但直到1971~1972年才略微超过1957~1958年的迁入水平。市镇人口的绝对数从1964年的12950万人增加到1978年的17245万人，净增长4295万人，平均每年增长306.79万人，年均增长率为2.07%；同期全国总人口由70499万人增加到96259万人，净增加了25760万人，平均每年增加1840万人，年均增长率为2.25%；同期全国乡村人口由57549万人增加到79014万人，14年间净增加了21465万人，平均每年增加1533万人，年均增长率达到2.29%。三者比较，不难发现全国总人口的增长量是市镇人口增长量的6倍，全国乡村人口增长量是市镇人口增长量的5倍。无论是全国总人口，还是乡村人口的年平均增长率均超过了市镇人口的年平均增长率（分别超过0.18和0.22个百分点）（详见表4-2）。

表4-2　1960~1978年城市化波动停滞时期城镇化进程

年份	全国人口(万人)	市镇人口(万人)	城镇化率(%)
1960	66207	13073	19.75
1965	72538	13046	17.99
1970	82992	14424	17.38
1975	92420	16030	17.34
1976	93717	16341	17.44
1977	94974	16669	17.55
1978	96259	17245	17.92

资料来源：《中国统计年鉴》（1961~1979年）。

4.1.2.4　回升发展阶段（1979~2000年）

自1979年改革开放以来，我国经济社会焕发出新的活力，进入前所未有的高速发展阶段，城镇化水平大幅度提升。随着经济体制改革的展开和深化，1984 年 11 月国务院批转《民政部关于调整建制镇标准的报告》，1986 年国务院又批转《民政部关于调整市标准和市领导县条件的报告》，其中规定：非农业人口 6 万人以上、年地区生产总值 2 亿元以上、已成为该地区经济中心的镇，重要工矿科研基地、著名风景名胜区、交通枢纽、边界口岸，虽非农业人口不足 6 万人、年地区生产总值不足 2 亿元，也可设置市的建制。还规定，总人口 50 万人以下的县，县政府驻地所在镇非农业人口 10 万人以上、常住人口中农业人口不超过 40%、年地区生产总值 3 亿元以上，可以撤县设市；总人口 50 万人以上的县，县政府驻地非农业人口在 12 万人以上、年地区生产总值在 4 亿元以上，可以撤县设市；自治州政府或地区（盟）行政公署驻地，虽非农业人口不足 10 万人、年地区生产总值不足 3 亿元，也可撤县设市。中国人口城市化和农民市民化的进程由此得以加快。1979 ~ 2000 年城市数量增至 663 个，建制镇增至 20312 个，城市人口增至 45906 万人，占全国总人口的 36.22%（见表 4 - 3）。这一时期我国城镇化进程明显加快，沿海大城市成为城市建设的重点，如 80 年代深圳的崛起，90 年代浦东的发展，同时沿海地区还涌出众多的中小城市和小城镇，主要代表有昆山、东莞、石狮等。

表 4 - 3　1979 ~ 2000 年城镇化加速发展阶段基本情况

年份	全国人口（万人）	市镇人口（万人）	城镇化率（%）	城市总数（座）	建制镇总数（座）
1980	98705	19140	19.39	223	2173
1985	105851	25094	23.71	324	2874
1990	114333	30191	26.41	467	—
1995	121121	35174	29.04	640	15043
1996	122389	37304	30.48	666	17770
1997	123626	39449	31.91	668	18000
1998	124761	41608	33.35	668	19060
1999	125786	43748	34.78	667	19184
2000	126743	45906	36.22	663	20312

资料来源：《中国统计年鉴》（1981 ~ 2001 年）。

4.1.2.5　快速发展阶段（2001 年至今）

进入 21 世纪，我国开始正式确立城镇化发展战略，基于“小城镇，大战略”的发展方针，我国的城镇化水平逐年提升，进入了快速发展时期。2001～2014年，我国城镇人口从48064万人增长至74916万，城镇化率从37.66%增长至54.77%，13年间年均增长1.32个百分点（见表4－4）。

表4－4　2001～2014年城镇化快速发展阶段基本情况

年份	全国人口（万人）	市镇人口（万人）	城镇化率（%）	城市总数（座）	建制镇总数（座）
2001	127627	48064	37.66	662	20374
2002	128453	50212	39.09	660	20601
2003	129227	52376	40.53	660	20226
2004	129988	54283	41.76	661	19883
2005	130756	56212	42.99	661	—
2006	131448	57706	43.90	656	17652
2007	132129	59397	44.94	655	16711
2008	132802	60667	45.68	655	—
2009	133474	62186	46.59	—	—
2010	134091	66978	49.95	657	19410
2011	134735	69079	51.27	657	19683
2012	135404	71182	52.57	658	—
2013	136072	73111	53.70	658	—
2014	136783	74916	54.77	658	—

资料来源：《中国统计年鉴》（2002～2015年）。

4.2　我国农民市民化的现状

我国农民的市民化过程是伴随着城镇化的进程不断推进的。纵观我国城镇化发展历程，可以窥见我国农民市民化的总体状况。新型城镇化的核心就是推进农村人口市民化。从改革开放到现在，截止到2014年我国城镇常住人口已达到74916万，城镇化水平高达54.77%，超过50%，也超过同期世界平均水平。这种城镇化水平正处在相对高速发展时期，并且还将在今后相对较长的一段时期内保持这种快速发展趋势。综观全局，我国城镇化建设存在如下特点。

4.2.1　城镇化进程明显加快，城镇经济比重不断提高

进入 21 世纪以来，我国城镇化建设基本保持在年均提高 1.02 个百分点的水平快速发展，远远高于世界城镇化年均提高 0.2 个百分点的平均水平。我国城镇化水平与经济发展水平总体上已经基本适应，2014 年我国人均 GDP 约为 7485 美元（约合人民币 46531 元），城镇化水平达到 54.77%。从产业就业情况来看，近年来第一产业就业比重大幅度下降，第三产业就业比重不断上升。第一产业就业比重从 2008 年开始降到 40% 以下，第二产业的就业比重在 2012 年首次突破了 30%，第三产业的就业比重在 2011 年首次超过了第一产业的就业比重。2012 年第一、第二、第三产业的就业比重之比分别是 33.6%∶30.3%∶36.1%。产业结构的调整，就业结构的优化，增强了城镇的吸引力，城市经济在整个国民经济中的主导地位越来越突出。

4.2.2　城镇化失衡于工业化的现象得以扭转

长期以来我国的城镇化水平一直滞后于工业化水平（见图 4 - 1），尤其在改革开放初期城镇化率落后于工业化率近 25 个百分点，直到 2000 年，这一现象仍然没有改善，城镇化率依然落后工业化率约 4 个百分点。2004 年我国城镇化率首次超过工业化率近 1 个百分点。到 2012 年，我国城镇化水平为 52.57%，高于工业化率 14 个百分点，表明我国的城镇化滞后于工业化的状况得以改善，这就为我国农民的市民化提供了持久的经济动力支撑。

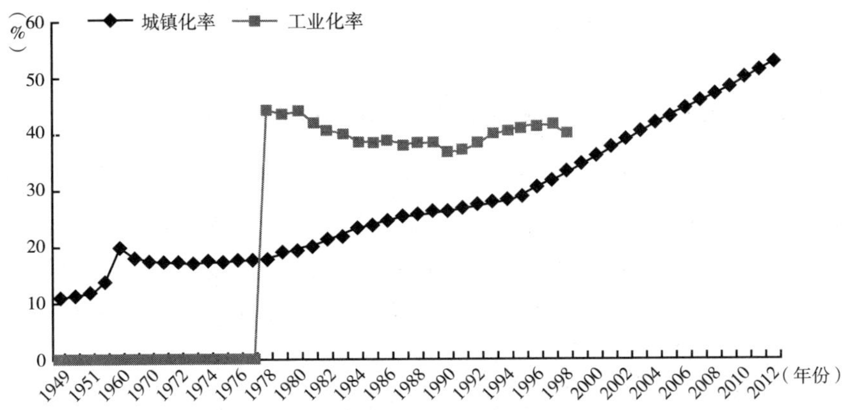

图 4 - 1　1949 ~ 2012 年我国城镇化率与工业化率

4.2.3 城镇体系和结构日臻完善

随着城镇化的推进，具有中国特色的城市群空间组织模式日趋完善，形成了若干个具有国家和国际影响力的城市群，并逐渐成为国家空间发展的重心。2013年中国城市发展报告统计（如表4－5所示），截至2012年我国共有658个城市，19881个建制镇，较之于1978年分别增长了2.4倍、8.1倍。1978～2012年超过100万人口的城市由29个增加到140个，增加了3.8倍，且出现了人口超过1000万的超大城市。从目前来看，不仅存在大量的已经形成的城市群，而且还有很多正在形成的城市群。统计2012年的情况，占国土面积3%左右的珠三角、长三角、京津冀三大城市群，人口占据全国总人口的13%左右，创造的地区生产总值占全国GDP的36%左右。

表4－5 1978年与2012年城市数量对比

单位：个

项目	1978年	2012年
城市总量	193	658
1000万以上人口城市	0	6
500万～1000万人口城市	2	10
300万～500万人口城市	2	21
100万～300万人口城市	25	103
50万～100万人口城市	35	138
50万以下人口城市	129	380
建制镇数量	2173	19881

4.2.4 流动人口对城镇化的促进作用显著

随着城乡差距和地区差距的不断扩大以及户籍改革的深入推进，农村出现了大量剩余劳动力，并开始逐步转移至城市，出现了中国社会特有的农民工迁移群体。据统计2014年进城务工的农民工数量已达2.7亿人，如此大规模的人口流动现象开始出现，其中很大程度上表现为跨省跨地区的人口流动。

从中国第五次人口普查和第六次人口普查的数据可以看出，2000～2010年，我国的省际人口流动规模不断扩大，流动人口的数量从4241.86

万人增至 8587.63 万人，流动人口的规模增长了 1 倍（详见表 4－6）。人口的省际流动差异化明显，我国的流动人口主要流向东部地区，2010 年东部地区人口流入量由 2000 年的 3211.45 万人增长到 6813.64 万人，东部地区人口流入量占全国人口流动总量的比重也由 75.7% 上升到 79.3%，东部地区人口集聚能力增强。人口主要流入北京、浙江、江苏、上海、广东，而代表着这 5 个人口主要流入省份的京津冀城市群、长三角城市群、珠三角城市群的人口流动规模也逐渐增大（见图 4－2），流入长三角城市群的人口达到 2818.02 万人，占了全部省际流动人口的 32.81%。这使得长三角城市群成为省际流动人口的主要流入区域，逐渐取代了珠三角城市群的位置。

表 4－6　中国四大经济区域及省际人口流动分布

单位：万人，%

范围	2000 年第五次人口普查				2010 年第六次人口普查			
	流入	流出	净流入	净流入率	流入	流出	净流入	净流入率
全国	4241.86	—	—	8587.63	—	—		
东部	3211.45	719.90	2491.55	—	6813.64	1512.82	5300.82	—
中部	258.54	1849.33	－1590.79	—	457.98	3823.82	－3365.84	—
东北部	174.04	214.47	－40.43	—	274.94	494.05	－219.11	—
西部	597.83	1458.16	－860.33	—	1041.07	2756.94	－1715.87	—
北京	246.32	9.17	237.15	18.77	704.45	27.44	677.01	34.86
上海	313.49	14.27	299.22	20.33	897.70	25.03	872.67	43.89
江苏	253.69	171.56	82.13	1.14	737.93	305.89	432.04	5.12
浙江	368.89	148.25	220.64	4.97	1182.40	185.39	997.01	20.22
广东	1506.48	43.04	1463.44	20.22	2149.78	88.06	2061.72	21.05

数据来源：根据中国第五次、第六次人口普查资料数据整理。

从 2010 年全国各省市的城镇化率来看，上海、北京、天津、广东、浙江、江苏的城镇化水平（如图 4－3 所示）居于全国前十位。由于这些省份经济发展较快，所以吸引了大量的外来农村剩余劳动力前来务工，那么这些外来劳动力的到来，也在一定程度上影响了这些地区的城镇化水平，使这些地区的人口城镇化速度大大提高。可见外来流动人口对人口城镇化水平的提升起着至关重要的作用。

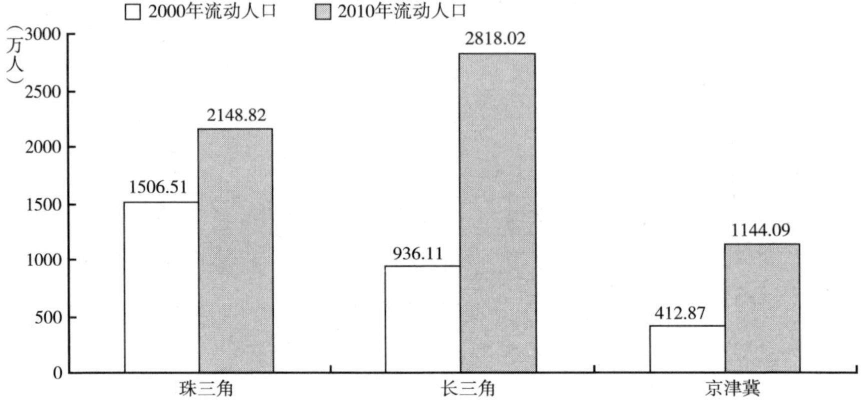

图 4－2　中国三大城市群流动人口分布

数据来源：根据中国第五次、第六次人口普查资料数据整理。

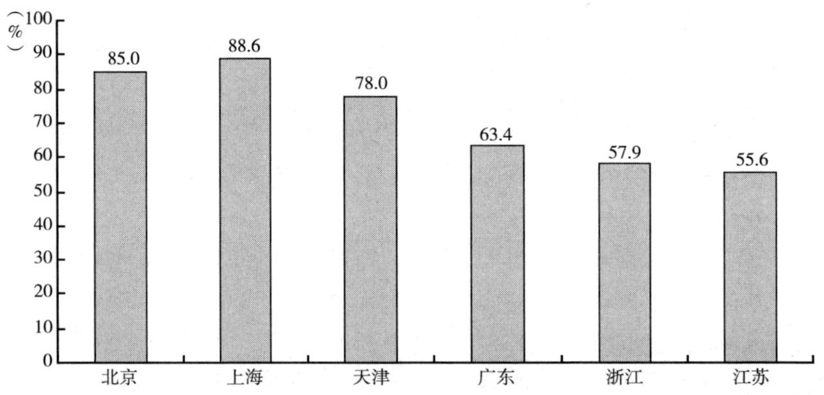

图 4－3　2010 年典型省份城镇化率统计

数据来源：《中国统计年鉴》（2011 年）。

4.2.5　我国城镇的现代化水平大幅提升

近年来，我国城镇化的水平逐步提升，城市建成区的面积也在不断扩大，住房条件得以改善，城市交通、供水、供电、绿化、环境卫生、通信等基础设施体系不断完善，扩大了城镇人口容量，提高了城镇的现代化水平。2010～2014 年我国城市建成区面积由 4.1 万平方公里扩大至 4.98 万平方公里（如图 4－4 所示），年均增长 2200 平方公里。我国的城市人均住房建筑面积在 2014 年达到 33.4 平方米，与 2000 年相比，增加了 13.1 平方米；城市燃气普及率、用水普及率分别为 94.6%、97.6%，人均道路面积为 15.3 平方米，每万人拥有公共交通车辆 13.0 标台，人均绿地面积 13.0 平方米，城市污水处理率已达 89.3%。如表 4－7 所示，较之于 2000 年，上述各城市现代化指标均有大幅度提升。

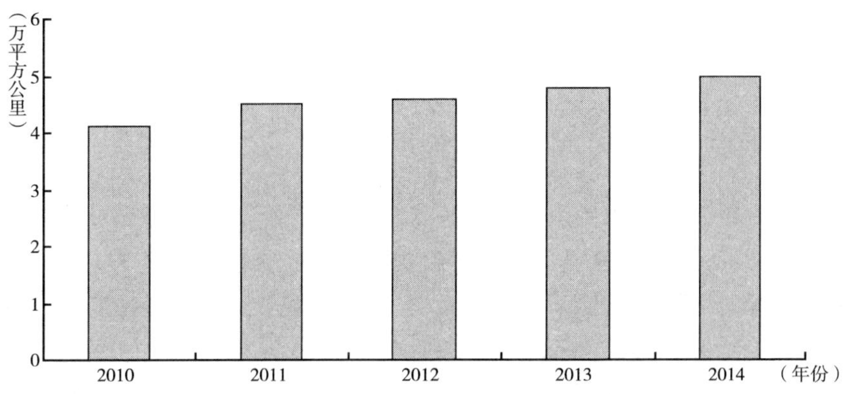

图 4－4　2010～2014 年我国城市建成区面积

数据来源：《中国城市统计年鉴》（2011～2015 年）。

表 4－7　2000～2014 年城市基础设施和服务设施建设情况

指标	2000 年	2014 年
用水普及率(%)	63.9	94.6
燃气普及率(%)	44.6	97.6
人均道路面积(平方米)	6.1	15.3
每万人拥有公交车辆(标台)	9.8	13.0
人均住宅面积(平方米)	20.3	33.4
人均绿地面积(平方米)	3.7	13.0
污水处理率(%)	34.3	89.3

数据来源：根据 2000 年、2014 年城市建设公报数据整理。

4.3　我国农民市民化存在的问题分析

迄今为止，我国的城镇化建设日新月异，取得了举世瞩目的巨大成就。城镇化和农民市民化水平得以大幅度提升，大量的农村剩余劳动力实现了转移就业安置，城乡生产要素实现了合理的流动和配置，城乡经济得以持续健康快速发展，社会结构变革加剧，从而使城乡居民的生活水平得以大幅度提升。但由于我国城镇化起步晚，其进程又经历了诸多曲折起伏，在近年来城镇化和农民市民化飞速发展的同时也出现诸多亟待解决的矛盾和问题。

4.3.1 城镇化水平较低，质量不高

4.3.1.1 城镇化水平的国际差距较大

尽管近年来我国的城镇化水平突飞猛进，截至 2014 年城镇化率已达到 54.77%，然而这种快速增长既有对历史的补偿，也是近年经济的高速发展对劳动力配置需求的反映。较之于世界大多数国家而言，我国的城镇化发展水平相对滞后。这一方面主要表现在我国人口众多，故而人均 GDP 对应的城镇化率比世界上大多数国家低，只处于中游水平。在国际上当一国（或地区）的人均 GDP 超过 3000 美元时，其城镇化率一般在 55% 左右，发达国家为 60%。当人均 GDP 达到 4500 美元时，其城镇化率一般在 70% 左右。我国在 2012 年人均 GDP 已达 6500 美元，而彼时的城镇化率仅为 52.57%。与世界其他同等收入国家相比，我国的城镇化水平依然存在较大差距。根据 2011 年世界银行数据，我们选择了 4 个在 2010 年与中国人均 GDP 较为接近的国家（详见表 4－8），由表 4－8 可见中国的城市化率远远低于这 4 个国家城镇化水平平均值约 24 个百分点，可见中国的城镇化水平不高，未来城镇化的发展任重而道远。

表 4－8 中国与同等水平国家城镇化率比较

国家	人均 GDP(美元)	城镇化率(%)
乌克兰	3002	68.1
马尔代夫	4478	80.0
伊朗	4484	69.5
中国	4520	49.9
秘鲁	5196	79.1

数据来源：根据 2011 年世界银行数据整理。

另外，尽管 2012 年我国的城镇化率高于工业化率 14 个百分点，然而根据经济学家霍利斯·钱纳里关于工业化与城镇化关系的理论阐述，即：当一个国家的工业化率达到 30% 时，城镇化率应在 40% 左右；当一个国家的工业化率达到 40% 时，城镇化率则应在 75% 以上。根据这一理论，截至 2012 年我国的工业化率已接近 40%，但是我国的城镇化率却仅仅达到 52%。在同等工业化水平下，较之于世界平均城镇化水平，我国的城镇化率低了 20 个百分点。而较之于其他国家（如表 4－9 所示），我国的城镇化与工业化的关系尚未进入合理区间，2011 年我国城镇化率与工业化率的比值仅为 1.1，尚未达到合理的城镇化率与工业化率比值为 1.4～2.5 的要求，表明我国的城镇化与工业化尚未得以协调发展。

表 4－9　中国与其他国家工业化率、城镇化率比较

国家	工业化率（%）	城镇化率（%）	城镇化与工业化率比值
中　国	46.6	50.5	1.1
韩　国	39.2	83.2	2.1
墨西哥	36.5	78.1	2.1
巴　西	27.5	84.6	3.1

数据来源：作者根据各国统计局网站数据整理。

4.3.1.2　农业转移人口“半城镇化”现象严重

随着城镇化的推进，大量的农村剩余劳动力进入城市，在 2014 年我国统计的约 7.5 亿城市人口中，还有 2.5 亿属于农业户籍人口，约占城市人口的 33.3%。如此庞大的农业转移人口已经成为我国产业工人的主体，是城镇化推进的主导力量。但是大量的农业转移人口在城市中处于流动就业状态，尚未完成农村人口向城市的定居或落户迁徙。囿于我国传统的户籍制度的桎梏，较之于城市居民而言，城市流动人口在诸多方面，如教育、就业、医疗、养老、住房等方面尚未享受均等的基本公共服务，农村人口的平均资源占有状况并没有得到根本改观，造成了“同城人不同权”，农业转移人口难以真正融入城市社会，产生了所谓的“半城镇化”现象。“半城镇化”现象的实质就是农业转移人员既不能在城市享受市民待遇，又不能割断与农村的联系，这造成城镇户籍人口和非户籍人口二元关系的扭曲，新的二元关系矛盾频现，农村留守儿童、妇女、老人问题凸显，这为城乡经济社会的和谐发展埋下诸多隐患。近年来随着城镇化的深入推进，这一现象呈现扩大蔓延之势，据统计（如表 4 - 10 所示），2008 年常住人口城镇化率与户籍人口城镇化率之差为 12.4 个百分点，而 2014 年这二者之差则达到了 18.9 个百分点，表明“半城镇化”人口逐渐增加，农村转移劳动力的市民化问题凸显。

表 4 - 10　2008 ~ 2014 年常住人口城镇化与户籍人口城镇化率差值

单位：%

年份	常住人口城镇化率	户籍人口城镇化率	差值
2008 年	45.7	33.3	12.4
2010 年	49.9	34.2	15.7
2012 年	52.6	35.2	17.4
2014 年	54.8	35.9	18.9

数据来源：根据《中国统计年鉴》（2009 ~ 2015 年）数据整理。

4.3.2　我国城镇化区域发展水平失衡

从整体上看，截至 2014 年，我国的城镇人口已达 74916 万人，城镇化率为 54.77%。但从各个区域来看，由于基础不同以及经济社会发展的现实差异，不同区域的城镇化水平差异明显，发展失衡。我国城镇化发展水平失衡主要表现在全国四大区域的差异和省份与省份之间城镇化水平参差不齐上。

4.3.2.1　四大区域城镇化发展水平差异明显

我国东部地区是中国经济、文化发达的区域，也是流动人口的净流入地区，人口集聚能力强，在 14 个城镇化率高于全国平均水平的省区市中，其中 8 个分布于东部地区，3 个在东北区域，1 个在中部区域，1 个在西部区域。而在全国 17 个城镇化水平低于平均水平的省区市中，东部地区仅有 2 个，中部地区有 5 个，而西部地区却有 10 个。由图 4 - 5 可见，截至 2014 年我国东部地区的平均城镇化率已达 67.62%，东北地区达 59.96%，西部地区最低，仅为 46.89%，低于全国平均城镇化率近 8 个百分点。从区域城镇的规模来看，人口聚集量多的特大城市、大城市也以东部地区分布为主。总体而言，我国城镇化的空间分布呈现向东部沿海地区集中的特点，尤其是以大城市为中心、城镇发展比较集中的京津冀、长三角和珠三角三大城市群，城镇化发展程度最高。

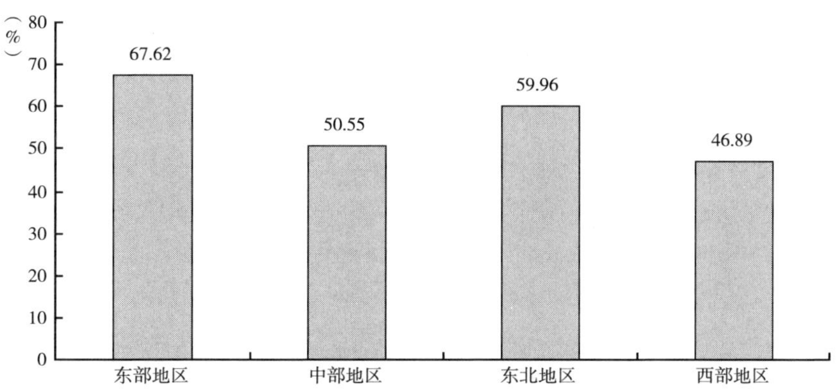

图 4－5　中国四大区域平均城镇化水平

数据来源：根据 2015 年各省市统计年鉴数据整理。

4.3.2.2　省际城镇化发展水平失衡

我国各省区市经济社会发展的差异造成了省际城镇化发展水平的不均衡。由图 4－6 可见，2014 年全国各省区市城镇化发展水平差异明显，上海、北京、天津城镇化率已经超过 80%，已经达到世界先进国家的城镇化水平，其中上海的城镇化水平为 89.6%，是全国城镇化发展之冠；城镇化水平为 55% ～80%（即超过当年 54.8% 的全国常住人口城镇化率）的主要有江苏、浙江、福建、山东、广东、黑龙江、吉林、辽宁、湖北、重庆、内蒙古 11 个省区市；城镇化水平在 55% 以下的有海南、江西、安徽、河南、河北、陕西、宁夏、广西、四川、甘肃等 17 个省区市。

4.3.2.3　土地城镇化快于人口城镇化

近年来我国城镇化建设飞速发展，这势必增加了城镇建设用地，扩大了城镇空间。然而当前土地城镇化明显快于人口城镇化。近年来

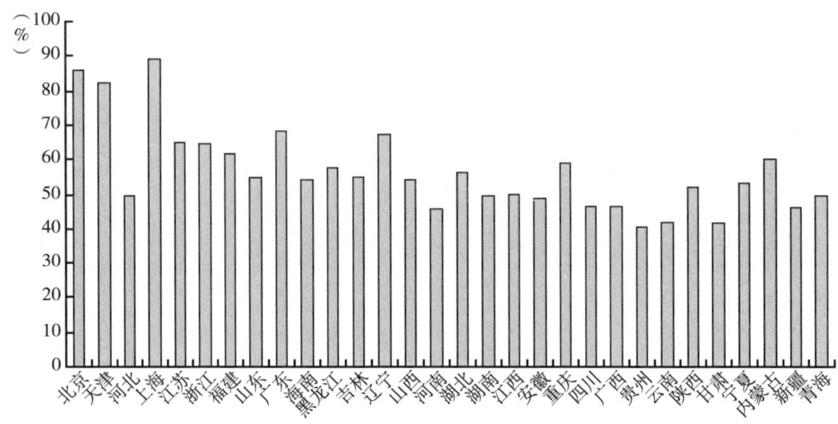

图 4－6 全国各省区市城镇化水平

注：未包括西藏自治区、香港、澳门和台湾的数据。

数据来源：根据 2015 年各省市统计年鉴数据整理。

中央政府采取一系列宏观调控的政策，有效遏制了土地城镇化的快速增长，但是部分地方政府在推进城镇化建设中依然不惜占用耕地，粗放低效使用建设用地，各地新城新区、开发区、工业园区占地面积较大，呈现出“摊大饼”式的盲目扩张趋势。统计资料显示，1996～2012 年，在我国年均增加的 724 万亩的建设用地中，年均城镇建设用地为 357 万亩。2010～2012 年，在我国年均增加的 953 万亩的建设用地中，年均城镇建设用地为 515 万亩。据统计，2000～2011 年，我国城镇建成区面积增长了 76.4%，这个数字远远高于城镇人口 50.5% 的增长水平。图 4－7 显示了 2001～2011 年我国城镇人口和城区建设面积的增长率的变化轨迹，城镇人口的增长率除了在 2009 年高于城建区面积增长率外，其余年份均低于城建区面积增长率。这表明城镇人口的增长速度滞后于城建区面积增长速度，存在人口城镇化落后于土地城镇化的现象。

尽管轰轰烈烈的“造城运动”在全国诸多地区频频上演，但是由于缺乏非农产业的带动，许多开发区、新城、新区人口集聚能力不足，城建区人口的集聚密度呈现不断下降的趋势。如图 4－8 所示，2001～2011 年，城镇人口密度一直呈递减趋势，这从另外一个侧面说明了人口向城镇的集聚速度滞后于城市建成区扩张的速度。一些有城无业、有城无人的“新

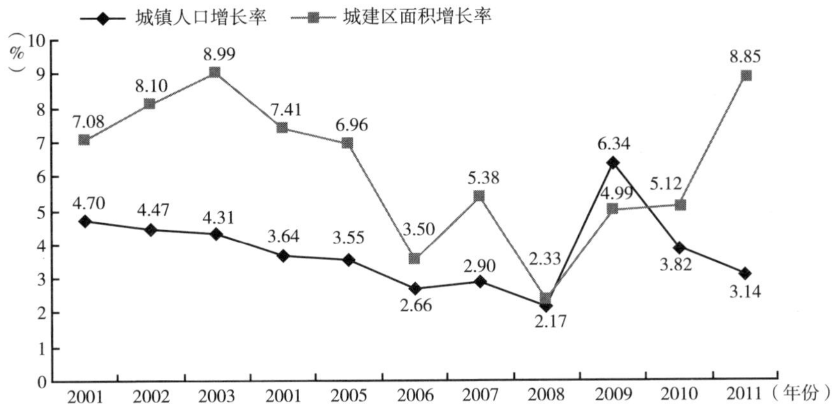

图 4－7　2001～2011 年我国城镇人口和城区建设面积的增长率

资料来源：见袁贺《我国的土地城镇化明显快于人口城镇化》，中国乡村发现网。

城”纷纷成为“鬼城”。如天津市宝坻区的京津新城占地面积较大，相当于 33 个天安门广场，新城在建设期间投入了数百亿美元，建成了 8000 栋别墅以及相应的配套设施，规划了可供 50 万人生活的区域，但是由于新城的人口集聚能力不足，建设完工多年，入住率不足 10%。粗放的城镇化发展模式不仅造成了国土资源的浪费，长此以往还会对国家的粮食安全和生态安全带来威胁和破坏。

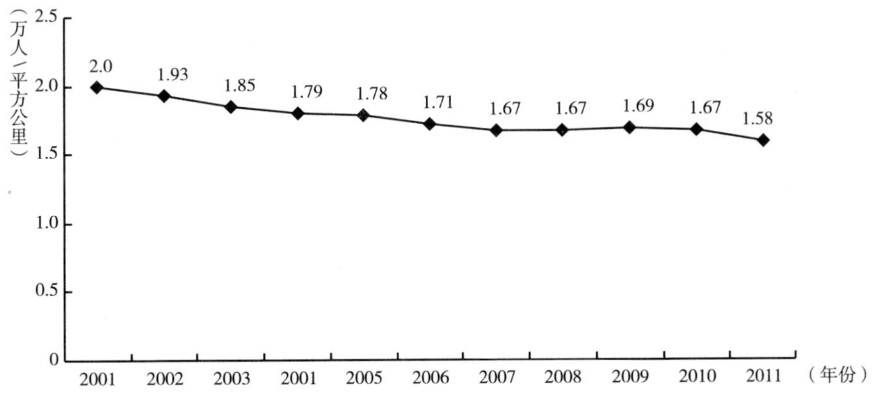

图 4－8　2001～2011 年我国城市建成区人口密度变化

资料来源：见袁贺《我国的土地城镇化明显快于人口城镇化》，中国乡村发现网。

4.3.3 城镇化与产业化、农业现代化脱节

我国的城镇化和农民市民化的顺利推进离不开产业化、农业现代化的协同发展。首先，产业化是推动城镇化建设的助推器，是实现产业与城市和谐统一，推进统筹城乡一体化的根本途径，是推动农民市民化的根本动力。然而，进入21世纪以来，我国的土地城镇化不断加速，超过了人口的集聚和产业的发展速度，导致部分城镇的发展缺乏产业作为其支撑，城镇化与产业化发展不同步，继而衍生出“空城”“鬼城”现象。而在部分区域内部由于城镇化与产业化布局的不协调，中心城市集聚产业过多，超越其城市承载能力，而在城市周边开发的楼盘又由于产业布局的不合理，出现了“卧城”现象，与主城之间形成了每天“潮汐式”人流格局，进一步加重了城市的负担，造成大城市人口拥挤、住房紧张、就业困难、交通堵塞、环境污染等所谓的“城市病”问题突出。

其次，中国城镇化和农民市民化的发展缺乏农业现代化的协同推进，造成了城乡割裂发展的城镇化发展模式。城镇化以非农产业发展为基础，但非农产业的发展要从非农产业增加值所占比重以及非农产业就业所占比重这两个方面加以衡量。如表4-11所示，2014年我国三大产业结构的增加值中，非农产业，即第二、第三产业增加值合计占比达90.8%，但从三大产业的就业人数来看，非农产业就业人数所占比重合计为70.5%，而第一产业就业人员占比为29.5%，超出其产业增加值所占比重20.3个百分点。由此可见，我国的农业劳动生产率低下，转移农村剩余劳动力的任务依然繁重。当前如何加快推动农业现代化、提高土地、劳动力效率是推动新型城镇化发展的关键。

表4-11 2014年三大产业增加值及产业就业人数

产业	增加值（亿元）	各产业增加值所占比重（%）	就业人数（万人）	各产业就业人员所占比重（%）
第一产业	58332	9.2	22790	29.5
第二产业	271392	42.6	23099	29.9
第三产业	306739	48.2	31364	40.6
合计	636463	100.0	77253	100.0

数据来源：根据《中国统计年鉴》（2015年）数据资料整理。

4.3.4　城镇规模结构与空间布局不尽合理

尽管近年来我国城镇化的推进促使城镇空间结构不断优化，但在规模结构上仍然存在“大的太大，小的太小，缺乏中间环节”的缺陷，及大城镇对外辐射能力还比较弱等问题。截至 2012 年，中国人口超过 500 万的大城市达 16 个，其中超过 1000 万的超大城市就有 6 个，然而这些大城市人口压力偏大，与城市综合承载能力之间的矛盾加剧，面临着“城市病”的困扰。而众多的建制镇和集镇的规模太小，不具备独立和“棘轮”式发展所需要的所谓“门槛”人口规模，服务功能较弱，显示出破败的态势。中间规模的城镇，特别是中小城市数量发展出现迟滞，集聚产业和人口能力不足，导致大城市与小城镇及其周边地区沟通的桥梁缺失，大城市经济社会发展的辐射影响难以有效传输。

我国当前在城镇宏观区域布局和城镇空间布局上还存在城乡数目不合理、实体城镇空间范围模糊等问题。据统计，2010 年我国城市共有 657 座，而乡镇数量达到 3.32 万个，行政村为 56.4 万个，自然村更多达 273 万个。由此可见，我国当前的城市规模数量较少，城镇群尚不能覆盖全部国土，在城市范围和功能区分上模糊混乱，从而导致城市盲目扩张。

4.3.5　体制机制的局限制约了城镇化的和谐发展

我国现行的户籍制度、土地制度、金融财政制度等体制机制存在一定的弊端，使得城乡发展失衡，农业转移人口市民化受到制约，成为阻碍城乡一体化发展的制度藩篱。

4.3.5.1　户籍制度制约人口的流动与迁徙

长期以来，我国奉行城乡“二元”分割的政策体系和管理体制。在这种政策体系和管理体制下，城市和农村在教育、就业、医疗、福利、保险等诸多领域都存在不公平现象。以户籍差别实施的不公平的社会管理制度，使我国出现了庞大“非城非乡”的农民工群体，他们虽然脱离了农村社会组织和家庭，但并未真正融入城市社会。这种不公平的社会管理体制也限制了城市之间、城乡之间以及农村之间要素的自由流动和资源的合理配置，城乡差距进一步加大。大量的农民工转移至城市，但并未被城市社会所接纳，因为户籍的限制难以享受与城市居民均等的基本公共服务，自身的合法权益难以得到保护。游走在城市边缘的农民工群体难以融入城市社会，对城市普遍存在一种疏离感，难以承担相应的责任。农业转移人口的市民化问题如果处理不好，社会的和谐稳定将会受到严重影响。近年来，我国对户籍管理制度进行了较大改革。2014 年 7 月，《国务院关于进一步推进户籍制度改革的意见》出台，明确指出我国将逐步取消农业户口和非农业户口性质区分，统一登记为居民户口，这可以说是中央鼓励农民市民化的一大重要举措。但是我国的城镇化和农民市民化单靠取消农业户口是难以解决的，最重要的是建立相应的配套措施，实现基本公共服务均等化，促进农业转移人口融入城市。

4.3.5.2 土地制度的缺陷侵害农民权益

首先，我国现行的征地制度存在诸多缺陷。这主要表现在：一是征地补偿办法不合理，农民仅获得较低的土地补偿费；二是征地程序不公开不透明，难以吸引农民参与；三是未明确限定“公共利益”，地方政府随意侵占和损害集体土地所有权，以较低的代价取得土地，并通过所谓“经营土地”的方式出售土地获取差价、攫取利益。在多数城市，政府不重视提升已有的城市土地使用效率，因为政府通过与旧城区居民、国有企业、地产管理机构等谈判获取土地代价较大，也较为费时，故而政府更加倾向于从农村征用土地，从而使得城市呈现粗放、低效率的发展格局。此外，我国现行的征地制度不完备，使得部分地区通过“以租代征”等方式擅自将农用地转为建设用地，竞相低价出让工业用地、违规分拆批地、越权批地、圈占土地、乱占滥用耕地等现象频现。其次，我国农民的土地权益尚未受到法律的有效保护，农民无法灵活地处置土地，从而使农村人口向城市的自由流动受到限制。

4.3.5.3 财政体制的不完善推动对土地财政的依赖

当前，我国城市的收入主要依赖于经营税收以及土地使用权出让的收益。为了增加税收，城市加大招商引资力度，扩大经济总量，但是不鼓励实际接收外来居民。此外，为了促进城市建设的发展，一些地方政府通过变卖国有土地来筹措城市建设资金，缓解财政压力。政府通过较低的价格征得农用土地，将土地变性之后以高价出让赚取差价，以弥补城市建设资金的不足。当今政府表现出对土地财政的高度依赖。据统计，2001 年，全国土地出让收入占地方财政收入的比重只有 16.6%，而 2014 年土地出让金的收入已经超过 4.26 万亿元，相关资料显示，地方政府对土地财政的依赖程度已达到 86.8%。各地政府不断开发建设新城区从而使土地的价值得以提升。通过不断开发土地，土地红利被严重透支。以土地财政和房地产开发为典型特征的城镇化发展道路导致诸多省区市出现许多“鬼城”“空城”。

4.3.6　城乡差距调控不力

随着我国城镇化的不均衡发展，城乡之间的差距明显。主要表现在以下方面。其一，城乡收入差距依然存在。据统计，2005～2014 年这 10 年间，农村居民的人均纯收入由 3255 元增加至 9892 元，城镇居民的人均纯收入则由 10493 元增加至 28844 元。由此可见，农村居民人均纯收入的增加量严重滞后于城镇居民，仅为城镇居民人均纯收入的 36.2%。其二，城乡居民所享受的福利待遇不均衡，在教育、医疗、就业等方面存在较大的差距，城镇人口的受教育水平明显高于农村。尤其是在义务教育、医疗卫生等基本公共服务项目上存在较大的城乡差距。农村孩子在九年义务教育阶段失学率很高。在初级卫生保健和卫生服务可及性方面差距显著。尽管近年来我国推行新型农村合作医疗保险，农民参保率大幅度增加，但是该医疗保险筹资水平不高，保障水平较低，农民如遇重大疾病，仍然面临着沉重的医疗负担。

4.3.7　城镇承载力不强、功能不全，生态环境压力较大

4.3.7.1　城市综合承载能力不强

在我国，大多数城市的土地利用率偏低，城市密度不高。城市的建筑物大多是底层建筑，尚未充分利用城市土地的立体空间，城市人口集聚和经济活动集聚的功能也尚未充分发挥。国土部 2014 年测算的数据显示，当前我国城市的平均容积率为 0.5，上海是 0.8，香港是 1.5，较之于日韩等周边发达国家而言（发达国家的容积率基本都达 2.0 以上），我国的城市容积率相对较低。土地的集约度不高，与我国人多地少的基本国情形成突出矛盾。

4.3.7.2 城市功能不够完善

在我国部分城市建设规划不合理，城市功能不够完善。人口居住地与就业集聚地相距较远，城市基础设施建设与土地利用的规划不配套。部分城市的基础设施建设较为滞后，城市地下管网、环境治理等设施陈旧，难以满足城镇化快速发展的需要。由于道路交通网络的不完善，我国的大城市交通阻塞现象已成为城市通病，并逐渐开始向中等城市蔓延。当前我国部分城市综合防灾系统建设以及城市公共设施的应急抢险机制建设不健全，城市功能发挥不足，从而使居民出行和社会运行成本大大增加。

4.3.7.3 城市生态受到破坏，环境污染日益严重

随着城市规模的发展和人口的集聚，城市的生态环境破坏程度日益严峻，城市生活质量日趋下降。大量的城市绿地被占用，80%的城市污水未经处理便直接排放，严重污染了农村河道、地下水源。有关资料显示，在全球污染最严重的十大城市中，中国就有八个城市上榜。城市的发展滋生了环境污染等城市病，这势必会阻碍城市化和市民化的统筹推进。

4.4 我国农民市民化的典型模式

在我国城镇化的演进过程中，农民市民化是城镇化的核心主题。当前我国农民市民化的模式主要有以下三种。

4.4.1 小城镇发展模式

在我国，农民市民化的一个主要模式就是小城镇发展模式，即大量的农民从自然村落向城镇聚合或转变。这一模式主要是由乡镇企业的发展和大型企业的带动形成的。20世纪80年代初期，由于农业生产率的提高，非农产业逐渐发展，再加上政策体制的导向作用，小城镇快速发展起来。小城镇的发展模式与中国国情是相适应的，其主要优势在于能够吸纳大量的农村剩余劳动力。随着乡镇企业的崛起并不断向中心城镇集聚，从农村分离出来的劳动力、资金、技术等生产要素开始向中心小城镇集中。第三

产业的加速发展为吸纳农村剩余劳动力提供了重要载体。此外大型企业的发展也带动了小城镇的发展，从而促进了农民向市民转化。

其中比较典型的当属山东莱阳龙大集团。作为农业企业，为了适应农业规模生产，应对农产品国际市场的竞争，龙大集团兴办农场，雇佣周边农民到企业做工，这较之于一家一户分散经营而言，显著提高了农业生产效率，并且推动了农村城镇化的进程。相关资料显示，龙大集团旗下共有 24 家子公司，其所在的工业园区占地面积达 1000 多亩，容纳了周围四个村庄。以龙大工业园为主导的独特的新型城镇逐步形成。居住其中的农民达 1.6 万人之多。在龙大集团的带动下，周边的村民从事餐饮、商业、运输等工作，促进了第三产业的发展。城镇的商业兴盛，各项功能一应俱全。

4.4.2　农民工市民化模式

20 世纪 80 年代后期，我国的经济体制改革不断深入推进，为农民的流动提供了越来越宽松的政策环境，尤其是粮油政策的变化为农村流动人口向城市转移提供了政策前提。在这样的环境下，我国的农民市民化又衍生出一种新的模式，即农民工市民化模式。这直接导致民工潮的出现，特别是在 1992 年，我国城市经济突飞猛进的发展吸引了大量的农村剩余劳动力进城打工。相关统计资料显示，我国大约有 1.2 亿农民离开户籍所在地半年以上，其中约 8000 万农民离土离乡在城市从事第二、第三产业。农民工成为我国农民市民化的特殊群体，农民进城务工也成为具有中国特色的农民市民化的重要方式。对此，中央政府于 2004 年在“一号文件”中明确了农民工的身份和重要作用，将进城就业的农民工明确界定为城市产业工人的重要组成部分，这为进城农民工享有合法权益提供了有利的政策保障。随着我国农业产业化的不断推进，大批的农民持续转移至城市，成为真正的产业工人，在非农产业生产中换取劳动报酬，主要集中于商业、建筑、餐饮等行业，为推动城市产业发展提供了有生力量。

当前许多农村转移人口在城市定居并在城市稳定就业，开始学习城市的生活方式，使农民工市民化成为农民市民化的一个重要模式。但农民工在城市市民化的过程中还存在诸多的障碍，农民进入城镇就业还存在歧视性规定和不合理收费现象，如农民跨区域就业和进城务工手续烦琐，对进城农民及用工单位乱收费，拖欠农民工工资，农民工进城就业条件差、子女入学困难等等，对于这些问题，有关部门正着力制定相应政策加以解决。

4.4.3 “城中村”发展模式

城市近郊农民的市民化主要采用“城中村”的发展模式。近郊农民由于其与中心城市存在特殊的地缘关系，尽管依托土地生存，但在生活方式上与城市居民颇为接近。他们在心态上与真正的乡村农民存在差异，在信息、认知方式、交往关系等方面具有较强的城市化色彩。随着城镇化进程的不断推进，城郊乡村很快成为城镇的规划区域，农民自然变成了城市居民。

自20世纪80年代以来，在我国的一部分大中城市，如上海、南京、广州、杭州、北京、西安等各大城市，随着城镇化建设的不断推进和城市体系的不断拓展，特别是各大城市经济技术开发区的发展，近郊农村的土地被大面积征用，近郊农民也就地转变为城市居民，这成为这些区域农民市民化的主要模式。

4.5 我国农民市民化取得的经验

4.5.1 华西村经验

华西村是全国走共同富裕道路的典型。依托于乡镇企业的发展，江苏省华西村实现了转移农民就地市民化。中国最早实现农业剩余劳动力转移始于华西村。早在2004年，华西村的人均年工资收入就已经达到12.26万元，分别是同期的农民和城镇居民的人均收入（全国农民的人均纯收入为2936元，城镇居民人均可支配收入为9422元）的41.76倍、13.01倍。

在20世纪70年代末80年代初期，我国进行了轰轰烈烈的土地改革，开始分田到户，推行家庭联产承包责任制。然而吴仁宝基于华西村人多地少、工业发达、集体家底厚的现状，并未实施分田到户，而果断采取了产业调整的策略，由30名种田能手集体承包了全村500亩良田，其他的农村剩余劳动力开始向乡镇企业转移。吴仁宝的这一做法促进了华西村经济的发展，也为实现华西村的工业化、城市化和现代化奠定了坚实的经济基础。据统计2005年华西村实现利润300亿元，村民生活富足，户均最低存款达100万元，近2万名外来务工人员来此地就业创业。

4.5.2　义乌经验

浙江省义乌市的农民市民化道路主要依托于提高农民素质、促进第二、第三产业的发展来实现。据统计，义乌市现有农村劳动力31.6万人，转入非农产业者达22万人之多，农民人均纯收入中的75%来自从事第二、第三产业所得。针对一部分缺少劳动技能以及地处偏远地区的农村劳动力就业困难的现象，义乌市花大力气采取措施转移这一部分农村劳动力以促进农民增收、实现全市农业和农村现代化。义乌市在全市范围内开展免费培训以提升农村劳动力的业务技能。他们选择了100多名来自城镇职校、综合职高、中等农机校的教师，到乡镇、街道开展巡回职业技能培训，涉及计算机应用、烹饪、服装裁剪、电器维修、企业管理等7个行业18个工种，深受农民欢迎。义乌市还出台了加快农村劳动力向非农产业转移的政策，以鼓励企业吸收农村剩余劳动力，对雇佣本地农村劳动力100~200人的企业，市政府对其给予1万元的奖励；雇佣200~300人的企业，将获得2万元的奖励；雇佣300人以上的企业将获得3万元的奖励。由于政府实施的激励性政策，义乌企业雇佣农村转移劳动力的积极性大大提升，纷纷到镇、街道和农村招收农民工。义乌市南部山区的华川集团，每年招收大量农村劳动力，并对其集中培训择优录用。据统计，截至2010年该企业共有职工1330人，其中92%的职工属于本地农村劳动力。

4.5.3　温州经验

浙江南部的温州市地处多山区域，由于先天地理位置的局限，农村集体经济基础较薄弱，较少受传统体制的束缚。为了调动农民的积极性，温州市在农村工业和其他产业中着力推行广泛适用于农业的家庭联产承包责任制的经验，将亲朋好友、邻里乡亲等社会资本集中起来，采用合伙制组织形式，以家庭为单位进行经营，基于市场的需要，以小城镇为依托，形成了独具特色的农村社会经济发展模式。这种经济发展模式以农村能力为骨干的新型家庭经济和市场体系相结合为主要特征，是一种“民办、民营、民有、民享”的“老百姓经济”。农民通过创业发起了著名的“温州模式”，因此个体经济和民营企业是温州模式的核心和原动力。该模式的突出特点是以发展劳动密集型产品为主，将小商品产业做大做强，从而形成了温州品牌效应（如图4－9所示）。温州地区农村工业化的发展推动小城镇呈现蓬勃发展的局面。据统计，自改革开放以来，温州市的建制镇迅速增加，1978年仅有建制镇18个，发展至今有146个，增强了人口集聚力，人口规模已占全市总人口的66.5%。20世纪80年代以后，温州地区形成了专业化市场为基础的专业镇，同类产业区域性聚集能力增强，形成了“块状经济格局”。据统计，温州市的特色产业（产品）产值超过10亿元的建制镇达30多个，尤其将鞋类、塑料、服装、电器等作为其特色产业（产品），产值已超过300亿元，占全市经济总量的70%以上。温州市以专业镇为龙头吸引了众多商贸企业和生产型企业集聚至专业镇园区，以此带动了商品、资金、信息、技术、人才等要素的流动，从而使该地区的城镇化水平大幅度提升。

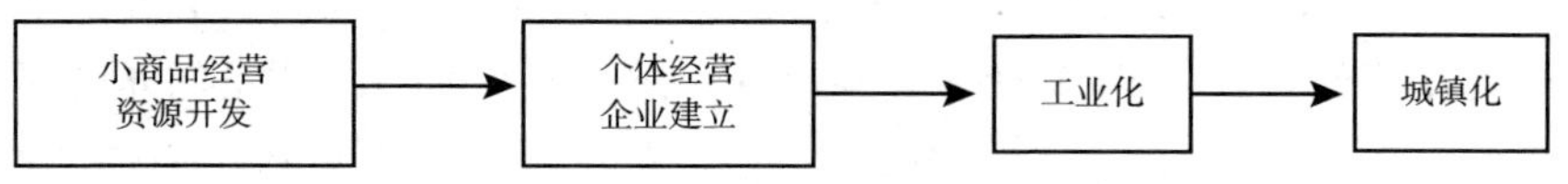

图4－9 浙江温州地区城镇化发展模式

尽管温州模式带来了温州经济的快速发展，推进了新型城镇化的进程，但是囿于传统的城乡二元治理体制的影响，温州市城乡资源要素的自由流动受到限制，资源要素配置不合理，人口分布失调，这在一定程度上导致温州市的城镇化发展水平滞后于工业化的水平。尽管温州市的非农产业产值在GDP产值中占比达97%，农业产值仅占3%，温州市的城镇化程度却是相对较低的。相关统计资料显示，2012年温州市的城镇化率已达60.7%，但是这个统计数据的真实性却受到质疑。因为在统计城镇人口时，涵盖了在城镇居住半年以上的本地农村人口和外来农民工，而真正的温州城镇人口中非农户籍人口仅占总体的21.5%。然而在城镇中的农民工、打工人员尽管居住在城市，但是其中大部分没有真正融入城市，尚未在身份上真正转化为市民。温州市城镇化的发展水平滞后于工业化的发展，由于城乡分割体制机制的制约，广大市民不能共享城镇化与工业化发展的成果。温州市的农村人口难以享受与城镇市民均等的城市社会福利和公共服务，缺乏必要的社会保障。在这种情况下，温州市的农村人口尽管人均占有很少的土地，但是土地作为农村人口的保障，他们也很难将其舍弃，宁愿将土地撂荒也不愿将其流转。故而土地的规模化经营难以实现，土地资源不能流动，严重制约了其他资源要素的自由流动和合理配置。长期存在的城乡二元治理体制使农村人口不能共享社会经济发展的成果，这势必会成为城镇发展的桎梏。在城乡分割的体制之下，温州市的农村人口依靠自身力量建设小城镇，但由于缺乏政府的整体规划，资金、技术等支持严重不足，导致温州市出现了诸多低标准的小城镇，城边村、城中村低水平重复建设，似城非城的集镇大量涌现。这样一来，温州市很多农村看起来像城镇，诸多城镇看起来又像农村，最终呈现非农非城的城乡面貌。这势必增加了政府管理的成本，使温州市的经济和城镇化发展受到严重影响。

4.5.4　苏南经验

江苏南部的苏州、无锡、常州三市及所辖的 12 市县地区统称为苏南地区。该地区位于长江三角洲平原，具有得天独厚的地理条件，依托临近上海的区位优势，资金、技术、信息、市场等资源辐射力度较大，加之受城镇工业扩散的影响，苏南地区横向经济联系广泛。苏南地区开始兴办起各类乡镇企业，大批农业富余劳动力被解放出来进入企业。乡镇企业异军突起，成为促进苏南地区经济发展和城镇化建设的主导力量，创造了以区域经济率先发展为主要特征的“苏南模式”。相关资料显示，1980 年苏南地区乡镇企业年均就业人口约为 115.2 万，到 1987 年增长至 300 万，7 年中年均增长率约为 14.7%，转移的农村剩余劳动力达 227.2 万人，年均转移 32.5 万人。在 20 世纪 90 年代后期，在中央严格控制大城市的发展规模、大力发展中小城镇的战略指导下，苏南地区小城镇的服务功能逐渐增强。苏南地区的城镇化发展模式主要依靠地域内部和国内市场，重点依托于生产要素的集聚和产品市场的获得重点发展内向型经济。内向型经济发展好了，外向型经济模式自然水到渠成。“苏南模式”通过乡镇企业和非农业产业的发展带动，促进农村的工业化和城镇化，从而带动区域经济的协调发展。在苏南模式中，其核心和主体是乡镇企业的发展（如图 4－10 所示）。这是一种典型的自下和自内的城镇化模式，是“离土不离乡”农民市民化模式的典型代表。

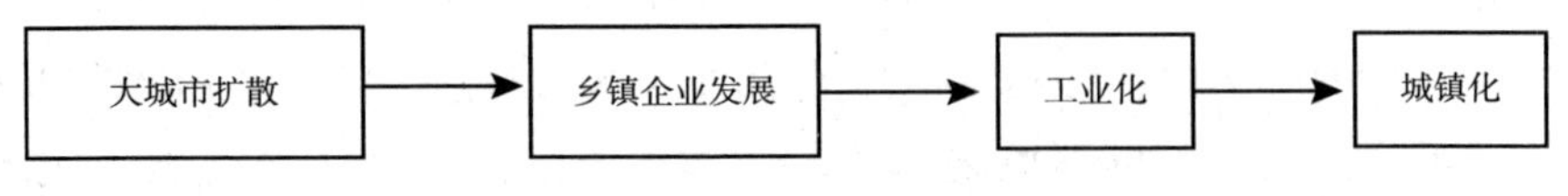

图 4-10　苏南地区城镇化发展模式

尽管苏南地区的城镇化模式促进了地区的经济发展和城镇化进程，但是这一模式在实施过程中也凸显了很多弊病。苏南地区发展是以乡镇企业的崛起为基础的，而政府对乡镇企业的管理干预过多，产业结构发展不平衡，工业增长过热，第三产业的发展较为滞后。

第5章　农民市民化评估指标体系研究

本章将从定量的角度，通过设计农民市民化的测评指标体系，评估当前农民市民化水平。

5.1　农民市民化评价指标的采集

本研究采用分析法、频度统计法以及访谈法相结合的方式甄选农民市民化评价指标。

5.1.1　农民市民化内涵分析

根据对农民市民化内涵的分析，我们发现农民市民化是农民在城市中具备稳定的生存基础、共享城市公共服务、自身的社会生活方式及素质得以改善，最后达到对城市身份的自我认同的过程。我们拟从农民的生存基础、社会融入、自身素质、心理认同以及公共服务享有这五个方面初步拟定指标体系，评估农民的市民化程度。

5.1.2　农民市民化指标频度统计

通过查阅农民市民化评价指标体系的相关研究文献，对当前研究者所提及的市民化评价指标进行频度统计，借鉴其已有的研究成果对指标进行分析和筛选（如表5-1所示）。

5.1.3　专家访谈采集市民化指标

在进行文献分析的基础上，本研究还选取了9位农民市民化研究的相关专家进行咨询和访谈调查，根据他们对农民市民化的理解又获取了一些评价指标，如就业类型、就业稳定性、文化生活方式、思想道德素质、公共就业服务水平、居民对基础设施满意度评价等指标。

表 5－1　农民市民化指标体系相关文献分析

序号	文章名称	作者	发表期刊或著作	指标
1	农民市民化评估指标体系的研究——西部地区的实证分析	张月彗	西北工业大学硕士学位论文，2012 年 6 月	收入（工资性收入、经营性收入、财产性收入、转移性收入）、社会保障（养老保险参保率、人均最低生活保障支持）、公共服务（每万人拥有医疗机构数、每 10 万人拥有学校数、每 10 万人拥有文化机构数、人均住宅面积、每万人医务人员数、每万人专任教师数、人均贷款量）、家庭消费结构（食品、衣着、居住、占比、家庭设备及服务、通信和交通、文教娱乐、医疗保健各项支出占比）、人口素质（15 岁及以上文盲人口比例、高等教育人数占比）
2	城镇化进程中江苏农民就地市民化综合评价研究	陈殿美	东北农业大学硕士学位论文，2013 年 6 月	基础设施完备程度（农村道路硬化率、农村用电量、燃气普及率、农村自来水受益率、每百户宽带接入率）、生活水平提高程度（农民人均纯收入、农村居民恩格尔系数、农民人均文化娱乐及服务消费支出、农民人均医疗保健消费支出、农民非农就业比重）、公共服务发展程度（农村合作医疗覆盖率、农村高中阶段教育毛入学率、农村养老保险覆盖率、每万农民最低生活保障人数）、公民权益实现程度（村务决策村民参与率、对村政务公开和民主管理满意率）、居民生活满意程度
3	农民工市民化程度及影响因素研究	陈江南	湖北大学硕士学位论文，2013 年 4 月	生存职业市民化（工资收入、社会保障、劳动强度）、社会参与市民化（政治意识、工会组织、信访参与）、自身素质市民化（受教育程度、职业培训、职业技能）、意识行为市民化（居住情况、未来打算、生活方式）
4	农民市民化程度测量指标体系及评估方法探析	郧彦辉	《学习与实践》2009 年第 8 期	社会环境（居住地性质、城市化水平、人均 GDP）、生活水平（人均可支配收入、居民消费水平、人均居住面积、城镇社会保障体系覆盖率）、文化素质（人均受教育年限、城市学校就读率）、社会权利（权利的满意度、是否正常信访）、社会参与（参与指数、选举投票率）、自我认同（对农村人的认同、对生活方式的认同、对市民身份的认同）、社会态度（对城市人、生活质量、生活方式的评价）

续表

序号	文章名称	作者	发表期刊或著作	指标
5	农业转移人口市民化评价指标体系的实证研究——以四川省为例	朱冬梅、赵晨	《南京人口管理干部学院学报》2013 年第 4 期	经济发展推动力（经济发展水平、经济效益水平）、就业与社保支持率（就业因素、社会保障因素）、公共服务保障力（文化建设、基础设施建设）
6	失地农民市民化程度测评指标体系的构建	姜义平	《湖州师范学院学报》2012 年第 4 期	生存环境（城市化率、人均 GDP、50 岁以下人员就业率）、生活水准（人均可支配收入、人均居住面积、人均消费水平）、文化素质（学历水平、子女城镇就读率）、社会保障（社保参保率、社会福利满意度）、民主权利（权利满意度、选举投票率）、自我及社会认同（对城市生活、市民身份、城市人的认同）、价值观（对城市生活的态度、对城市居民的评价）
7	我国农民工市民化进程指标体系的构建与测度	刘松林、黄世为	《统计与决策》2014 年第 13 期	全要素指标（农民工教育水平）、政策制度指标（农民工对政策的满意度）、市民化意愿、市民化能力（月收入水平、月收入增长幅度、月消费开支、住房面积、承受房价）
8	新生代农民工市民化程度指标体系探究	李常鑫	《知识经济》2013 年第 9 期	经济条件（住房、工资收入、社会保障、就业状况）、政治参与（参加组织、参加选举、关注时事情况）、文化素质（受教育年限、就业技能）、社会关系（在城市的亲友关系、受社会照顾情况）、心理认同（情感认同、身份认同）
9	中国城市农民工市民化研究——以上海为例	王桂新、沈建法、刘建波	《人口与发展》2008 年第 1 期	居住条件（住房条件、居住环境条件）、经济生活（相对收入水平、相对消费水平）、社会关系（在城市的亲友关系、受社会照顾情况）、政治参与（工会参与、党团参与）、心理认同（情感认同、身份认同）
10	农民工市民化进程度量：理论探讨与实证分析	徐建玲	《农业经济问题》2008 年第 9 期	外部制度因素、市民化意愿、市民化能力（受教育程度、收入水平）

续表

序号	文章名称	作者	发表期刊或著作	指标
11	农民工市民化状况评价指标体系及综合评价	楚颖慧、韩彦军	《科学大众》2012年第3期	个人家庭层面(文化程度、素质修养、子女受教育、婚配状况)、收入层面(收入水平、生活支出、居住条件、收入稳定程度)、精神层面(政府人文关怀、生活中的认同、工作中的认同)、社会层面(社会保障、受培训情况、参与公共事业程度)
12	太原市农民工市民化水平评价指标体系研究	张佳书、杨怡平、崔雅楠	《中国农学通报》2015年第36期	居住条件(住房、居住情况)、经济条件(相对收入水平、相对消费水平)、社会公共服务享有(子女接受公办教育情况、城镇社会保障参与、城镇保障性住房享有、职业教育享有、就业情况)、社会融入(在城市的亲友关系、受社会照顾情况)、政治参与(工会参与、社区管理参与、党团组织参与)、心理适应(情感认同、身份认同)
13	新生代农民工市民化水平的现状及影响因素分析	李荣彬、袁城、王国宏、王领	《青年研究》2013年第1期	经济生活(职业状况、经济生活)、居住条件(住房条件、居住环境条件)、政治参与(政治活动、与政府交往)、社会关系(人际关系、闲暇活动)、心理认同(情感认同、身份认同)
14	新生代农民工市民化水平及影响因素研究——以西安市为例	任娟娟	《兰州学刊》2012年第3期	经济生活(工作状况、居住状况、消费状况)、政治参与(制度因素、政治意识、政治参与)、社会交往(组织活动、闲暇时间、人际交往)、文化心理(身份认同、社会认同、文化习得)
15	新生代农民工市民化现状及影响因素分析	张斐	《人口研究》2011年第6期	经济因素(相对收入、居住状况、社会保障、职业状况)、社会因素(人际交往中普通话使用情况)、心理因素(身份认同、未来打算)
16	北京市农民工市民化水平及影响因素分析	沈映春等	《北京社会科学》2013年第5期	居住条件(住房条件、居住环境条件)、经济条件(相对收入水平、相对消费水平)、社会融入(在城市的亲友关系、受社会照顾情况)、政治参与(工会参与、党团参与)、心理认同(情感认同、身份认同)

续表

序号	文章名称	作者	发表期刊或著作	指标
17	城中村农民市民化水平研究	王娟	《小城镇建设》	心理认同(情感归属、身份认同)、行为方式(生活方式、人际交往)、生活质量(经济状况、居住条件)、社会权利(社会保障、党团组织参与)
18	失地农民市民化程度现状分析及其对策	尹根	《中外企业家》2012年第3期	人口素质(文化程度、再培训)、生活质量(经济基础、城市生活适应度)、基本权利(社会保障、政治参与、社会参与)、身份认可(社会态度、自我认同)
19	新生代农民工市民化程度测量指标体系构建	吕佳、陈万明	《江苏农业科学》2014年第12期	内生性指标(人口素质、个体行为、个体心理)、外生性指标(城市融入及资源可得性、国家政策)
20	新生代农业转移人口市民化水平综合评价及提升对策——以湖北省为例	曾江辉、文格	《农村经济与科技》2015年第10期	居住条件(住房条件)、经济生活(工作稳定性、工资收入、生活是否有保障)、社会关系(职业结构、在城市中受关照情况)、政治参与(工会参与、党团参与)、心理认同(情感认同、身份认同)
21	新型城镇化背景下农民市民化评价指标体系的构建	朱巧玲、甘丹丽	《福建论坛》(人文社会科学版)2014年第5期	社会层面(社会环境、公共服务水平)、政治层面(社会机会、公民参与)、文化层面(文化素质)、精神层面(自我认同、社会接纳)、经济层面(生活水平)

我们对文献分析以及专家访谈提及的指标进行统计整理，并按照出现频率进行了排序，详见表 5－2。

表 5－2　农民市民化指标频率调查统计表

排序	指标名称	频率	排序	指标名称	频率
1	生活水平	19	3	社会关系	14
5	人口素质	12	5	公共服务	12
2	心理认同	15	1	人均可支配收入	19

续表

排序	指标名称	频率	排序	指标名称	频率
14	收入结构	2	9	消费支出	8
13	消费结构	3	4	居住条件	13
11	人均居住面积	5	6	住房类型	11
15	收入稳定性	1	10	就业情况	7
15	劳动强度	1	13	就业类型	3
13	就业稳定性	3	8	人际交往方式	9
9	交往对象	8	13	求助对象	3
5	社会参与	12	10	工会参与	7
13	社区参与	3	10	党团参与	7
7	受教育水平	10	14	思想道德素质	2
3	自我身份认同	14	6	社会情感认同	11
4	社会保障参保率	13	13	教育服务水平	3
14	公共就业服务水平	2	14	公共设施	2
15	城市生活适应度	1	12	子女在城镇接受公办教育比率	4
12	职业技能	4	13	市民化意愿	3
3	对市民身份的认同	14	14	对城市生活的满意度评价	2
14	基础设施	2	12	受社会照顾情况	4
14	社会接纳	2	14	闲暇活动	2

对上面所搜集到的指标进行归类、整理后，我们初步拟定了生存基础、社会融入、人口素质、心理认同、公共服务这五大类指标，如表5－3所示。

表5－3　农民市民化指标分类表

生存基础类指标	人均可支配收入 收入结构 收入稳定性 消费支出 消费结构 住房类型 人均居住面积 居住条件 就业情况 劳动强度 就业类型 就业稳定性

续表

社会融入类指标	人际交往方式 交往对象 求助对象 社会参与 工会参与 党团参与 社区参与 受社会照顾情况 闲暇活动
人口素质类指标	受教育水平 思想道德素质 职业技能
心理认同类指标	自我身份认同 对市民身份的认同 社会情感认同 社会接纳 市民化意愿 城市生活适应度 对城市生活的满意度评价
公共服务类指标	社会保障参保率 教育服务水平 子女在城镇接受公办教育比率 公共就业服务水平 公共设施 基础设施完备程度

5.2　农民市民化指标体系的优化

根据指标体系优化的原则并反复咨询专家意见，对表 5－3 中初拟的指标进行筛选优化，最终形成了涵盖 5 个一级指标、15 个二级指标以及 35 个三级指标的指标体系，详见表 5－4。

表 5-4　农民市民化指标体系

一级指标	二级指标	三级指标	
生存基础（A）	收入状况（A1）	人均可支配收入（A11）	
		收入结构情况（A12）	工资性收入（A121）
			经营性收入（A122）
			财产性收入（A123）
			转移性收入（A124）
	消费状况（A2）	人均消费支出（A21）	
		家庭消费结构（A22）	食品支出占比（A221）
			衣着支出占比（A222）
			居住支出占比（A223）
			家庭设备及服务支出占比（A224）
			交通及通信支出占比（A225）
			文教娱乐支出占比（A226）
			医疗保健支出占比（A227）
	居住状况（A3）	住房类型（A31）	
		人均居住面积（A32）	
	就业状况（A4）	非农产业就业比重（A41）	
		就业稳定性（A42）	
社会融入（B）	人际交往（B1）	交往对象（B11）	
		求助对象（B12）	
	社会参与（B2）	社区活动参与情况（B21）	
		工会组织参与情况（B22）	
		党团组织参与情况（B23）	
	文化生活方式（B3）	休闲娱乐活动（B31）	
人口素质（C）	文化素质（C1）	人均受教育年限（C11）	
		就业技能状况（C12）	
	思想道德素质（C2）	合法维权行为发生比率（C21）	
		不文明行为发生比率（C22）	
心理认同（D）	情感认同（D1）	对在城市生活的满意度（D11）	
		城市人对自身的态度感知（D12）	
	自我认同（D2）	市民化意愿（D21）	
		自身市民身份认同（D22）	

续表

一级指标	二级指标	三级指标	
公共服务水平（E）	社会保障水平（E1）	养老保险参与情况（E11）	
		医疗保险参与情况（E12）	
		失业保险参与情况（E13）	
		工伤保险参与情况（E14）	
		生育保险参与情况（E15）	
		公积金缴纳情况（E16）	
	教育服务水平（E2）	子女在城镇接受义务教育比例（E21）	
	公共就业服务水平（E3）	在城镇接受就业技能培训或职业教育比重（E31）	
		享受就业信息推荐服务比重（E32）	
	公共基础设施享有（E4）	人均道路面积（E41）	
		集中供热普及率（E42）	
		生活污水处理率（E43）	
		燃气普及率（E44）	

5.3　农民市民化指标的解释说明

基于前文对市民化内涵的探讨以及相关文献资料的分析，我们尝试构建了新型城镇化背景下农民市民化评价指标体系。该指标体系主要从城镇化过程中农民的生存基础、社会融入、人口素质、心理认同以及公共服务水平这五个方面对其市民化实现程度进行评估。

5.3.1　生存基础（A）

生存基础（A）是农民市民化的基本前提，农民要成为市民最基本的条件就是其拥有与市民相当的生存条件，包括在经济收入和消费上达到城市居民的水平、在城市中具有稳定的住所及工作，故而生存基础指标又涵盖收入、消费、居住及就业状况这四个方面的二级指标。

5.3.1.1　收入状况（A1）

农民在城市中体现其生活水平的最基础的物质条件即为收入状况。

在农民与市民两个社会群体的演化过程中，收入的差异决定了这两个群体生活状态的差异。长期以来我国实行城乡二元分割体制，导致城乡收入呈现明显的差异。农民要向市民转变，最根本的人均可支配收入水平从总体上需要与市民接近，在收入结构上农民与城市居民的收入构成相似，这二者共同构成农民在城市生活的物质基础。故而收入状况（A1）这个指标下包含了人均可支配收入（A11）、收入结构状况（A12）这两个指标，其中收入结构又可细分为工资性收入（A121）、经营性收入（A122）、财产性收入（A123）、转移性收入（A124）这四个子指标。

5.3.1.2 消费状况（A2）

消费方式的转变亦是农民向市民转变的重要考察指标。衡量一个家庭居民生活水平的重要标志是该家庭的消费支出及其消费结构。这反映了居民的消费习惯、消费特性以及消费趋势。长期以来农民由于人均可支配收入低于城市居民，在人均消费支出水平上也低于城市居民，并且在消费结构上城市和农村居民呈现出显著的差别。从消费结构上看，较之于城市居民，农村居民主要是以食物、衣着等方面的消费支出为主，而在文教、娱乐等方面的消费支出相对较低。农民要向市民转变必须在消费方式上与城市居民趋同，实现由低层次的物质消费向高层次的消费需求转变。在消费状况（A2）这一指标下设 2 个三级指标，即人均消费支出（A21）和家庭消费结构（A22），其中家庭消费结构又可细分为食品支出占比（A221）、衣着支出占比（A222）、居住支出占比（A223）、家庭设备及服务支出占比（A224）、交通及通信支出占比（A225）、文教娱乐支出占比（A226）、医疗保健支出占比（A227）7 个子指标。

5.3.1.3 居住状况（A3）

稳定的居住条件是农民进入城市生存与发展、实现市民化的又一重要条件。农民在城镇中能够自购住房表明其拥有稳定的住所，且人均住房面积能够与城镇居民住房面积相当，这可视为市民化的重要表征。故而住房类型（A31）和人均住房面积（A32）可作为居住状况（A3）的子指标。

5.3.1.4　就业状况（A4）

在城镇实现稳定就业是农民在职业上实现非农转变、在城镇中获得稳定生活来源的基础，非农产业就业比重（A41）及农民在城镇中就业的稳定性（A42）是就业状况的重要考察指标。非农产业就业比重（A41）由非农从业人口与总人口相比所得，是衡量城市化、市民化的重要指标。随着城镇建设的发展，大量的农村剩余劳动力逐步向城市工业、服务业等第二、第三产业转移，这样第二、第三产业从业人员所占比重相应提高。城镇就业的稳定性（A42）主要考察农民在城镇工作的变动情况，国际上将半年内工作无变动视为就业稳定。如果在半年内工作变动次数较多，那么农民在城镇将缺乏稳定的收入来源，从而将削弱其在城镇生活的动机。

5.3.2　社会融入（B）

社会融入（B）是反映农民市民化本质特征的重要指标，主要从社会层面考察城镇化进程中农民在社会交往、文化生活方式以及参与城市社会活动方面与城镇居民社会生活方式的相似性。在社会融入这个一级指标下设置了 3 个二级指标，包括人际交往（B1）、社会参与（B2）和文化生活方式（B3）。

5.3.2.1　人际交往（B1）

人际交往模式的改变是衡量农民融入城市生活的重要指标。长期以来农民在农村生活过程中形成的人际交往模式主要以血缘、地缘为纽带，这种人际交往模式具有较强的同质性，使得农民人际交往的对象主要局限于同乡和熟人，从而易于造成其城市生活的自我隔离，与城镇主流社会、主流文化相疏离。这种单一的人际交往模式可能会带来一系列社会问题：对于进城农民而言容易出现社会交往网络的中断，社区认同的丧失；对于城镇居民而言，容易出现排斥农民的现象，导致社会不和谐、不稳定。故而改善进城农民的人际交往方式，扩大人际互动范围，在城镇中积极构建以业缘、趣缘为基础的人际交往模式，增加与城镇居民互动频率。在人际交往（B1）这个二级指标下设交往对象（B11）和求助对象（B12）2 个二级指标。交往对象（B11）主要考察农民在城镇社会生活中主要的交往对象是否具有异质性；求助对象（B12）主要考察农民在城市生活中遭遇困难时其社会支持网络状况。

5.3.2.2 社会参与（B2）

社会参与（B2）这一指标主要反映了城镇化进程中农民参与城市社会的广度。农民的社会参与可以从其社区活动参与情况（B21）、工会组织参与情况（B22）以及党团组织参与情况（B23）这三方面进行考察。社区活动参与程度表明农民与社区的融入状况。工会组织参与程度表明农民在工作组织中的融入状况。党团组织参与程度反映出农民的政治参与意识。

5.3.2.3 文化生活方式（B3）

文化生活方式（B3）主要从农民的精神生活方式这一角度考察其市民化程度。我们设置了休闲娱乐活动安排（B31）这一项三级指标来表征。农民由于受传统封闭的生活方式影响，其文化娱乐生活方式单调，甚至部分地区还保留诸如打牌、赌博等不良的休闲活动方式。拥有多样的、积极健康的休闲娱乐方式也是农民向市民转变的重要考察维度。

5.3.3 人口素质（C）

在人口素质方面农民与市民的差异表现得较为显著。人口素质的差异会带来两个方面的影响：一是影响农民自身享受现代文明的能力；二是素质差异可能在新生代农民群体中造成代际遗传，对后代融入城市带来影响。所以农民素质的提升是其能够享受现代文明的关键。农民与市民人口素质上的差异主要体现在文化素质（C1）和思想道德素质（C2）这两个方面。

5.3.3.1 文化素质（C1）

文化素质（C1）的差异主要反映在农民人均受教育年限以及就业技能状况上。人均受教育年限（C11）和就业技能状况（C12）反映了劳动者的文化素质和人力资源水平。受教育年限越长，就业技能越高，劳动力素质相对就越高，劳动生产力就越容易提高，对经济发展、社会进步、城镇化建设的推动就越有利。

5.3.3.2 思想道德素质（C2）

思想道德素质是影响社会和谐、国家长治久安的重要基础。近年来随着城镇化建设的不断推进，农村经济和社会取得了长足的发展，这使农民的思想观念更加开放，生活方式更加现代化，其发展能力也得以大幅度提升。但不容忽视的是农民在传统的价值观和道德信仰上发生了动摇，出现了一系列新的问题，如法制意识淡薄，生活中不文明行为频发。当前农村许多矛盾纠纷的发生与激化，都与群众法制观念淡薄、法律意识不强有关。大多数农民不知法、不懂法，对法律规定的权利和义务知之甚少，遇到问题不能拿起法律武器维护自己的合法权益，往往容易失去理智而感情用事，按照自己的想法来解决问题，采取或打或骂等极端手段，破坏了社会的和谐与稳定。随着城镇化建设的推进，部分农民住进了社区楼房，但仍然保留着传统农村生活中的不文明行为，如乱扔废弃物、乱倒垃圾、随地吐痰等。思想道德素质（C2）这一指标所涉及的具体指标较多，本研究主要选取了农民合法维权行为的发生比率（C21）和不文明行为的发生比率（C22）这两项指标来反映农民的思想道德素质状况。

5.3.4　心理认同（D）

心理认同（D）主要是农民对城市生活的情感以及自我身份价值方面的心理感知。这是农民融入城市生活的高层次指标，也是农民市民化的本质体现。农民成为市民，除了经济层面、文化层面、社会交往层面发生转变以外，更重要的是他们自身在心理上认同自己的市民身份以及对城市生活状态感到满意。由此我们识别出情感认同（D1）和自我认同（D2）这两个二级指标。

5.3.4.1　情感认同（D1）

情感认同（D1）主要是指农民对城市生活的情感体验与认知，农民在情感上接纳城市，愿意主动融入城市是市民化的重要考察方面。情感认同主要从农民对在城市生活的满意度（D11）以及城市人对自身的态度感知作为测查指标。

5.3.4.2　自我认同（D2）

自我认同（D2）主要是农民对市民身份的感知，农民有成为市民的意愿并且认同自身的市民身份是市民化的最终归属。在自我认同方面我们设置了市民化意愿（D21）和自身市民身份认同（D22）这两个三级指标。

5.3.5 公共服务水平（E）

农民与市民的重要差别还体现在他们所享受的公共服务水平不均等。新型城镇化是以人为核心的城镇化，人的城镇化的本质就是要实现城乡基本公共服务均等化，围绕人的生存权和发展权的需要，为农业转移人口提供均等的就业、义务教育、社会保障、基础设施等基本公共服务，这是打破城乡二元分割体制、促进农民向市民身份转变的关键之举。公共服务水平（E）主要从社会保障水平（E1）、教育服务水平（E2）、公共就业服务水平（E3）、公共基础设施享有（E4）这四个二级指标进行衡量。

5.3.5.1 社会保障水平（E1）

我国长期存在的城乡二元体制导致农民与城市居民在享有的社会保障方面也存在较大差异。随着城镇化的推进，部分农民虽然被赋予市民的身份，但并未在社会保障上获得与市民均等的待遇。社会保障水平（E1）的差异主要对居民享有的五险一金进行衡量，即考察他们的养老保险参与情况（E11）、医疗保险参与情况（E12）、失业保险参与情况（E13）、工伤保险参与情况（E14）、生育保险参与情况（E15）及住房公积金缴纳情况（E16）。

5.3.5.2 教育服务水平（E2）

在城镇享有均等的教育服务亦是提升公共服务水平的重要目标。本研究用子女在城镇接受义务教育比例（E21）来衡量公共教育服务水平。

5.3.5.3 公共就业服务水平（E3）

实现就业是农民在城市生存和发展的根基，是农民市民化的重要基础和前提。建立统筹城乡的均等化的公共就业服务，包括提供就业技能培训、职业教育、就业信息推荐等，让进入城镇的农民能够同等程度地享受就业服务，这是促进市民化的关键之举。针对公共就业服务水平，本研究采用在城镇接受就业技能培训或职业教育比重（E31）以及享受就业信息推荐服务比重（E32）这两个指标来衡量。

5.3.5.4　公共基础设施（E4）

在新型城镇化建设过程中，公共基础设施（E4）享有的均等化是农民市民化的硬件基础。涉及公共基础设施的指标较多，本研究本着指标的可得性原则，选取了与居民生活密切相关的四项指标，通过这四项指标即人均道路面积（E41）、集中供热普及率（E42）、生活污水处理率（E43）、燃气普及率（E44）进行衡量。

5.4　农民市民化评价指标体系权重的确定

本课题利用层次分析法（AHP）对新型城镇化进程中农民市民化评价指标体系进行了权重值的确定。AHP 层次分析法主要是将测评指标体系中同一层次的各个指标，运用两两比较的方法对其重要性建立评判矩阵，利用数学方法计算每一层级指标的权重值。

本研究选取了深谙农民市民化问题的相关专家 8 名，利用 T. L. 斯塔的相对重要性等级表（如表 5 - 5 所示）列出两两比较矩阵。

表 5 - 5　斯塔相对重要性等级表

相对重要程度	定义	说明
1	同等重要	两者对所属测评目标贡献相等
3	略微重要	据经验一个比另一个测评的结果稍微重要
5	基本重要	据经验一个比另一个测评的结果更为重要
7	确实重要	一个比另一个测评的结果更为重要，其优势已为实践所证明
9	绝对重要	明显重要程度可以断言为最高
2,4,6,8	以上两相邻程度中间值	需要这种时采用

资料来源：萧鸣政等编《人员测评理论与方法》，中国劳动社会保障出版社，2004。

我们将专家打分的平均值构建成判断矩阵，并利用公式求得各个指标的权重：

$$W_i = \frac{1}{n} \sum_{j=1}^{n} (aij / \sum_{j=1}^{n} aij)$$

W_i——该项典型指标的权重；

n——指标体系中指标的个数；

i——行号；

j——列号；

a_{ij}——相对重要性等级。

在初步确定权重值后，还需要对专家判断矩阵的一致性程度进行检验，如果一致性比率 C. R. （Consistence Rate） <0. 1，表明判断矩阵中专家的估计基本一致。

5. 4. 1　一级指标判断矩阵及权重值的确定

针对表 5 -4 中 5 个一级指标，即生存基础（A）、社会融入（B）、人口素质（C）、心理认同（D）、公共服务水平（E），向专家咨询后的比较结果及据此计算出的一级指标的权重值见表 5 -6。

表 5 -6　农民市民化一级指标（A ~ E）权重值 *Wi* 的确定

	A	B	C	D	E	*Wi*
A	1	3	3	3	4	0. 4385
B	1/3	1	1	1	2	0. 1583
C	1/3	1	1	1	2	0. 1583
D	1/3	1	1	1	2	0. 1583
E	1/4	1/2	1/2	1/2	1	0. 0866
λ_{max} = 5. 0262, C. I. = 0. 0066, R. I. = 1. 12, C. R. = 0. 0058 < 0. 10						

农民市民化一级指标的一致性比率 C. R. 为 0. 0058，其值小于 0. 1，表明一级指标的判断矩阵通过了一致性检验。

5. 4. 2　二级指标判断矩阵及权重值的确定

5. 4. 2. 1　生存基础的二级指标（A1 ~ A4）判断矩阵及权重

生存基础（A）下设 4 个二级指标，即收入状况（A1）、消费状况

(A2)、居住状况（A3）及就业状况（A4），构成的判断矩阵及权重值见表 5 -7。

表 5 -7　生存基础二级指标（A1 ~ A4）权重值 *Wi* 的确定

	A1	A2	A3	A4	*Wi*
A1	1	2	1	1	0.2857
A2	1/2	1	1/2	1/2	0.1429
A3	1	2	1	1	0.2857
A4	1	2	1	1	0.2857
λ_{max} = 4.0002, C.I. = 0.0000, R.I. = 0.90, C.R. = 0.0000 < 0.10					

生存基础（A）的判断矩阵一致性比率 C. R. =0.0000，其值小于0.1，通过一致性检验。

5.4.2.2　社会融入的二级指标（B1 ~ B3）判断矩阵及权重

社会融入（B）指标下设 3 个二级指标，即人际交往（B1）、社会参与（B2）及文化生活方式（B3），这 3 个二级指标构成的判断矩阵及权重值见表 5 -8。

表 5 -8　社会融入二级指标（B1 ~ B3）权重值 *Wi* 的确定

	B1	B2	B3	*Wi*
B1	1	3	4	0.6232
B2	1/3	1	2	0.2395
B3	1/4	1/2	1	0.1373
λ_{max} = 3.0256, C.I. = 0.0128, R.I. = 0.58, C.R. = 0.0221 < 0.10				

社会融入（B）的判断矩阵一致性比率 C. R. =0.0221，其值小于0.1，判断矩阵通过一致性检验。

5.4.2.3　人口素质的二级指标（C1 ~ C2）判断矩阵及权重

人口素质（C）指标由文化素质（C1）和思想道德素质（C2）这两个二级指标构成，其构成的判断矩阵及权重值见表 5 -9.

表 5－9　人口素质二级指标（C1～C2）权重值 *Wi* 的确定

	C1	C2	*Wi*
C1	1	2	0. 6667
C2	1/2	1	0. 3333
λ_{max} = 2. 0000, C. I. = 0. 0000, R. I. = 0. 00, C. R. = 0. 0000 < 0. 10			

人口素质（C）指标的判断矩阵一致性比率 C. R. =0. 0000，其值小于 0. 1，判断矩阵通过一致性检验。

5. 4. 2. 4　心理认同的二级指标（D1～D2）判断矩阵及权重

心理认同（D）指标下包含情感认同（D1）和自我认同（D2）这样两个二级指标，其构建的判断矩阵及权重值见表 5－10。

表 5－10　心理认同二级指标（D1～D2）权重值 *Wi* 的确定

	D1	D2	*Wi*
D1	1	1/2	0. 3333
D2	2	1	0. 6667
λ_{max} = 2. 0000, C. I. = 0. 0000, R. I. = 0. 00, C. R. = 0. 0000 < 0. 10			

心理认同（D）指标的判断矩阵一致性比率 C. R. =0. 0000，其值小于 0. 1，判断矩阵通过一致性检验。

5. 4. 2. 5　公共服务水平的二级指标（E1～E4）判断矩阵及权重

公共服务水平（E）下设 4 个二级指标，分别是社会保障（E1）水平、教育服务水平（E2）、公共就业服务水平（E3）及公共基础设施享有（E4）。其构建的判断矩阵及权重值见表 5－11。

表 5－11　公共服务水平指标的二级指标（E1～E4）权重值 *Wi* 的确定

	E1	E2	E3	E4	*Wi*
E1	1	2	2	3	0. 4231
E2	1/2	1	1	2	0. 2272
E3	1/2	1	1	2	0. 2272
E4	1/3	1/2	1/2	1	0. 1225
λ_{max} = 4. 0120, C. I. = 0. 0040, R. I. = 0. 90, C. R. = 0. 0004 < 0. 10					

公共服务水平（E）的判断矩阵一致性比率 C. R. =0. 0004，其值小于 0. 1，通过一致性检验。

5. 4. 3　三级指标判断矩阵及权重的确定

5. 4. 3. 1　收入状况（A1）的三级指标判断矩阵及权重

收入状况（A1）包括 2 个三级指标：人均可支配收入（A11）和收入结构状况（A12）。其判断矩阵及权重值如表 5 - 12 所示。

表 5 - 12　收入状况三级指标（A11 ~ A12）权重值 *Wi* 的确定

	A11	A12	*Wi*
A11	1	1	0. 5000
A12	1	1	0. 5000
λ_{max} =2. 0000, C. I. =0. 0000, R. I. =0. 00, C. R. =0. 0000 <0. 10			

收入状况（A1）的判断矩阵一致性比率 C. R. =0. 0000，其值小于 0. 1，通过一致性检验。

5. 4. 3. 2　消费状况（A2）的三级指标判断矩阵及权重

消费状况（A2）包括 2 个三级指标：人均消费支出（A21）和家庭消费结构（A12）。其判断矩阵权重值如表 5 - 13 所示。

表 5 - 13　消费状况三级指标（A21 ~ A22）权重值 *Wi* 的确定

	A21	A22	*Wi*
A21	1	1/2	0. 3333
A22	2	1	0. 6667
λ_{max} =2. 0000, C. I. =0. 0000, R. I. =0. 00, C. R. =0. 0000 <0. 10			

消费状况（A2）的判断矩阵一致性比率 C. R. =0. 0000，其值小于 0. 1，通过一致性检验。

5. 4. 3. 3　居住状况（A3）的三级指标判断矩阵及权重

居住状况（A3）下设 2 个三级指标，分别是住房类型（A31）和人均居住面积（A32）。其判断矩阵及权重值如表 5 - 14 所示。

表 5-14 居住状况三级指标（A31～A32）权重值 *Wi* 的确定

	A31	A32	*Wi*
A31	1	1/4	0.2000
A32	4	1	0.8000
λ_{max} = 2.0000, C.I. = 0.0000, R.I. = 0.00, C.R. = 0.0000 < 0.10			

居住状况（A3）的判断矩阵一致性比率 C.R. = 0.0000，其值小于 0.1，通过一致性检验。

5.4.3.4 就业状况（A4）的三级指标判断矩阵及权重

就业状况（A4）包括 2 个三级指标，分别是非农产业就业比重（A41）和就业稳定性（A42）。其判断矩阵及权重值如表 5-15 所示。

表 5-15 就业状况三级指标（A41～A42）权重值 *Wi* 的确定

	A41	A42	*Wi*
A41	1	3	0.7500
A42	1/3	1	0.2500
λ_{max} = 2.0000, C.I. = 0.0000, R.I. = 0.00, C.R. = 0.0000 < 0.10			

就业状况（A4）的判断矩阵一致性比率 C.R. = 0.0000，其值小于 0.1，通过一致性检验。

5.4.3.5 人际交往（B1）的三级指标判断矩阵及权重

人际交往（B1）包括 2 个三级指标：交往对象（B11）和求助对象（B12）。其判断矩阵及权重值如表 5-16 所示。

表 5-16 人际交往三级指标（B11～B12）权重值 *Wi* 的确定

	B11	B12	*Wi*
B11	1	3	0.7500
B12	1/3	1	0.2500
λ_{max} = 2.0000, C.I. = 0.0000, R.I. = 0.00, C.R. = 0.0000 < 0.10			

交往状况（B1）的判断矩阵一致性比率 C. R. =0.0000，其值小于 0.1，通过一致性检验。

5.4.3.6　社会参与（B2）的三级指标判断矩阵及权重

社会参与（B2）包括 3 个三级指标：社区活动参与情况（B21）、工会组织参与情况（B22）以及党团组织参与情况（B23）。其判断矩阵及权重值如表 5－17 所示。

表 5－17　社会参与三级指标（B21～B23）权重值 *Wi* 的确定

	B21	B22	B23	*Wi*
B21	1	1/2	1/3	0.1638
B22	2	1	1/2	0.2972
B23	3	2	1	0.5390
λ_{max} =3.0111，C. I. =0.0056，R. I. =0.58，C. R. =0.0097＜0.10				

社会参与（B2）的判断矩阵一致性比率 C. R. =0.0097，其值小于 0.1，通过一致性检验。

5.4.3.7　文化素质（C1）的三级指标判断矩阵及权重

文化素质（C1）包含 2 个三级指标：人均受教育年限（C11）、就业技能状况（C12）。其判断矩阵及权重值如表 5－18 所示。

表 5－18　文化素质三级指标（C11～C12）权重值 *Wi* 的确定

	C11	C12	*Wi*
C11	1	2	0.6667
C12	1/2	1	0.3333
λ_{max} =2.0000，C. I. =0.0000，R. I. =0.00，C. R. =0.0000＜0.10			

文化素质（C1）的判断矩阵一致性比率 C. R. =0.0000，其值小于 0.1，通过一致性检验。

5.4.3.8 思想道德素质（C2）的三级指标判断矩阵及权重

思想道德素质（C2）包含2个三级指标，即合法维权行为发生比率（C21）和不文明行为发生比率（C22）。其判断矩阵及权重值如表5-19所示。

表5-19 思想道德素质三级指标（C21~C22）权重值 *Wi* 的确定

	C11	C12	*Wi*
C21	1	1	0.5000
C22	1	1	0.5000
λ_{max} = 2.0000, C.I. = 0.0000, R.I. = 0.00, C.R. = 0.0000 < 0.10			

思想道德素质（C2）的判断矩阵一致性比率C.R. = 0.0000，其值小于0.1，通过一致性检验。

5.4.3.9 情感认同（D1）的三级指标判断矩阵及权重

情感认同（D1）下设2个三级指标：对在城市生活的满意度（D11）、城市人对自身的态度感知（D12）。其判断矩阵及权重值如表5-20所示。

表5-20 情感认同三级指标（D11~D12）权重值 *Wi* 的确定

	D11	D12	*Wi*
D11	1	3	0.7500
D12	1/3	1	0.2500
λ_{max} = 2.0000, C.I. = 0.0000, R.I. = 0.00, C.R. = 0.0000 < 0.10			

情感认同（D1）的判断矩阵一致性比率C.R. = 0.0000，其值小于0.1，通过一致性检验。

5.4.3.10 自我认同（D2）的三级指标判断矩阵及权重

自我认同（D2）包含2个三级指标，即市民化意愿（D21）、自身市民身份认同（D22）。其判断矩阵及权重值如表5-21所示。

表 5-21　自我认同三级指标（D21～D22）权重值 *Wi* 的确定

	D21	D22	*Wi*
D21	1	1/3	0.2500
D22	3	1	0.7500
λ_{max} = 2.0000, C. I. = 0.0000, R. I. = 0.00, C. R. = 0.0000 < 0.10			

自我认同（D2）的判断矩阵一致性比率 C. R. = 0.0000，其值小于 0.1，通过一致性检验。

5.4.3.11　社会保障（E1）的三级指标判断矩阵及权重

社会保障水平（E1）包含 6 个三级指标，即养老保险参与情况（E11）、医疗保险参与情况（E12）、失业保险参与情况（E13）、工伤保险参与情况（E14）、生育保险参与情况（E15）以及公积金缴纳情况（E16）。其判断矩阵及权重值如表 5-22 所示。

表 5-22　社会保障三级指标（E11～E16）权重值 *Wi* 的确定

	E11	E12	E13	E14	E15	E16	*Wi*
E11	1	2	3	3	5	2	0.3305
E12	1/2	1	2	2	3	1/2	0.1672
E13	1/3	1/2	1	1	2	1/3	0.0965
E14	1/3	1/2	1	1	2	1/3	0.0965
E15	1/5	1/3	1/2	1/2	1	1/4	0.0555
E16	1/2	2	3	3	4	1	0.2538
λ_{max} = 6.0178, C. I. = 0.0036, R. I. = 1.24, C. R. = 0.0029 < 0.10							

社会保障（E1）的判断矩阵一致性比率 C. R. = 0.0029，其值小于 0.1，通过一致性检验。

5.4.3.12　公共就业服务（E3）的三级指标判断矩阵及权重

公共就业服务（E3）包含 2 个三级指标：在城镇接受就业技能培训或

职业教育比重（E31）、享受就业信息推荐服务比重（E32）。其判断矩阵及权重值如表5－23所示。

表5－23 公共就业服务三级指标（E31～E32）权重值 *Wi* 的确定

	E31	E32	*Wi*
E31	1	3	0.7500
E32	1/3	1	0.2500
λ_{max} = 2.0000, C. I. = 0.0000, R. I. = 0.00, C. R. = 0.0000 < 0.10			

公共就业服务（E3）的判断矩阵一致性比率 C. R. ＝0.0000，其值小于0.1，通过一致性检验。

5.4.3.13 公共基础设施（E4）的三级指标判断矩阵及权重

公共基础设施（E4）包含4个三级指标：人均道路面积（E41）、集中供热普及率（E42）、生活污水处理率（E43）和燃气普及率（E44）。其判断矩阵及权重值如表5－24所示。

表5－24 公共基础设施三级指标（E41～E44）权重值 *Wi* 的确定

	E41	E42	E43	E44	*Wi*
E41	1	2	1/3	1/2	0.1519
E42	1/2	1	1/6	1/4	0.0760
E43	3	6	1	2	0.4891
E44	2	4	1/2	1	0.2830
λ_{max} = 4.0149, C. I. = 0.0050, R. I. = 0.90, C. R. = 0.0055 < 0.10					

公共基础设施（E4）的判断矩阵一致性比率 C. R. ＝0.0055，其值小于0.1，通过一致性检验。

5.4.4 四级指标判断矩阵及权重的确定

5.4.4.1 收入结构情况（A12）的四级指标权重确定

收入结构情况（A12）包含4个四级指标：工资性收入（A121）、

经营性收入（A122）、财产性收入（A123）及转移性收入（A124）。经专家判定各四级指标处于同等重要的地位，故其权重值均为 0.2500。

5.4.4.2　家庭消费结构状况（A22）的四级指标权重确定

家庭消费结构状况（A22）下设 7 个四级指标：食品支出占比（A221）、衣着支出占比（A222）、居住支出占比（A223）、家庭设备及服务支出占比（A224）、交通及通信支出占比（A225）、文教娱乐支出占比（A226）及医疗保健支出占比（A227）。构建判断矩阵及指标权重确定见表 5－25。

表 5－25　家庭消费结构状况四级指标（A221～A227）权重值 *Wi* 的确定

	A221	A222	A223	A224	A225	A226	A227	*Wi*
A221	1	1	1	1/2	2	1/4	1/3	0.0789
A222	1	1	1	1/2	2	1/4	1/3	0.0789
A223	1	1	1	1/2	2	1/4	1/3	0.0789
A224	2	2	2	1	4	1/2	1/2	0.1527
A225	1/2	1/2	1/2	1/4	1	1/8	1/6	0.0395
A226	4	4	4	2	8	1	2	0.3361
A227	3	3	3	2	6	1/2	1	0.2350
λ_{max} = 7.0400, C.I. = 0.0067, R.I. = 1.32, C.R. = 0.0058 < 0.10								

家庭消费结构（A22）的判断矩阵一致性比率 C.R. = 0.0058，其值小于 0.1，通过一致性检验。

5.4.5　农民市民化评价指标的最终权重体系

综合上述对各级指标体系构建判断矩阵确定指标权重，最终农民市民化评价指标体系的权重值如表 5－26 所示。

表 5－26　农民市民化评价指标体系的最终权重值确定

一级指标		二级指标		三级指标		四级指标		总权重值
生存基础（A）	0.4385	收入状况（A1）	0.2857	人均可支配收入（A11）	0.5000			0.0626
				收入结构情况（A12）	0.5000	工资性收入（A121）	0.2500	0.0157
						经营性收入（A122）	0.2500	0.0157
						财产性收入（A123）	0.2500	0.0157
						转移性收入（A124）	0.2500	0.0157
		消费状况（A2）	0.1429	人均消费支出（A21）	0.3333			0.0209
				家庭消费结构（A22）	0.6667	食品支出占比（A221）	0.0789	0.0033
						衣着支出占比（A222）	0.0789	0.0033
						居住支出占比（A223）	0.789	0.0033
						家庭设备及服务支出占比（A224）	0.1527	0.0064
						交通及通信支出占比（A225）	0.0395	0.0017
						文教娱乐支出占比（A226）	0.3361	0.0140
						医疗保健支出占比（A227）	0.2350	0.0098
		居住状况（A3）	0.2857	住房类型（A31）	0.2000			0.0251
				人均居住面积（A32）	0.8000			0.1002
		就业状况（A4）	0.2857	非农产业就业比重（A41）	0.7500			0.0940
				就业稳定性（A42）	0.2500			0.0313

续表

一级指标		二级指标		三级指标		四级指标		总权重值
社会融入(B)	0.1583	人际交往(B1)	0.6232	交往对象(B11)	0.7500			0.0740
				求助对象(B12)	0.2500			0.0247
		社会参与(B2)	0.2395	社区参与情况(B21)	0.1638			0.0062
				工会参与情况(B22)	0.2972			0.0113
				党团组织参与情况(B23)	0.5390			0.0204
		文化生活方式(B3)	0.1373	休闲娱乐活动(B31)	0.1373			0.0217
人口素质(C)	0.1583	文化素质(C1)	0.6667	人均受教育年限(C11)	0.6667			0.0704
				就业技能情况(C12)	0.3333			0.0352
		思想道德素质(C2)	0.3333	合法维权行为发生比率(C21)	0.5000			0.0264
				不文明行为发生比率(C22)	0.5000			0.0264
心理认同(D)	0.1583	情感认同(D1)	0.3333	对在城市生活的满意度(D11)	0.7500			0.0396
				城市人对自身的态度感知(D12)	0.2500			0.0132
		自我认同(D2)	0.6667	市民化意愿(D21)	0.2500			0.0264
				自身市民身份认同(D22)	0.7500			0.0792

续表

一级指标		二级指标		三级指标		四级指标		总权重值
公共服务水平(E)	0.0866	社会保障水平(E1)	0.4231	养老保险参与情况(E11)	0.3305			0.0121
				医疗保险参与情况(E12)	0.1672			0.0061
				失业保险参与情况(E13)	0.0965			0.0035
				工伤保险参与情况(E14)	0.0965			0.0035
				生育保险参与情况(E15)	0.0555			0.0020
				公积金缴纳情况(E16)	0.2538			0.0093
		教育服务水平(E2)	0.2272	子女在城镇接受义务教育比例(E21)	0.2272			0.0197
		公共就业服务水平(E3)	0.2272	在城镇接受就业技能培训或职业教育比重(E31)	0.7500			0.0148
				享受就业信息推荐服务比重(E32)	0.2500			0.0049
		公共基础设施享有(E4)	0.1225	人均道路面积(E41)	0.1519			0.0016
				集中供热普及率(E42)	0.0760			0.0008
				生活污水处理率(E43)	0.4891			0.0052
				燃气普及率(E44)	0.2830			0.0030

5.5　农民市民化评价指标体系目标值的确定

用什么标准来衡量农民的市民化水平，是建构农民市民化评价指标体系的关键。我们通过理论分析比较，初步建立了农民市民化评价指标体系，并在此基础上咨询相关专家最终确定了各项指标的参考目标值。农民要实现市民化，在各项指标上应该着力与该区域内城镇居民的水平相当，故各项指标目标值的确定是以城镇居民的平均水平为基础的。具体各指标的目标值见表 5 - 27。

表 5 - 27　农民市民化评价指标体系目标值及权重值确定

<table>
<tr><th>一级指标</th><th>二级指标</th><th>三级指标</th><th>四级指标</th><th>目标值</th><th>权重值</th></tr>
<tr><td rowspan="15">生存基础(A)</td><td rowspan="5">收入状况(A1)</td><td>人均可支配收入(A11)</td><td></td><td>区域内城镇平均水平</td><td>0.0626</td></tr>
<tr><td rowspan="4">收入结构情况(A12)</td><td>工资性收入(A121)</td><td>区域内城镇平均水平</td><td>0.0157</td></tr>
<tr><td>经营性收入(A122)</td><td>区域内城镇平均水平</td><td>0.0157</td></tr>
<tr><td>财产性收入(A123)</td><td>区域内城镇平均水平</td><td>0.0157</td></tr>
<tr><td>转移性收入(A124)</td><td>区域内城镇平均水平</td><td>0.0157</td></tr>
<tr><td rowspan="8">消费状况(A2)</td><td>人均消费支出(A21)</td><td></td><td>区域内城镇平均水平</td><td>0.0209</td></tr>
<tr><td rowspan="7">家庭消费结构(A22)</td><td>食品支出占比(A221)</td><td>区域内城镇平均水平</td><td>0.0033</td></tr>
<tr><td>衣着支出占比(A222)</td><td>区域内城镇平均水平</td><td>0.0033</td></tr>
<tr><td>居住支出占比(A223)</td><td>区域内城镇平均水平</td><td>0.0033</td></tr>
<tr><td>家庭设备及服务支出占比(A224)</td><td>区域内城镇平均水平</td><td>0.0064</td></tr>
<tr><td>交通及通信支出占比(A225)</td><td>区域内城镇平均水平</td><td>0.0017</td></tr>
<tr><td>文教娱乐支出占比(A226)</td><td>区域内城镇平均水平</td><td>0.0140</td></tr>
<tr><td>医疗保健支出占比(A227)</td><td>区域内城镇平均水平</td><td>0.0098</td></tr>
<tr><td rowspan="2">居住状况(A3)</td><td>住房类型(A31)</td><td></td><td>自购住房或还迁房</td><td>0.0251</td></tr>
<tr><td>人均居住面积(A32)</td><td></td><td>区域内城镇居民人均居住面积</td><td>0.1002</td></tr>
</table>

续表

一级指标	二级指标	三级指标	四级指标	目标值	权重值
生存基础(A)	就业状况(A4)	非农产业就业比重(A41)		70%	0.0940
		就业稳定性(A42)		稳定(6个月内工作无变动)	0.0313
社会融入(B)	人际交往(B1)	交往对象(B11)		非同质性对象	0.0740
		求助对象(B12)		非同质性对象	0.0247
	社会参与(B2)	社区活动参与情况(B21)		经常参与	0.0062
		工会组织参与情况(B22)		经常参与	0.0113
		党团组织参与情况(B23)		经常参与	0.0204
	文化生活方式(B3)	休闲娱乐活动(B33)		休闲方式多样	0.0217
人口素质(C)	文化素质(C1)	人均受教育年限(C11)		不低于12年	0.0704
		就业技能情况(C12)		至少具备一项职业技能证	0.0352
	思想道德素质(C2)	合法维权行为发生比率(C21)		100%	0.0264
		不文明行为发生比率(C22)		100%	0.0264
心理认同(D)	情感认同(D1)	对在城市生活的满意度(D11)		满意	0.0396
		城市人对自身的态度感知(D12)		友好	0.0132
	自我认同(D2)	市民化意愿(D21)		100%	0.0264
		自身市民身份认同(D22)		认同	0.0792

续表

一级指标	二级指标	三级指标	四级指标	目标值	权重值
公共服务水平(E)	社会保障水平(E1)	养老保险参与情况(E11)		100%	0.0121
		医疗保险参与情况(E12)		100%	0.0061
		失业保险参与情况(E13)		100%	0.0035
		工伤保险参与情况(E14)		100%	0.0035
		生育保险参与情况(E15)		100%	0.0020
		公积金缴纳情况(E16)		100%	0.0093
	教育服务水平(E2)	子女在城镇接受义务教育比例(E21)		100%	0.0197
	公共就业服务水平(E3)	在城镇接受就业技能培训或职业教育比重(E31)		100%	0.0148
		享受就业信息推荐服务比重(E32)		100%	0.0049
	公共基础设施享有(E4)	人均道路面积(E41)		区域内城镇居民人均道路面积	0.0016
		集中供热普及率(E42)		区域内城镇居民人均绿地面积	0.0008
		生活污水处理率(E43)		区域内城镇生活污水处理率	0.0052
		燃气普及率(E44)		区域内城镇燃气普及率	0.0030

农民市民化评价指标体系的构建还需要通过实践验证其合理性和科学性，本研究将在后面章节中以天津市为例，应用此评价体系进行实证检验。

第 6 章　我国农民市民化的机制体制障碍与创新

6.1　我国农民市民化的相关政策梳理

农民市民化是我国经济发展和社会结构变迁的必然趋势，是解决我国农业、农村、农民问题和城镇化建设的题中应有之义，对加快推进社会主义现代化、建构社会主义和谐社会具有重要的意义。为此，中共中央、国务院围绕农民市民化问题先后从战略高度制定和出台了系列政策、文件。

6.1.1　党的十八大报告和十八届三中全会关于农民市民化的阐述

早在 2002 年，党的十六大报告就提出工业化和现代化发展的必然结果就是实现农村剩余劳动力转移至非农产业和城镇。随后，两个中央一号文件也涉及促进农民进城落户的决议。2004 年中央一号文件针对农民工在城市工作和生活中面临的问题，提出推进户籍制度改革，放宽农民进城就业和定居的条件，并就维护进城农民的合法权益提出指导性意见。2008 年中央一号文件进一步明确了在大中城市要加快户籍制度改革，并逐步探索出相应将在城市中稳定就业及有固定居所的农民转化为市民的对策。

2012 年，党的十八大报告正式指出了农业转移人口市民化问题。报告明确提出要对城市群规模和布局进行科学的规划指导，着力促进中小城市和小城镇的产业发展，增强其公共服务、吸纳就业以及人口集聚的功能。加大户籍制度的改革力度，逐步推进农业转移人口市民化，努力在城镇常住人口中实现基本公共服务全覆盖。

2013 年党的十八届三中全会审议通过的《中共中央关于全面深化改革若干重大问题的决定》（以下简称《决定》）再次强调了农民市民化问题，指出要进一步推进农业转移人口的市民化，逐步把符合条件的农业转移人口转化为市民。《决定》中提出了一系列具体的策略，其中包括推进户籍制度的变革，加大人口管理的创新力度，在建制镇和小城市全面放开落户限制，在中等城市有序开放落户限制，逐步优化大城市的落户条件，针对特大城市必须严格控制其人口规模；稳步实现城镇常住人口基本公共服务全覆盖，进城落户的农民能够享受城镇住房和社会保障，城镇社保体系应规范接纳进城农民在农村参加的养老保险和医疗保险。逐步建立财政转移支付与农业转移人口市民化挂钩的机制，优化城市建设用地，提高城市土地的利用率。

6.1.2　《国家新型城镇化规划（2014 –2020 年)》关于农民市民化的阐述

2014 年 3 月，中共中央、国务院印发《国家新型城镇化规划（2014 ~ 2020 年)》（以下简称《规划》)。该文件从战略层面对我国的城镇化建设做出指导，并强调“解决好农业转移人口落户城镇”是城镇化建设的要务之一。

《规划》第三篇专门针对“有序推进农业转移人口市民化”问题进行了阐述。该篇包括六、七、八三部分章节。第六章主题为“推进符合条件农业转移人口落户城镇”，指出要健全农业转移人口落户制度和实施差别化落户政策，对于小城镇落户放开限制，对于大城市落户适当放宽条件。第七章主要针对农业转移人口享有均等化的基本公共服务展开，提出对于随迁农民子女要保障其享有平等的受教育权利，进一步完善公共就业创业服务体系，扩大社会保障覆盖面，优化基本医疗卫生条件，拓宽住房保障渠道等。第八章主要阐述了促进农业转移人口市民化的机制保障，其中包括建立健全农业转移人口市民化的成本分担机制，倡导政府、企业、个人共同参与；明确各级政府在推进农业转移人口市民化进程中的职责，中央政府负责政策制度的制定，省级政府负责本行政区域农业转移人口市民化的总体安排并落实配套政策，市县政府主要负责制定本行政区城市和建制镇转移人口市民化的具体方案和实施细则；完善农业转移人口社会参与机制等。

6.1.3 国务院《关于深入推进新型城镇化建设的若干意见》关于农民市民化的阐述

2016年2月，国务院印发《关于深入推进新型城镇化建设的若干意见》〔国发（2016）8号，以下简称《意见》〕，为深入推进新型城镇化建设，加快农业转移人口市民化进程提出了相关意见。

该文件的第二部分就积极推进农业转移人口市民化提出了相关建议，主要包括四个方面。其一，加快落实户籍制度改革政策。加快制定相关实施方案以推动1亿非户籍人口落户城市，明确地方政府的主体责任，确保转移人口落户工作如期完成。其二，全面实行居住证制度。根据2016年1月正式实施的《居住证暂行条例》，各地政府必须制定具体的管理办法，确保居住证持有人在居住地享有基本的公共服务。其三，推进城镇常住人口享有基本公共服务的均等化。为提升农民工就业能力，组织实施职业技能提升计划，每年组织2000万农民工参加职业技能培训。城镇社保体系允许在农村参加的养老保险和医疗保险规范接入，针对异地就医的状况，加快建立医疗保险异地就医医疗费用结算制度。其四，加快建立农业转移人口市民化激励机制。对于进城落户的农民，须保障其在农村的合法权益。为加快推进农业转移人口市民化进程，各级人民政府需要抓紧出台相应的配套政策。

6.1.4 《国民经济和社会发展第十三个五年规划纲要(2016－2020年)》关于农民市民化的阐述

2016年3月，我国《国民经济和社会发展第十三个五年规划纲要(2016－2020年)》(以下简称《纲要》) 正式发布。《纲要》第八篇论及“推进新型城镇化”，指出人的城镇化是新型城镇化的核心，并于第三十二章专门讨论了“加快农业转移人口市民化”问题。

该章指出，要通过深化户籍制度改革、统筹推进基本公共服务均等化，健全常住人口市民化激励机制，推动更多人口融入城镇。在深化户籍制度改革方面，提出了农业转移人口可实施举家迁移落户政策；针对新生代农民工的落户问题需优先考虑；推广专业技术职称、技能等级等与大城市落户挂钩做法。通过实施居住证制度，居住证持有人可享有均等的城镇基本公共服务并提高其服务标准。在健全促进农业转移人口市民化的机制方面，指出建立健全“三挂钩”机制，即财政转移支付同农业转移人口市民化相挂钩、城镇建设用地增加规模与农业转移人口城镇落户数量相挂钩、对城市基础设施的财政性补贴数额与农业转移人口城镇落户数量相挂钩。

6.2　我国农民市民化发展的政策体制障碍

尽管党和国家为促进农民市民化出台了系列政策和文件，但是，农民市民化是一项系统工程，受国家土地政策、户籍政策、就业政策、社保政策、教育政策等多形态政策的综合约束。现有的土地政策、户籍政策、社保政策、就业政策、教育政策尚有不利于或是阻碍农民市民化的因素。

此外，党和国家在农民市民化的利好政策上只是提供了一个大体框架，而没有提供操作性的具体意见、办法，至于如何调色、上色则完全放权于地方政府。农民市民化的政策内容具有很强的地方性，受各地方政府的政策偏好、经济发展水平和财政能力的制约。

6.2.1　土地政策对农民市民化产生的源头性障碍

土地政策主要是关于如何开发、利用、治理、保护、管理土地资源而制定的行动准则。农村土地政策是乡村治理的基础性政策。随着我国经济社会发展和改革的深入，现行的农村土地政策对我国农业现代化和新型城镇化建设的掣肘愈发明显，对农民市民化产生了一系列不利影响。

6.2.1.1　土地流转不畅影响农民从农村退出

土地流转是指土地产权在不同经济活动主体之间的流动和转让，土地产权主要是指土地所有权或土地使用权。我国《农村土地承包法》约定了耕地 30 年承包期、草地 30 年至 50 年承包期、林地 30 年至 70 年承包期，并规定承包地不得买卖。关于土地流转，规定了农户可以通过转包、出租、互换、转让或其他方式将土地承包经营权进行流转，但是土地在流转时必须保证土地的所有权性质及土地的农业用途不变。这些规定在一定时期内有效地维护了农民利益和激发了农民的积极性，但是随着我国经济和城乡一体化的发展，农村土地流转过程中的分散、流动性差、土地配置效率低等问题已经影响到农业生产力，并成为制约农村剩余劳动力转移的主要障碍，这在一定程度上延缓了我国农民市民化的进程。

一般而言，促进土地流转、提高土地流转收益有利于农民从土地上分离出去、离开农村和进入城市，也有利于农民实现进入城市的资本积累。但是，鉴于非农就业机会及生活的风险，尽管一些从农村转移人口在城市打工获取生存资源，但是他们仍然不愿意放弃土地使用权，将土地视为“进可攻，退可守”的职业保障。即使是那些完全具备城市生活能力的农业转移人口，他们依然将土地视为保障，以期获得土地收益。这种状况就造成了农村土地流转不畅，成为阻碍农民退出农村的“绊脚石”，制约了农民有效地从农村退出和彻底进入城市实现市民化。

6.2.1.2 土地收益不公影响农民进入城市

土地收益不公主要体现在农村土地征用的补偿方面。近年来，伴随着我国城镇化建设和工业化发展，农村集体所有的土地和农民家庭承包的土地经常被征用，但对征用土地的补偿却明显不公，在很大程度上损伤了失地农民的利益，影响了失地农民进入城市的经济能力，降低了其进入城市后的生存能力，不利于其向市民化的转变。

土地收益不公源于农民没有对土地的所有权，农民难以行使自己对所承包土地的系列权利。我国《农村土地承包法》第2条对农村土地做出了明确的规定，指出农村土地主要是农民集体所有和国家所有而由农民依法集体用于农业的土地，包括耕地、林地、草地以及其他农业用地。关于农村土地的所有权，一般是由乡（镇）集体、村集体和村民小组三个集体享有土地所有权。例如，我国《土地管理法》规定，村民集体对农民集体所有的土地享有所有权，村集体经济组织或村民委员会可对土地进行经营、管理；已经分别属于村内两个以上农村集体经济组织的农民集体所有的土地，由村内各该农村集体经济组织或者村民小组经营、管理；已属于乡（镇）农民集体所有的，由乡（镇）农民集体经济组织经营、管理。

进一步来说，在土地征用过程中，计划经济的作用远大于市场经济的作用，更多使用行政命令，强制色彩浓郁，相对于市场机制来讲，政府低价征用农村集体土地，将其变性为城镇建设用地，这是一个不对等的产权交易过程，这也严重损害了农民的利益。相关调查显示，如果土地成本价（主要是征地价和地方各级政府收取的相关费用）以100%计算，其中仅5%～10%为拥有集体土地使用权的农民所得，25%～30%为拥有集体土地所有权的村集体经济组织所得，而政府及各部门所得占其中 60% ~ 70%。由此可见，地方政府和中间商获取了大部分从土地成本价到出让价之间产生的巨额增值收益。在此情况下，失地农民并没有得到足额的征地补偿，有限的征地补偿金远远不能满足其进入城市的生活和工作需要，不利于失地农民在城市快速立足和可持续发展，从而影响了农民市民化进程。

6.2.2　户籍制度与管理政策对农民市民化产生的壁垒性障碍

学者黎智洪指出，当前阻碍农村转移人口市民化的主要因素就是户籍制度。这种体制造成了城乡壁垒和城乡二元结构。而在城镇中，受制于与户籍制度挂钩的相关配套制度，农业转移人口和城市居民受到了区别对待，从而城镇中出现了新的二元结构。从这个意义上讲，户籍政策对农民市民化产生了壁垒性障碍。

自 20 世纪 50 年代以来，为了给城镇居民粮食定量供应提供依据，我国对居民户口做出了农业和非农业的区分，并实行城乡户籍二元管理制度。这种制度对人口的乡城流动进行了严格的约束和规制，防止农民大规模进入城市，抑制城市人口过度膨胀，在特定的历史时期对促进城乡社会和经济发展起到过积极的作用。除了限制人口自由流动之外，“农业户口”和“非农业户口”也附着了诸多差异化的福利权益，“非农业户口”往往意味着更优渥的社会福利，诸如就业、教育、住房、社会保障等方面更好的待遇。凡此种种，使得我国经济社会的城乡二元结构愈发凝实，城乡之间的人为分割不断强化，加剧了城乡割裂和社会分化，带来城乡差距越拉越大的现实。对很大一部分进城务工的农民而言，由于是农业户口，没有城镇户口，自然享受不到城镇居民的相关待遇，导致他们弱势化、边缘化，滋生了就业难、住房难、看病难、子女上学难等一系列问题，户籍政策也因此成为阻碍农民市民化的关键性问题。

改革开放以来，我国户籍政策的改革在市场经济和人口城乡流动的冲击下因势而上，以广东省为代表进行了许多顺应当前经济社会发展需要的改革和创新。进入 2010 年代，户籍政策改革的力度更大、范围更广。户籍政策改革的总体趋势是放宽条件、放松管制、统一待遇、消除差异。这些户籍政策的改革，在一定程度上加快了农村人口转移和农民市民化进程。不过，户籍改革依旧面临一些问题和难题。例如，一些大城市的户籍管理并没有完全放开，更多的是针对吸引资本、技术和人才而放松户籍，对无资产、无技术、低学历的农民工而言意味着较高的“准入门槛”，大量农民工仍然被户籍制度排斥在城市大门之外，不能成为城市居民。此外，当前的户籍制度改革仅仅停留在表面层次，而对于嵌入户籍制度中的各项福利制度并未真正触及。尽管在有的地方已经统一了城乡户口名称，然而与户籍制度挂钩的社会保障制度、住房制度、教育制度、兵役制度、计划生育制度等还是二元的。因此，有学者指出，改革嵌入户籍之中的福利制度才是户籍改革的核心和难点，如果仅仅从名称上发生了户籍的改变，而没有社会福利方面的实质性收益，无疑会弱化进城农民市民化的意愿。

6.2.3 社保体系与政策尚未为市民化农民解除忧患性障碍

我国传统的社会保障制度的实质是一种封闭的市民社会保障体系，而占我国劳动力大多数的进城打工的农民工、乡镇企业工人、农民被排斥在社会保障体系之外。在很长一段时间里，农民除了土地以外不存在任何社会保障，农民工进城之后虽然实现了职业上的转变，但由于其农民身份，仍然被排除在社会保障体系之外。虽然近些年来，国家加快建立了覆盖城乡居民的社会保障体系，开展统筹城乡综合配套改革试点工作，但是入城农民的社会保障程度仍然很低。社保政策的缺失抑制了农民向市民转化，成为农民市民化的忧患性障碍。具体表现在以下三个方面。

第一，失地农民的社会保障问题。失地农民是市民化的重要主体之一。随着我国城市化和工业化的发展，部分农民失去土地成为失地农民，而且这一群体的规模在不断扩大。尽管在部分地区，当地政府和征地部门从土地出让金中拿出一部分为失地农民投保，较为合理地补偿和安置了失地农民。然而在另一些地方的失地农民则面临着经济补偿不合理、生活水平下降，就业困难、社会保障缺乏的困境，沦为种田无地、就业无岗、社保无份、生活无着的“四无”农民。

第二，进城农民工的社会保障问题。进城农民工参与社会保险的比率较低，这主要是由其工作性质所决定的。大多数进城农民工主要集中于建筑、餐饮、服装加工、家政服务等行业，这些行业的企业多是劳动密集型企业，利润空间小，只能维持低成本竞争，企业主在财力上不足以为农民工缴纳社会保险费用。而且农民工的高流动性、农民与工人身份的二重性，也使得一些企业主在为农民工投保问题上采取观望、拖延和回避态度。而农民工自身的参保意识和维权意识也较差，在其社会保障权益受到损害的时候缺乏维权举措。从法律法规的层面看，农民工社会保障也缺乏有效的法律保护。例如当前在法律上并没有明确的惩治办法以制裁企业恶意拖欠农民工工资、不缴或漏缴社会保险、瞒报或谎报企业用工基数等不良行为，对农民工社会保障权利受损问题，无法依法处理。

第三，已获得城镇常住人口户籍的进城农民的社会保障问题。这其中有一部分人拥有稳定的住所、职业和收入，而还有一部分人住所、职业、收入并不稳定。不管何种情形，在社会保障城乡分割、地方分割的背景下，他们中的大部分也不能享受到与城镇原居民同等的社会保障。同时，我国广大进城农民在城市中社会保障权益的前期积累基础较为薄弱，特别是针对进城农民的社会保障资金还面临着较大的缺口，在为数以亿计的农民提供社会保险待遇时存在较大的资金压力。

6.2.4　就业政策对农民市民化产生的疑虑性障碍

国家就业政策是中央和地方政府为了解决现实中劳动者就业问题而制定和推行的系列方案以及采取的系列措施。就业政策在创造就业机会、保障劳动力充分就业、促进人力资源合理开发和高效利用等方面发挥着重要作用。国家提出，充分促进就业、推动平等就业和自主择业、照顾特殊就业群体就业是劳动就业过程中必须遵守的基本准则，这些就业政策和准则在帮助和促进农民转换职业、进城工作方面发挥了重要作用。但就进城农民而言，我国现行的就业政策仍然有许多不够完善和不够规范的地方，在就业实践中损害了进城农民的劳动权益甚至是身心健康，不仅削弱了农民向市民转化的物质基础，亦使农民在城市失去了精神寄托，从而使农民市民化的进程受到阻碍。

第一，进城农民劳动就业还面临严峻的不公平、不平等问题。对一些进城务工的农民而言，他们或多或少面临着一些职业歧视方面的困境。较之于城市居民，进城农民难以享受平等的就业权，就业的机会、地点、行业、工种等方面的选择受到诸多的限制。一些地方政策和不成文规定（如清退农民工和限制农民工就业领域）在一定程度上制约了农民工在城市中公平择业，二元化的劳动力市场使进城农民难以取得与城市人同等的就业资格。从现实情况看，进城农民所从事的多是一些边缘性工作，即城市人不大乐意干的脏、累、苦、差、险等工作，如建筑工人、服务员、废品回收、城市清洁、钟点工等这些城市人不太热衷的工作岗位。

第二，进城农民劳动就业的服务体系不够完善。所谓劳动就业服务体系，主要是指以职业介绍、职业指导和就业培训为核心的就业服务体系。一者，进城农民的就业信息不够顺畅，缺乏专门性的针对农民工的就业中介服务场所。农村劳动力流出地区与流入地（如一线城市、省会城市、发达地区和城市）的劳动力服务机构信息联系不够通畅。不少地区、城市的职业服务机构鱼龙混杂，一些虚假的、欺骗性的职业信息充斥着劳动力市场，让进城农民难以分辨，容易上当受骗。二者，旨在提升进城农民城市生存技能的再教育培训机会匮乏。提升人力资本的重要途径就是进行继续教育。进城农民的素质普遍不高，亟须接受继续教育提升他们的职场竞争力，提高城市生存和发展的能力。然而接受教育和培训的机会在城镇职工和进城农民工这两个群体中却存在较大的差异，诸多优质教育和培训机会主要向城镇职工倾斜，处于次级劳动力市场的进城农民却难以享受这些机会和条件。

第三，进城农民劳动就业所需的特殊照顾尚嫌不足。在城乡分割的二元劳动力市场背景下，进城农民属于相对弱势的劳动力群体，在某种程度上需要给予特殊的照顾。由于进城农民多从事劳动条件差、强度大、风险高的工作，所以他们面临着较多的工伤事故风险，一些职业病也如影随形。在某种程度上，当前城镇化进程中城市社会面临的一个重大公共卫生问题和社会问题就是进城农民遭受的工伤和职业病。而且一些拖延工时、超负荷劳动等不合理现象，工资被拖欠、劳动权益受侵害等不合法现象也普遍发生在农民工群体身上。凡此种种，意味着对进城农民的劳动保护和照顾还很欠缺，还有大量的工作需要去做。

6.3 我国农民市民化发展的其他制约因素

除却上述论及的政策性障碍之外，还有其他许多影响我国农民市民化发展的约束性因素，这些约束性因素大体可以概括为社会因素、家庭因素、个体因素等几个方面。

6.3.1 制约农民市民化发展的社会因素

6.3.1.1 城市治理理念的制约

农业现代化、农村城镇化、农民市民化是新时期中央破解“三农”问题的总战略。但是，部分地方政府及城市治理者不能从战略高度看待农民市民化的重要意义，思想观念上受城乡分割的影响，对推进农民市民化的部署思想上还存在模糊认识。在一些城市治理者的眼中，他们担心农民进城及农民市民化会给城市带来不利影响。例如，害怕农民进城会抢占城市人的就业岗位，影响城市人就业；害怕农民进城会加剧城市住房紧张、交通拥挤、社会治安恶化，影响城市治理难度；担心农民市民化会提高劳动力成本，影响城市经济发展。因此，一些城市治理者在心态上并不认同农民市民化，认为现阶段中国的经济发展水平和城市治理水平不能有效地安置农民工及其家属，在推动农民市民化问题上并不重视。

6.3.1.2 城市市民观念的制约

城市市民对进城农民有着复杂的心理，既有认可也有偏见和排斥。一方面，城市市民对进城农民持欢迎接纳的态度，因为城市社会经济的发展和城市建设需要吸纳大量的农民工，为其提供大量的劳务和服务。但是，在另一方面，城市市民对进城农民又有着排斥和歧视心理。譬如城市市民担心进城农民与他们争抢有限的工作岗位和就业机会；中国社会长期的二元治理结构又使得城市市民在潜意识里形成了“城里人比乡下人高贵和优越”的心理，从而排斥和瞧不起进城农民。甚至有的城市市民对进城农民形成了固化的偏见，认为进城农民是城市的不安定因素，给城市的治安、市容市貌带来了诸多负面的影响。在这种错误观念的影响下，部分城市居民对进城农民表现出歧视、冷漠的态度，不能尊重、平等、友好地对待进城农民，进城农民自然也缺乏对城市的认同感和归属感，阻碍了其市民化的进程。

6.3.2 制约农民市民化发展的家庭因素

6.3.2.1 子女教育问题

子女教育问题是摆在进城农民面前的一道巨大难题，严重阻碍着进城农民的市民化。

其一，进城农民的子女就学难问题。受教育经费和教育资源的影响，进城农民的子女在城市就学有一定的难度，特别是难以进入城市中的公办学校接受义务教育。我国现行的义务教育实行的是以地方财政拨款为主的财政管理体制。由于进城农民的子女在流出地的教育资金并未随父母流动而转入流入地，故而这些农民子女难以享受流出地政府的教育财政补贴，流入地政府的公办学校由政府全额拨款，无法承担流动儿童接受教育的成本，进城农民的子女在城市中难以享受优待，许多城市公办学校拒绝接受非本区域生源。

其二，进城农民的子女在城市接受教育的费用支出较高。《流动儿童少年就学暂行办法》第十一条指出全日制公办中小学招收流动儿童少年可根据相关规定收取一定的借读费。故而较之于城镇居民的子女，进城务工的农民工子女在流入地城市就读需要支付高昂的借读费和赞助费。虽然国家已经多次明确提出城镇全日制公办学校需全面取消借读费以解决农民工子女上学的问题，但是在具体的操作过程中，公办学校因教育资源不足难以广泛接纳农民工子女入学。除了支付入学相关的费用外，进城农民子女在城市中的住宿、日常生活等费用也是一笔不菲的开支。

其三，进城农民的子女教育质量问题。进城农民子女的教育任务主要是由民办学校承担，但是民办学校存在诸多不足，如办学条件差、管理水平低、教学质量低下等，难以满足农民随迁子女对优质教育的需求。

总之，妥善解决随迁子女的教育问题对进城农民而言是当务之急。尽管他们自身文化程度不高，但他们非常看重子女的教育问题，并且对子女教育有着较高的预期，希望通过“知识改变命运，教育成就未来”，而现实中大量存在的进城农民子女教育问题，让他们倍感焦心和无力，并削弱了他们在城市定居和向市民转化的乐观心态。

6.3.2.2 住房及家庭生活问题

住房和家庭生活问题是农民到城镇生活和市民化的重大问题，但是城市以购房为代表的高额生活成本，严重阻碍了进城农民向市民的转化。在很多进城农民的眼中，“居者有其屋”是他们的梦想，但城市的高房价是比户籍还要难以逾越的“大山”。面对居高不下的城市房价，想要在城市中拥有一套自己的住房，对低收入农民群体而言是遥不可及的事情。国内研究者孙冰根据进城农民对最终归宿的安排和未来愿景设想的不同，将进城农民分为永久迁移型农民和非永久迁移型农民两种类型。其中，对永久迁移型农民而言，他们渴望定居城市，举家搬迁生活在城市中，成为城市正式居民。他们期待有稳定的住所，期盼政府能够有效抑制房价或政府在城市发展规划和住房保障体系中能够充分考虑进城农民的住房问题，期望政府能够让他们长期租住廉租房或能够自购经济适用房。然而现实却是只有极少一部分进城农民获得了经济适用房或是凭借自身的财力在城市中购买了房产，大部分进城农民只能面对高房价望洋兴叹。住房问题是制约进城农民向市民转化的重要因素，严重影响了进城农民在城市生活的信心和愿望。

6.3.3　制约农民市民化发展的个体因素

6.3.3.1　进城农民的知识技能等素质影响其城市适应性

农民能否转变为市民，还取决于进城农民自身的知识技能等综合素质。很多研究者指出，进城农民整体素质的高下在很大程度上影响着农民向市民转化的成功率。农民整体素质越高，就越能够获得更多的就业机会，亦越能够实现稳定就业和收入提升，在城市生存的能力就越强，故而越有可能转化为城市居民。高素质的农民在城市中择业的范围广、路子宽、渠道多，不管是劳动密集型的工作还是技术密集型的工作均能胜任。相反，那些素质不高的农民进城之后只能局限在某些特定的行业和地域范围内就业，且多是体力劳动，很不稳定，产生权益纠纷的可能性也大大增加。

与城市居民比较而言，农民的整体受教育水平和知识技能水平偏低，初中以下文化程度的农村劳动力仍占据很大比例。这影响了进城农民的收入水平，而收入水平是决定进城农民市民化进程的最基本因素。一般而言，农民工获取收入的主要渠道仍然是劳动工资。尽管近年来农民工的工资得以大幅度增长，从 2008 年月均工资 1340 元上升至 2014 年月均工资 2864 元，工资收入水平差不多翻了一番，然而较之于城镇职工，2014 年农民工的月均工资收入水平仅为城镇职工月均收入的 70%，可见进城农民和城镇居民在工资收入水平上仍然存在较大的差距。

此外，部分进城农民囿于思想认知上的局限，存在因循守旧、小富即安的观念，缺乏求知和进取精神，难以接受新观念、学习新知识和技能，对于快节奏的城市工作和生活环境难以调适，继而不利于其向市民角色转化。

6.3.3.2 进城农民的社会资本影响其城市适应性

所谓社会资本，是相对于物质资本、人力资本的一个概念，它是能够为人们所利用的各类社会资源，嵌入在社会关系网络、社会组织和社会制度之中，是个体从社会关系网络和社会制度中所获取的、能够为其带来收益和价值的资本形态。实际上我国进城农民从个人社会关系网络和社会联系中能够获取的资源是相当薄弱的。受我国传统差序格局的社会特征以及长期城乡二元分割的社会结构的影响，大部分农民的社会交往范围多局限于乡镇村落，社会交往方式多是基于血缘与地缘，不同于城市市民以业缘为主的交往方式。换言之，农民的社会网络具有封闭性、内倾性和单一化的特征，在与人交往中以熟悉和信任为基础，带有较强的农村社区初级人际交往的感情色彩，对于进城农民而言，他们主要交往的对象以有血缘和地缘关系的人为主，包括家人、朋友、老乡、亲戚等，这种单一、封闭的交往模式与城市文明所要求的人际交往模式存在较大的差异。城市中人际交往以业缘为基础，交往对象呈现多样化、异质性的特点。由此可见进城农民的社会资本较为薄弱，这将不利于他们感染城市氛围、学习城市文明和融入城市生活，制约了其市民化的转变。

6.4 推进我国农民市民化机制体制创新的对策

6.4.1 破除农民市民化政策性障碍的创新举措

6.4.1.1 户籍制度的改革优化

推进户籍制度改革并逐步实现优化是推动农民市民化的重要路径。最近几年，国家加大了户籍制度改革的力度。2013 年 11 月，十八届三中全会通过的《中共中央关于全面深化改革若干重大问题的决定》为我国的户籍制度改革提出了目标，强调要在建制镇和小城市全面放开落户限制，中等城市有序放开落户限制，大城市要合理确定落户条件，特大城市要严格控制其人口规模。2014 年 7 月，国务院印发《关于进一步推进户籍制度改革的意见》（以下简称《意见》），提出户籍制度改革要和我国经济社会领域的改革统筹协调，合理引导农业人口向城镇转移，逐步推进转移人口实现市民化。在这个文件中提出了取消农业户口和非农业户口的区分。尽管户口身份的差异得以取消，但是这并不意味着户籍制度改革的终结。户籍制度的改革还有很长的一段路要走。结合本研究的主旨，在农民市民化目标下，户籍制度改革在与农民市民化的结合上需要注意以下几点。

第一，户籍制度改革需要坚持以人为本、尊重广大农户意愿。在户籍制度改革的过程中，我们要尊重农民自主定居的意愿，尊重农民的利益和选择。户籍制度改革并不是强迫农民进城，不能“赶农民上楼”，不能以剥夺农民土地、强制其放弃宅基地和承包田、侵犯农民的权益作为进城落户的条件。在这方面安徽省的做法值得借鉴。安徽省为鼓励农民进城购房，将农民的户口变动与“三权”（即进城落户农民的土地承包经营权、宅基地使用权、集体收益分配权）脱钩，政府对那些自愿放弃宅基地并进城购买商品住房的农民给予一次性购房奖励或其他补助。同时，安徽省还建立了相应的机制以确保财政转移支付同农业转移人口落户数量相挂钩、城镇建设用地扩大规模与农业转移人口落户数量相挂钩。

第二，差别化对待在不同类型城市落户的问题，探索市场化的大城市积分落户制度。国家在政策层面鼓励各地进一步放宽落户的条件，除超大城市和特大城市之外，其他城市不得人为设置诸多限制，如购买住房、投资纳税、积分制等影响进城农民在城镇落户。对于特大城市和超大城市，政府部门要进一步加快调整相应的落户政策，积极建立并完善积分落户制度，采取措施使部分符合条件的进城农民落户。

就农民市民化而言，进城农民市民化意愿不强的主要原因在于大城市落户的门槛过高而小城镇的户籍吸引力不足。学者张翼通过调查发现大多数农民市民化的意愿不强，不愿意将农村户口转为城市户口。接受调查的 90% 的农民工不愿意以放弃农村承包地为代价来实现市民身份的转变。在那些愿意放弃土地转变为城市居民的农民工中，70% 的受访者将落户地瞄准省会城市或其他类型的大城市，仅有 30% 的农民工愿意在中小城镇落户。这意味着农民市民化的难点依然附着于大城市的户籍制度改革上。

因此，在积分落户制度的完善方面，可考虑放大市场机制的作用。现行的积分落户制度比较注重行政性机制（如规定的缴纳社会保险年限、居住年限等），而对市场机制的作用重视不够。譬如说，可以在积分分值设置中，加强企业和市场机制的判断、甄选和赋值。也许拥有高技能的农民工，比高学历的人员更是企业所需要和青睐的人才，比起政府行政部门，用人单位（企业）恰恰对这点有深刻了解和真实诉求。因此，政府行政部门可考虑给予市内企业一定权限，用于给农民工积分落户赋分，对那些低学历、高技能的农民工人才，可考虑由企业出面给予一定的积分落户分值，帮助进城农民工尽快完成积分落户或一次性落户。

第三，完善居住证制度。2010 年出台的《关于 2010 年深化经济体制改革重点工作的意见》首次将在全国范围内实行居住证制度写入国务院文件。2016 年，国务院《关于深入推进新型城镇化建设的若干意见》指出要全面实行居住证制度。在未落户的城镇常住人口中实现居住证制度的全覆盖，保障居住证持有人在居住地享有义务教育、基本公共就业服务、基本公共卫生服务和计划生育服务、公共文化体育服务、法律援助和法律服务以及国家规定的其他基本公共服务。同时居住证持有者在居住地享有按照国家有关规定办理出入境证件、换领补领居民身份证、机动车登记、申领机动车驾驶证、报名参加职业资格考试和申请授予职业资格以及其他便利。居住证制度是对进城农民取得城市户籍的一个有益补充。户籍改革不是一蹴而就的，它需要逐渐构建一个制度化的通道使外来人口从临时居住到长期居住，最后逐步转变为本地户籍。这对于部分在城市中暂时无法取得户籍的农民工而言是一个利好政策。只要他们在城市中居住满足一定的时间以及具有稳定工作，即可在居住城市获得居住证并享受一定的基本公共服务。这是户籍制度改革的一个重要步骤。各级政府今后要不断缩小居住证持有人与户籍人口的差异，扩大对居住证持有人的服务范围，并推动保障其在城市的住房权利。如此，可以为农民市民化提供缓冲带，循序渐进地实现农民市民化。

第四，户籍制度改革的本质在于打破公共服务和社会管理体制上的身份限制。户籍制度改革是一个系统的改革过程，这需要和社会福利制度、公共服务制度、城乡土地制度、中央与地方的财政体制以及各行政区域的综合配套改革统一协调起来。户籍制度改革的完成需要借助城乡和区域协同发展，改变公共福利和公共福利体制上的户籍身份区别，构建依托于国民身份而非户籍身份的福利和国家管理体制，实现管理体制的一体化。

6.4.1.2　社保制度的改革优化

除了改变户籍的身份差别性的社会保障和福利，构建城乡一体化的社会保障制度之外，还需要探索符合以农民合理流动为特征的社会保障机制。

第一，构建城乡一体化的社会保障制度。现代社会城乡居民的一项基本权利就体现在社会保障制度方面。农村转移人口实现向市民转化的基础要件就在于获得与市民同等的社会保障方面的待遇。例如，为确保养老服务的公平、公正、均等，在养老保险制度上实现城乡居民协调一致，在机关、企事业单位推行养老保险改革，以实现养老保险改革全民覆盖。城镇职工基本医疗保险需纳入已经实现农业转移的人员，实现城乡统一的基本医疗保险和医疗救助制度。此外，在市民化的推进过程中，针对我国当前农村社保和城市社保两种体系并存的现状，我们也要在制度安排、项目设计、待遇支付、关系转接等方面对这两种保障体系进行创新，从而增强城乡二元社会保障制度的衔接与灵活转换。

第二，增强社会保障项目的便携性。我国当前社会保障制度建设中突出的问题表现在社会保障的便携性不足。例如，在深圳市，农民工和本地劳动力均要求按照同样的比例缴纳各类社会保险，其中主要是养老保险，但是这两个群体在享受具体的待遇时却存在较大差异。深圳市的社会保障制度设计中没有充分考虑农民工的高流动性，农民工养老账户便携性差，无法转移账户累计统筹部分资金，从而导致农民工因遭受间接“剥削”频繁退保。为了增强农村流动人口社会保障项目的便携性，我们可以借鉴山东省针对农民工实施的“一卡制”，即一张社会保障卡可在山东全省通行。鉴于此，我们可以进一步探索社会保障卡在全国通行的办法，从而保障广大农村转移人口实现权利公平、权益安全。

第三，探索与优化“以土地换保障”方案。为了解决失地农民的保障问题，我国很多地区如浙江、上海等地逐步探索出“土地换社保”的方案。该方案的实质是用社会保障替代土地对农民的保障。以浙江模式为例，其主要内容是以土地换市民福利和用土地换资产。该模式最早出现在浙江嘉兴的城市化过程中。20 世纪 90 年代，嘉兴地区的农民的土地被征用后，政府将失地农民的农业户籍转换为非农业户籍，并纳入社会养老保障体系，失地农民可按月领取养老金，这种安置方式就是“土地换社保”的发端。时至今日，这种“土地换社保”的模式内涵已被逐渐扩展，土地换保障主要包括五种方式，即土地换保险和基本保障、进行就业培训、成立社区股份经济合作社、土地平整（复垦）置换以及留地安置（撤村建居中）。“土地换保障”的方式极大地弱化了农民对土地的依赖，有助于农民的市民化。

6.4.2 破除农民市民化社会性障碍的创新举措

6.4.2.1 逐步实现公共服务的均等化

很多学者指出，推进农业转移人口市民化的重点在于逐步实现公共服务的均等化，包括教育、医疗、安全、娱乐、社区服务、就业培训、就业公共服务、再就业援助等方面。然而当前我国囿于城乡分割的二元体制的局限以及政府公共支出的不足，较之于城市居民，农业转移人口所享受的公共服务较为落后。可见，加大城市对基本公共服务建设的投入，实现就业、住房保障、社会保障等方面公共服务的全覆盖尤为必要。实现公共服务的均等化应以居住地为依托，将城市中户籍人口和非户籍人口逐步纳入基本公共服务和社会福利体系并逐步均等享受各类服务及福利待遇。例如，可以设置社会福利的“积分制”，按照流动人口在居住地居住的时间来设置相应的福利待遇，如流动人口居住期满 1 年，可以享受某些福利；居住期满 5 年，可以对应增加某些福利，直至成为本地居民，可以完全对等享有所有城市居民所享有的福利。

6.4.2.2 加强城市社区建设，创设有利于农民市民化的社会环境

前文指出，城市市民对进城农民有着认同和排斥的复杂心理，一些市民对进城农民表现出歧视、冷漠的态度，阻碍了农民的市民化转变。对进城农民而言，他们改变了固有的社会交往模式，脱离了以血缘和地缘关系为主的社会支持网络，进入城市中的农民尚未建立起新的社会关系网络，心理上难免出现焦虑和失落的情绪。由于受农村传统社会的影响，他们在思想意识、生活方式方面难以完全融入城市社会体系。为了使农业转移人口更快地适应和融入城市生活，我们需要加强社区建设，增强居民和邻里

之间的互动，帮助他们建构新的社会关系网络。加大对社区文化硬件的投入，增加各种健身器材和室外健身场地、图书馆、报刊亭以及完善社区绿化。营造良好的社区文化氛围，通过社区小报、有线电视、文化中心、科普画廊等媒介加大社区文化宣传。注意发挥社区教育的作用，引导入城农民树立积极向上的世界观、价值观和人生观，充实和丰富进城农民的社区生活，提高进城农民的城市文明程度。与此同时，也要加强对城市市民的宣传教育，鼓励和支持城市市民与进城农民开展更多的交流活动，增进两个群体间的了解和沟通，消除偏见和隔阂，从而创造出有利于农民转变观念和融入城市文化的社区环境以及社会环境，以培养进城农民对社区和对城市的认同感和归属感。

6.4.3　破除农民市民化个体性障碍的创新举措

6.4.3.1　促进进城农民养成市民意识

市民意识主要是指在城市文化情景的孕育下城市市民在思想、观念、情感、思维方式、价值取向、行为方式上的综合表征，它是城市市民在城市社会生活中产生的感觉和知觉所构成的印象和所唤起的记忆，形成的心理定式和行为取向。进城农民在经济方面的市民化要相对容易些，但是要真正融入城市生活，要实现真正意义上的市民化，需要进城农民内化城市文明，在思想观念上向市民意识贴近。

在进城农民市民意识培育过程中，进城农民的学习意识和适应能力有待进一步提升。城市文化与农村文化之间存在较大的差异，进城农民需要适应城市文化和培育市民意识，需要重视个人学习，学习科学文化知识，开阔知识面和视野格局，学习和观察市民在生活方式和交往方式上的不同，学会以市民的态度和方式与他人进行沟通交流，通过与城市市民的不断互动，逐步学习并建立新型的城市社会人际关系，以更好地理解体悟和扮演市民角色。

在进城农民市民意识培育过程中，需要将重心放在中青年进城农民身上。市民意识的培养难度受代际差异的影响。一般而言，培养老年农民市民意识的难度较大，因为老年农民更习惯乡村的生活和观念，他们安土重迁，传统乡土观念根深蒂固难以转变。中年农民在城市中谋生，往返于城市与乡村，对城市和乡村都有一定程度的认同和了解，他们的市民意识可以在一定条件下逐步培养起来。青年农民在乡村生活的时间较短，有些人很小的时候就随父母在城市里生活，他们学习模仿能力强，更乐于接受城市文明，也更容易建立市民意识。

6.4.3.2 促进进城农民可雇佣能力的提升

进城农民在城市中的可雇佣能力和职场竞争力是影响其向市民转化的根本性因素。要想促进农民市民化，从根源上讲，需要持续地提升农民的就业能力和就业空间。因此，要高度重视进城农民的再教育和培训工作。为了提升进城劳动者的素质和技能水平，增加其城市生存的人力资本和竞争力，有必要对其进行再教育和培训。前文指出进城农民由于自身知识技能方面的原因，其转移能力不足，难以进入正规劳动力市场，因此需要加大对进城农民进行专业技能培训的力度，提升其在劳动力市场上的竞争力。在国家层面，2014 年，国务院印发的《关于进一步做好为农民工服务工作的意见》提出，每年要开展农民工职业技能培训 2000 万人次；实施农民工职业技能提升计划，努力实现未升入普通高中、普通高等院校的农村应届初高中毕业生都能接受职业教育；大力发展服务业特别是家庭服务业和中小微企业，开发适合农民工的就业岗位；将农民工纳入创业政策扶持范围。在个人层面，进城农民需要增强自身的进取精神，可尝试制定自我提升的三年、五年、十年规划，明确自我职业规划和生活规划，将更多的时间和精力投入自身人力资本提升以及生活质量优化的过程中。

第7章　新型城镇化进程中农民市民化的道路选择

7.1　我国农民市民化的发展目标

7.1.1　农民市民化的标志

农民市民化不是农民从原本拥有农业户口到换成城市户口的简单转移，而是农村人口向城镇转移的同时，除了城乡迁移和职业变化，同时获得城镇永久居住身份、无差别地享受城镇居民的各项社会福利和政治权利，彻彻底底成为城镇居民，并充分融入城镇社会的过程。其典型的转变标志有以下六个方面。(1) 社会身份认同的转型。目前，虽然在国家各种统计报表中，农民被统计成城市居民常住户口，但他们的户籍仍然是农业户口，而“农民”的身份并没有发生实质变化。即使他们已经在城镇就业并被雇用，甚至长时间居住在城镇，他们日常交际中仍然被称为“农民”。(2) 政治权利平等。长久以来，在中国无论是城市居民还是农村居民，他们的政治权利与户籍密切相关。目前，大量的农业转移人口在城市中没有选举权、被选举权和社区管理权等。城市中的农业转移人口与城市中的居民的政治权利相差很多。他们往往不能享有平等的公共服务和社会保障权利。(3) 公共服务的全覆盖。公共服务的全覆盖是农民市民化的重要标志之一。进城农业转移人口在公共服务和社会保障权益方面与原来的城市居民相比有很大的差距。(4) 经济生活条件的改善。农业转移人口因为受劳动技能、受教育程度、资本积累和政策歧视等因素的制约，农业转移人口的收入水平和生活质量普遍偏低，与城镇居民的经济生活条件的差距相对较大。(5) 综合文化素质提高。农业转移人口受教育程度与城镇居民相比偏低，职业培训欠缺，综合文化素质不高，与城镇居民有较大差距。(6) 广泛的社会认同。进城农业转移人口缺乏对城市的归属感，在心中并没有把自己视为城市居民中的一员，部分城镇居民对他们也抱有偏见。

7.1.2 我国农民市民化的发展目标

农民从传统的农村生产生活方式变成现代城市的生产和生活方式是中国农民市民化的最终目标。农民市民化是为了使更多的农民进入更高层次、更现代文明的生产生活方式，农民市民化的真正目的是切实提高农民的生活水平和社会福利水平。

7.1.2.1 总量平稳递增

坚持因地制宜、存量优先、分类推进的原则，逐步将有意愿且符合落户条件的农业转移人口转变为流入地市民人口，引导农村剩余劳动力和农民工在近郊务工和回乡创业，实现省内就地市民化，使农民定居下来并有稳定的人口增长。

7.1.2.2 布局合理均衡

为适应国内产业布局调整的客观趋势，根据优先发展主体功能区和城镇化规划要求，引导农业人口向适当的集群发展区转移，促进中小型城市以及小城镇的发展。进而提升各城镇产业支撑能力以及人口承载能力，吸引更多的农业转移人口落户，逐步形成农业人口转移在我国从东部到西部以及大型、中型、小型城市的合理分布格局。

7.1.2.3 服务均等

根据不同的公共服务项目的优先次序，依托居留许可制度，转移后的农业人口享有的基本公共服务通过梯度推进而逐步达到平等，基本公共服务覆盖面从原来的城市户籍人口逐步扩大到城市常住人口，保障农业转移人口享有与当地居民相同的基本公共服务。

7.1.2.4 社会融合顺畅

保障农业转移人口自由迁徙的基本权利，消除农业转移人口和户籍人口的身份差异和因身份差异带来的不平等待遇，促进农业转移人口的社会整合，实现就业后能顺利融入企业，孩子融入就读的学校，家庭生活融入所居住的社区，群体充分融入社会。

7.2　我国农民市民化的道路与模式选择

7.2.1　我国农民市民化道路模式

从前文对部分发达国家和发展中国家农民市民化的经验总结可见，大部分国家的城市化与农民市民化是同步推进的。近年来我国的城镇化建设飞速发展，农民市民化进程却相对缓慢，大多数农民工和城郊失地农民目前尚处于“半市民化状态”，农民市民化的效果不佳。出现这种状况，其原因在于我国与其他发达国家城镇化的过程中所面临的制约条件不同，主要表现在：一方面，我国人口众多，需要转移的农业剩余劳动力规模庞大，而我国城市的承载能力有限；另一方面，受制于我国传统的城镇化发展战略固化思维的影响，以往的城镇化主要注重于城市数量与规模的扩张，导致土地城镇化快于人的城镇化。此外，农民和市民在自身素质、社会权利、价值观等方面存在较大差异，导致城市化发展中农民市民化严重滞后。

中国的城市化面临着人口数量多而资源相对匮乏、自然生态环境脆弱、城乡发展不均衡等诸多问题。这就决定了我们必须清醒地意识到目前我国还处于社会主义初级阶段这样一个大背景下，应当严格遵循城市化规律，走有中国特色的新型城镇化发展道路。新型城镇化较之于传统的城镇化，其最大的不同之处就在于它是以人为核心推进的城镇化。以人为核心的城镇化的实质就是要使居住在一定区域的人（无论是在大中城市，还是小城镇，或是新型农村社区），均能在公共基础设施和基本公共服务方面实现均等化，共享城市发展进步的文明成果。由此可知，农民的市民化并非简单的居住地转移或者农村户籍的转变，农民与市民的根本区别不在于居住地或者户籍上，而是体现在生产生活方式、思维方式以及价值观念上的差别。简言之，农民市民化的过程就是农民形成现代化的意识和观念，共享城市文明与经济文化建设成果，其最终目的是缩小城乡差距，实现城乡一体化。

我国农民市民化经过多年的发展变化，基本可以概括为三种主要发展模式：城中村模式、小城镇化发展模式、农民工就地市民化发展模式。目前，市民化的主体基本可以概括为两类：一类是进城农民，这主要包括转移到大城市或集聚至中小城镇的农村转移人口，以及城郊失地农民，这是市民化的一大主体；另一类是居村农民，这一部分农民数量庞大，居住在农村，从事着非农业或农业生产。如果单纯依靠城市异地转移如此庞大的居村农民，这一方面会超越城市承载的极限，另一方面也会增加农民市民化的政府支出成本。在当前城乡协调一体化发展战略下，关注居村农民市民化问题应成为新型城镇化题中之义。根据我国的基本国情以及国内外农民市民化的经验，在当前新型城镇化建设的背景下，我国农民市民化应该在上述两大市民化主体的基础上，进一步探索并推进城市异地转移和居村农民就地转移双重市民化模式。我国农民的市民化应该建立在城市化、农村城镇化基础上，依托于大中小城市、小城镇、农村新型社区，这是实现城乡统筹发展的根本要求。

积极推进城市异地转移和居村农民就地转移双重市民化模式，符合我国的国情和现实需要。首先，我国农村人口众多，需要转移的农村人口规模庞大，据统计，2012 年我国农村人口为6.42 亿，流动人口达2.36 亿。而我国目前城市承载能力有限，如此庞大的农村人口均向城市转移，极有可能导致城市超限而出现“城市病”。故而单一的异地转移模式不能妥善解决我国农民市民化问题。其次，随着城镇化建设的不断推进，我国小城镇、农村新型社区逐步发展壮大，城乡互动逐步加强，农民的生产方式、生活方式、价值观念逐渐发生改变，农民即使不进城也能共享城市文明，这就为农民就地市民化提供了有利的平台。再次，城市异地转移和居村农民就地转移双重市民化模式的推进，有利于降低市民化的风险和成本，也为降低转移人口存量提供了便利。

7.2.2 我国农民市民化的实现路径

新型城镇化建设的重点在于人的城镇化，稳步推进农民市民化是新型城镇化建设的核心。我们提出农民市民化要遵循城市异地转移和居村农民就地转移双重市民化模式，需要注意以下问题。

7.2.2.1 分类分步推进，实现有序市民化

要想大力发展区域经济，必须把都市圈当作一种新的经济发展形式，

强化每个区域经济的内外部关系，建构成从点到线、从线到面相结合的三维城市空间结构。同时，要加强中型、小型城市和示范性小城镇的建设，提高中型、小型城市就地接收农业转移人口的能力和示范性小城镇就地转移农业人口的能力。中国幅员辽阔，每个省区市经济发展水平和当地资源特点有显著差异。应紧密结合当前各地区发展的实际情况，因地制宜进行农业转移人口的市民化。目前城市化水平比较高的东部沿海地区，城市带和城市群已经初具规模。应加强城市与城市之间的分工与协作，引导传统产业从大城市向中小城市和小城镇发展扩散。拥有特色农产品和丰富的旅游资源的地区，通过大力发展城市现代农业和旅游观光农业，进一步促进农业现代化发展，在当地实现农业转移人口的市民化。西部地区城市化水平较低，对西部省区市的农民市民化要充分发挥当地资源丰富的优势，重点发展第二产业和第三产业，加大基础设施建设投入力度，形成交通四通八达、辐射周边农村能力强的中心城市，打造一批拥有特色农业的小城镇。

7.2.2.2　加快体制机制创新，促进农业转移人口有序市民化

7.2.2.2.1　**改革户籍制度，消除农民市民化主要障碍**

农民完全融入当地城市生活的最大障碍是城乡二元分割的户籍制度导致的城乡两种身份差异带来的利益上的严重不平等。二元户籍制度使得进入城市的农民难以享受与城市居民同等的基本公共服务，这对于城市异地转移农民和居村农民而言，都是束缚其市民化的关键因素。所以大力推进农业转移人口市民化的前提条件是必须加快户籍制度改革。此外，暂住人口登记制度需要进一步完善，全国居住证制度应该逐步实行。改革我国的户籍管理制度，逐步统一城乡户籍管理制度。我们将逐步摒弃将公共服务的法律法规和政策附着在户口上这一做法。

7.2.2.2.2　**实施公共服务全覆盖，促进新市民融入城市**

落实农民市民化身份转变的最有效的改革路径是实现公共服务均等化。农民市民化的过程，究其本质而言还是一个基本公共服务均等化的过程。基本公共服务均等化的过程是进城农民、居村农民与市民在教育、医疗、社会保障、公共安全、基础设施等方面的差距逐步缩小的过程。从当前的实际出发，要实施公共服务的城乡全覆盖，需要做到：政府应该积极作为，制定衔接方案、安排适当的财政预算，根据属地化管理和市民化服

务的原则，鼓励有经济实力的城市化地区在就业、教育、社会保障、医疗服务、住房保障等方面将农业转移人口纳入，以切实保障农业转移人口与本地人口享有均等的基本公共服务和同等的权益；同时，应保障农业转移人口拥有农村土地承包权、宅基地和林地权益的自由流转权利。随着中国经济的快速发展，土地在我国各个地区的价值迅速增长，在农村的价格也相应增加。因此，许多农业转移人口不愿放弃农村土地收益，更不愿意为了换取城市户籍登记而放弃农村户籍。农业转移人口市民化进程中面临的另一大难题就是如何妥善处理农业人口转移后的土地权益与城市户籍的关系。第一步就是农业转移人口的土地确权。成立规范的农村产权自由交易市场，针对有的农户自愿放弃农村土地种植收益的可以在农村产权交易市场获得相应的收益。作为农业转移人口流入地的地方政府，应该致力于构建完善的流动人口社会保障体系，同时给农业转移人口提供城市居民所享有的社会公共服务。主要包括农业转移人口子女就近接受九年义务教育、完善的社会保障制度以及城市住房保障制度等。农业转移人口社会保障制度应该涵盖完善的社会保险和社会救助体系。目前城镇职工的社会保险内容比较全面，包括城镇职工医疗保险、城镇职工养老保险、城镇职工工伤保险以及城镇职工生育保险和城镇职工失业保险，而农村居民仅有农村居民养老保险和农村居民合作医疗保险。农业转移人口的养老保险和合作医疗保险如何与城镇职工养老保险、医疗保险相衔接也是非常重要的一个问题。根据城镇职工社会保障的相关规定，将与用人单位签订了正式劳动合同的从农村转来的新市民纳入城镇职工社会保险、医疗保险、失业保险、工伤保险和城镇职工的生育险的范围。没有固定工作、灵活就业的新市民将以城镇职工灵活就业的方式参加社会保险。将其子女应该接受的义务教育纳入城市教育发展规划，纳入教育预算范畴。城市建设、规划部门将其居住区纳入城镇住房建设发展规划和城镇居民住房保障范围，积极创新解决农民市民化后在城市的住房问题。按照平等权利义务原则，针对不符合居住地落户条件的或者没有落户想法却又需要长时间居住的，将逐步保障他们在居留期间享受与已落户居民相同的社会公共服务和相同的社会权利。

7.2.2.2.3 **建立完善的就业保障体制，实现农民市民化可持续发展**

构建完善的就业保障体系必须立足于我国农业人口转移的实际情况，设计适合我国国情的就业保障体系。具体措施应该包括以下方面。第一，保障农业转移人口的就业权益，规范劳动关系，要求劳动者与用人单位签订规范的劳动合同，避免企业不遵守《劳动法》而任意解雇劳动者的行为。第二，政府要实施积极的宏观政策，提供更多的就业机会和工作岗位。借助当前社会结构调整升级的趋势，大力发展当地的第三产业，创造大量就业岗位。第三，政府致力于建立规范健全、标准统一的劳动力市场，促进公平竞争、上岗就业。第四，对失业人员以再就业为核心，对其进行就业教育和职业培训。根据产业规划，周密制定农业转移人口培训计划，通过政府财政补贴和企业税收优惠政策来吸引和引导相关培训机构开展相关职业技能培训，满足城市产业发展需要以及农民市民化大量人口转移后的就业需要。第五，建立以政府为主导的企业、就业群体和社会互动互补的就业保障机制。第六，建立健全完善的就业保障法律体系。在就业保障中，有法可依，有法必依，执法必严，违法必究。法律以其刚性和权威性在就业保障中发挥着重要的作用。

7.2.2.3　市场运作与政府引导同步发展，构建农民市民化良性运转机制

整个社会资源在城镇化过程中被重新配置，它不仅受到市场的作用而且也深受经济规律的影响。市民化实际成本巨大，将农业转移人口转为市民的过程中，从中央到地方各级政府及相关部门必须承担转移这些人口的巨额开支以及其他庞大的费用。农民市民化是一项非常庞杂的工程，需要耗费大量的人力、物力、财力以为其提供保障。如果能积极引入民间和社会大量闲散资金进入如火如荼的新兴城镇建设和基础设施建设等领域，不但提高了市民化的效率而且也实现了市民化成本的合理分担，大大减轻了各级政府的财政压力。同时，政府有必要进行宏观调控。对属于公共产品范畴的许多方面，比如农业转移人口市民化进程中所涉及的基础设施建设投入、提供无差别的公共服务等必须进行宏观调控。政府应该责无旁贷地为城市的生存和发展、城市内部各利益主体的公平竞争提供一个良好的环境。中国农业转移人口市民化进程与美国的自由迁徙式城镇化路径存在显著差异。适合中国国情的农业转移人口市民化进程属于政府主导型城镇化模式。中国农业人口转移道路曲折，先后经历了自由转移、限制转移、放开限制、隐性限制等阶段。中国已突破 50% 城镇化率，达到一定的城镇化水平，但从目前农业转移人口市民化程度来看，中国尚处于刚刚起步阶

段。这是多种因素导致的。一是因为中国人口基数特别大，需要转移的农业人口数量巨多，有现实国情国力的制约。二是大规模农业转移人口的就业和保障需要一定的工业化和农业现代化水平，而目前中国的工业化和农业现代化水平不能有效地提供支撑。三是农业转移人口市民化成本昂贵，目前全社会缺乏有效合理的农业转移人口市民化成本分担机制。农业转移人口市民化过程应适当引入市场竞争机制和社会资本，构建政府引导、市场调节为主、企业积极参与、个人积极出力的四级成本分担机制。合理的成本分担机制将能很好地解决这一问题。全国范围内的农业转移人口市民化任务不是一朝一夕就能完成的，必须分阶段分批次稳步推进。解决广大农业转移人口市民化的有效途径是不同职业类型的农业转移人口分类分层有区别对待。引导智能型农民、技术型农民和体力型农民等不同类型的农业转移人口融入不同区域、不同发展规模以及不同行政级别的各类大中小城市中去。在经济比较发达的特大型城市，在推进居住证制度的同时，按照产业结构调整和城市整体发展规划，合理控制城市人口总规模；在大中型城市，推行城市居住证制度，建立根据转入人口个体文化素质、就业和居住状况等很多方面进行综合打分的积分落户制度；在经济不太发达的小城市和小城镇，在稳定住所以及职业前提条件下，全面放开户籍限制，鼓励农业转移人口落户；在经济相对落后的广大农村地区，加大建设新型社区的力度，按市民标准配置完善社区内居民的各项社会保障和公共服务标准，促进农民在当地农村实现就地城镇化。

7.3 我国农民市民化的战略设计和政策建议

7.3.1 我国农民市民化的战略设计

7.3.1.1 空间布局战略

从空间地域来看，我国农民市民化发展不太均衡。东部地区农民市民化水平远远高于西部地区农民市民化水平。我国东南部地区人口数量密集，西北部地区人口稀少。大城市和较大城市在空间分布上也呈现出很不均衡的状态，呈现东多而西少、北多而南少的不均衡格局。我国中西部地区城市数量少、城市发展规模比较小。就城市发展规模等级结构而言，我国城镇等级体系表现为“两极分化”的不均衡状态：一方面，我国既有少数规模相对过大的超级大城市又有发育不够、数量多且规模小的中小城市。我国有平均人口仅 7000 多人的建制镇建成区 19000 多个，但这些小城镇集聚产业和人口的能力又十分薄弱。从交通网络体系的发展情况来看，以大城市和较大城市为中心的大多数城市群的空间布局已大致成型。高速公路、国家干线公路是城市与城市之间的主要城际交通线路。中小城市公共客运的运输能力比较薄弱，主要依靠汽车，城际轨道交通、省际公交运输发展相对滞后。因此，我国农民市民化的空间战略布局的初步目标是建立以“三纵两横”的交通主干线为依靠，辐射其他地区和城市的农民市民化，促使中国经济重心由南部到北部、从东部向西部的空间的延伸，加快城镇体系朝着集约化、均衡化方向发展。实施农民市民化的空间发展战略，需要科学构建城镇体系。一是实现农民市民化的地域空间结构科学布局。网状结构构建东部地区城镇格局，带状结构构建中部地区城镇格局，点状结构发展西部地区城镇格局，适度发展经济发达、人口众多的大型城市，重点大力扶持中小型城市，引导农业转移人口向城市聚集。二是实现农民市民化的等级规模结构科学布局。适度控制超大型城市的发展规模，发掘大城市和较大城市的人口承载能力。大力挖掘现有中小城市发展潜力，把东部地区经济比较发达的中心镇、中西部地区经济实力比较强的县城和边境重要口岸逐渐发展成为一定规模的中小城市。三是进一步构建成熟的城市交通运输体系。进一步完善综合运输通道和区际重要的交通骨干网络，为“三纵两横”为主体的农民市民化战略格局提供强有力的支撑。建成四通发达的城市群交通网，建设大城市多层次立体化的公共交通体系，加大中小城市的基础设施建设投资力度，进一步加快农民市民化进程。

7.3.1.2　资源配置战略

农民市民化要想实现可持续推进和发展就必须坚持推进生态、公平、共享资源配置发展理念。生态资源以及公共服务和产业资源是农民市民化的主要资源。在市场经济条件下，就农民市民化资源配置战略而言，并非政府主导资源配置，市场才是农民市民化资源配置的基础性方式和主要手段。但如果仅仅由市场来配置资源也会带来很多问题，需要充分发挥政府的宏观调控作用。从资源配置战略的目标要求来看，我国农民市民化一定要沿着稳步推进、大力推进生态文明、公平共享、可持续发展的中国特色社会主义农民市民化道路前进。从资源配置战略的任务来看，主要包括以下几个方面：如何既促进了产业发展升级转型又同时解决了农业转移人口的就业？如何既推进了农民市民化建设又积极稳妥地保护好自然生态资源，使农业转移人口转向采用更加低碳环保的生产方式和生活方式？如何使农业转移人口公平共享教育、医疗等公共服务资源？

在农民市民化进程中，生态建设的主要任务是坚持节约资源，促进土地、能源、水资源的节约和集约利用，促进交通运输、水环境与建筑节能等重要领域实现绿色生产、绿色消费。创建良好的生态环境、完善的基础设施、优美的人居环境、协调发展经济的绿色小城镇，促进协同集聚人口与产业，促进城市资源高效利用，提高资源利用效率。提升城镇综合承载能力，加快建设资源节约型城镇、低碳发展模式的城镇和紧凑型城镇，从而把农业转移人口居住地建设成为和谐宜居新城。就公共服务政策与公共资源而言，不同发展规模城市的公共资源分布失衡，城乡公共资源分配不均匀。因此，向农业转移人口提供均等化公共服务不仅是新型城镇化的目标，也是促进农民市民化可持续健康发展的重要手段。为此，一方面要促进优质教育教学与师资力量和名医等优质医疗服务源源不断地流入中小城市，提升中小城市的吸引力。鼓励大型连锁超市、丰富多彩的文化娱乐项目以及便捷的商业服务项目等到中小城市发展，从而促进中小城市经济发展，促使人才资源、各种建设项目可以在大城市和中小城市之间自由流动，构建大城市与中小城市之间形成畅通无阻的双向对流通道。另一方面，推进城市户籍和农业转移人口同等享受公共服务，加快建立和完善符合我国基本国情、可持续发展和全面覆盖城乡的完善的基本公共服务体系。取消因户籍制度带来的不公平的福利制度，缩小居民生活水平以及公共服务的城乡差距，促进农村发展转移人口与城镇居民在劳动报酬、子女入学和教育、社会基本保障、医疗服务、住房购买和租赁等方面享有相同的待遇。根据产业资源和产业政策，中国仍处于工业化发展中期阶段，位于劳动和产业链国际分工的比较靠后的中低端。一方面，要促进产业转型升级，提高产业发展水平。另一方面，城镇吸纳农业转移人口关键是如何实现稳定就业。在推动产业调整升级和大力发展高新技术产业的同时，要继续推进劳动密集型产业的发展，实现从蓝领工人劳动密集型经济向白领工人劳动密集型经济发展的转变。不仅实现沿海地区产业结构的调整和升级，而且大力促进劳动密集型产业向中西部地区转移，从而促进中西部地区农村人口转移到这个地区的中小城市和乡镇。同时，必须通过农民市民化优化城市功能布局，通过农民市民化促进工业化，实现工业化与农民市民化的双向良性互动发展。

7.3.1.3　转移农民市民化战略

要想真正破解农民工市民化这一难题，需要解决好以下三个主要问题：一是解决已进城的农民工住房问题；二是形成完善的覆盖面比较广的公共服务，如农民工的子女的义务教育、医疗保障和养老保障，使进城之后的农民与原来的城市居民享有相同的福利待遇；三是解决农民市民化的就业问题。就业机会是决定农民市民化成功的关键，是最坚实的基础。我们要为农村转移人口创造良好的就业、创业环境。将人口管理从公共安全治安管理转变为向百姓提供公共服务，建立均等化公共服务管理的理念，建立社会保障基金如失业、养老、医疗等跨区域自由转移机制。充分调动政府部门、中介组织、个人三个方面的力量和积极性，使就业服务渠道畅通无阻，为农村转移人口的就业提供高效便捷的服务，为农村转移人口提供职业技能教育，提高农村转移人口就业能力和创业能力。

7.3.1.4　制度改革战略

人的市民化离不开制度上的市民化。体制问题是解决农民市民化建设中棘手的问题也是深层次问题，因为这其中包括了户籍制度、土地制度、财税制度、住房政策、城市公共治理体制、公共服务体制等方方面面。制度改革不能一蹴而就，也不能草率决定，应该在深刻总结地方市民化经验的基础上，进行顶层设计和整体通盘考虑，扎扎实实地推进农民市民化进程中的各项制度改革，最终通过制度设计上的农民市民化真正实现人的农民市民化。首要的就是牵一发而动全身的户籍制度的改革。让进城后的农民与城镇原户籍人口享有相同的社会保障体系是户籍制度改革的最主要的目的。政府可以按照逐步推进的方式打破户籍的限制，使农民享有与所在城市原户籍人口同等的公共服务。政府应该对户籍准入制度进行改革。农民进城落户的政策条件应当放宽。引导符合条件的农民流入小城市以及小城镇落户。其次要对财税制度进行顶层设计和改革。农民市民化进程中基础设施建设、保障房建设、社保水平提高等都急需地方政府投入大量的资金。要重新调整中央与地方政府之间的财政分配关系，彻底改变现行的地方财政单一依赖卖地筹措资金的被动局面，适当给地方财政更多的自主决定权，吸引地方政府积极主动推动新型农民市民化。中央财政按人口规模配套提供地方政府用于公共服务所需的资金，引导地方政府从以促进经济增长为发展重点转变为以人口聚集以及改善居民生活等城市综合管理服务能力的提高为重点。再次是要对现行的公共治理结构行政等级化这一局面进行改革。中国的城市有严格的行政等级，资金、项目、土地、人才等城市发展要素按照行政等级镇、县、地级市、副省级城市、直辖市依次从低到高的顺序向城市集聚。农民市民化要逐步改变配置公共资源按照行政等级一刀切的管理体制，尽可能简化过于繁杂的行政层级，适时适度、因地制宜地及时调整行政区划规模大小以及管辖范围，成立城市群综合协调的专门管理机构。如果县城和小城镇经济总量足够大、流入人口较多，就应该让地方政府在经济社会管理权限上与其经济总量和管辖人口规模相匹配。此外，还要改革住房政策、公共服务体制、土地制度等一系列相关体制政策。

农民市民化国家战略需要将“人口、资源、空间、制度”等艰巨的任务统筹协调管理。农民市民化不只是将产业布局、空间布局当作农民市民化规划的重中之重，而更应该将制度改革作为国家战略进行顶层设计。将对“人口、资源、空间、制度”的顶层设计，提升到国家战略层面进行规划，在全国农民市民化规划方案中非常有必要将其落实在各地农民市民化规划方案中，提升到与空间布局同等重要的战略高度。这一顶层设计使地方在推动城镇化建设时能够有章可依，从而增强各级地方政府引导规划、管理指导能力，切实提高地方政府在城镇化建设中的行政执行力。地方政府要结合本地区产业发展现状、土地自然资源特色、人口数量、风俗文化等各方面的因素，因地制宜地选取推进本地区的城镇化模式，沿着适合本地区的城镇化发展路子前进。地方政府在推进农民市民化实践中所取得经验教训的基础上，要适时将农民市民化典范的做法以政策意见、制度改革等形式在其他地区推广，做好相关配套制度改革。这样既保证了中央政府部门的顶层设计又能紧密结合地方政府的实践经验。

7.3.2　我国农民市民化的政策建议

7.3.2.1　加快农地制度改革，促进农村人口有序流动

（1）创新土地产权与农地经营权流转相匹配的制度

一是明确集体土地所有权的主体代表是村组织。强化村组织行使所有权职能。二是从法律上保护农民土地承包经营权。对农民土地承包经营的财产权性质明确从法律层面进行界定。三是农民市民化过程中在农地承包经营权流转过程中所有权归集体所有，仍保留农地承包权，出让的只是农地经营权。农民可获得转让农地经营权的相应收益。保留农地承包权有助于消除在向城市迁移过程中部分农民所存在的社会保障缺失这一心理障碍，有助于农民科学理性地、更加自由地做出迁移决策。

（2）建立健全土地承包经营权流转市场机制

土地承包经营权流转市场的建立迫切需要成立相配套的土地流转中心。土地流转中心选址不能只考虑县级以上城市，对于经济发展水平比较好、条件较好的乡镇也可设立土地流转中心，便于农民参与土地流转和信息反馈。土地流转中心的主要职能是进行土地流转规划，提供土地供需信息，确立土地流转价格，办理交接登记等相关手续。土地流转中心要充分引入市场竞争机制，制定切实可行的招投标制度，实行公开、公平的市场竞争，使其生产要素得到最优配置。政府以及集体组织对农地的转让和流动，在坚持保护耕地、农地农用以及建设用地“占补平衡”的原则下，既要尊重农民意愿，又要有所引导，使农地流动的范围、数量和流向符合生产力发展的需要，以及大致与农村劳动力转移的步伐相适应。

（3）探索新的农村集体土地流转形式

农村承包经营权流转由于各地情况差异较大，其流转形式应是多样的，例如有些地方实行的“住房换宅基地”“土地承包权出租”“社会保障置换土地”“农地入股”等，其流转形式可供参考和借鉴。一是“住房换宅基地”，即农民自愿以其宅基地按置换标准换取农村新社区或小城镇或城市的一套住宅，迁入居住。“住房换宅基地”利于农村宅基地整合，使农村居住由零散使用变为集约使用，更有利于农村城镇化发展和非农就业。二是“土地承包权出租”，即对因农民进城打工或其他原因而闲置的承包经营耕地本着自愿的原则进行出租，通过评估确定租金。对进城打工

的农民来讲，既不丧失土地承包权，又有固定收益，无疑会促进农村人口转移。三是“以社会保障置换土地”，即凡拥有稳定的非农收入来源，又自愿退出宅基地使用权和土地承包经营权的，可以申报迁徙到城镇居住，并在子女入学、就业扶持、养老保险、生活保障等方面与城镇居民享有同等待遇。四是“农地入股”，即在农村土地承包期限内和不改变土地用途的前提下，允许以农村土地承包经营权出资入股设立农民专业合作社，或在条件成熟的地区开展农村土地承包经营权出资入股设立有限责任公司。这对土地规模化经营，提高农业生产效益，促进农民非农就业都有积极影响。

(4) 合理确定公益性用地的补偿标准，经营性的建设用地应直接入市

严格按《土地管理法》相关规定界定公益性和经营性建设用地。对于公益性用地，统一实行征收取得和划拨使用管理，但其补偿标准要合理，与市场价差距不宜太大，不能仅让农民去承担损失。对于经营性的建设用地，其补偿标准应严格按市价计算。改变现行的由政府征用之后协议出让给企业，让集体土地直接进入一级市场，农村集体经济组织成为非农建设用地供给者，直接与用地企业谈判决定土地价格。经营性建设用地直接入市，农民与集体组织之间、集体组织与企业之间的谈判均容易一些，交易成本大大降低。企业对农民的补偿金直接进入集体账户，减少地方政府参与补偿环节，减轻补偿过程中存在的挪用、克扣问题。

(5) 妥善解决土地流转中的收益分配矛盾

关于土地流转收益在各利益主体间分配应按土地流转的性质分别确定，并首先确保农户应得利益。对于不改变土地用途的土地流转所产生的收益主要归农户所有，农村集体组织按承包合同享有所有者权益不变。公益性建设用地的补偿费由于补偿标准较低，应全部用于失地农民非农就业、生活的安置费，集体经济组织不能随意提留挪作他用。对经营性建设用地所产生的土地收益，可在国家、集体、农户之间合理分配，国家所得应通过税收形式征缴；集体的收益用于本集体经济组织成员的公共福利等；收益的大部应归失地农民所有，以保证他们的非农就业、生活等不受影响。

(6) 建立农地社会保障替代机制

根据农村现有经济条件，建立农村社会保障制度可考虑以下具体

做法：离开土地的农民可将土地交给农村集体经济组织进行转租或抵押给农村社保机构，获取一定的租金或最低生活保障；条件较好的地区可开展失业救济和农民养老保险基金试点，由政府、集体经济组织、失地农民个人共同出资，失地农民个人缴纳部分可视其具体经济状况在安置补助费中扣除。从而弱化土地的福利和社会保险功能，尽可能让农民带着附着于土地上的社会保障金而不是实物形态的土地承包权进城。

7.3.2.2　加快劳动就业制度改革，促进农村剩余劳动力就业创业

（1）积极发展劳动集约型经济

按照转变经济增长方式的要求，从我国基本国情出发，大力提倡发展劳动集约经营，促进劳动集约型增长，增加劳动积累，提高劳动所带来的效益。继续把农业、轻纺工业、建筑业、第三产业等劳动密集型产业作为国民经济的重点产业。尤其要增加对农业综合开发和农田水利基本建设的劳动投入，注重在广大农村地区和中西部地区发展劳动密集型产业。在有条件的领域，促进劳动与资金、技术结合型产业发展。继续发挥劳动密集型产业及劳动与资金、技术结合型产业在国际上的比较优势。

（2）加大劳动就业结构调整的力度

顺应产业结构和经济结构变动的趋势，积极引导农业剩余劳动力向农村第二、第三产业合理转移，向需要廉价劳动力的城镇和发达地区某些经济领域有序流动；大力开拓和积极发展第三产业；建立健全统一市场体系和城乡社会化服务体系，吸收更多的劳动力就业；在搞活国有企业的同时，进一步发展多种经济形式的非国有企业，发挥其广泛吸收就业的作用；在培育具有国际竞争力的企业集团和大中型企业的同时，高度重视发展点多面广、吸收就业总量大的中小企业。

（3）建立城乡统一的劳动就业市场，实现城乡统筹就业

构筑为农村劳动力提供就业信息、技术培训、咨询、中介和合法权益保护的政府和社会等多方服务网络，建立城乡沟通的劳动力市场信息系统，把农民工劳动力纳入城镇劳动力市场体系，统一管理。实现城区劳动力市场信息与乡镇、街道联网，建立起区、乡镇二级机构和区、乡镇、村三级联网的劳动力市场信息网络，从根本上避免农村劳动力转移的盲目

性，消除农村劳动力转变过程中一些不必要的支出。

（4）整合劳动力培训市场

认真抓好职业教育、专业技术培训及岗位定向培训，力争使大多数农村劳动力特别是青壮年劳动力都能掌握一两门专业技能。结合农村中小学布局调整，有计划、有重点地建设一批农村骨干职业学校和成年人文化技术培训基地，鼓励和支持各类社会教育培训机构承担农村职业培训任务，主动开展多领域、多渠道、多形式的职业教育和技术培训活动。努力探索订单培训工作，根据劳动力市场的需求，对申请就业者开展短期职业技术培训。整合分散各职能单位的职业技术培训中心，组建教育集团，统筹规划和实施教育培训任务，使有限的教育资源发挥更大的作用，消除各自为战、重复投入、多头培训的不良现象。根据市场需要，定期发布职业需求和职业技能要求方面的信息，引导农民学习，增强农民适应转移的能力。鼓励企业对农民工进行岗前、岗中职业技能培训，帮助企业和农民工建立长期化、稳定化的雇佣关系。

7.3.2.3 加快农村社会保障制度改革，逐步实现与城镇社会保障体系相对接

各级各类政府需要进一步明确职责，积极推进农村社会保障制度改革。

一是进一步明确中央政府、省级政府和城市政府在推进农业转移人口市民化方面的主要职责。中央政府主要负责制定基本公共服务全国最低标准，依法承担义务教育、社会保障、公共卫生等基本公共服务成本，增加对接受跨省、区、市农业转移人口较多省份的支出补助。省级政府主要负责制定本省（区、市）公共服务标准，承担公共服务成本省级负担部分，增加对接受跨市农业转移人口较多城市的支出补助。城市（含区、县）政府要承担公共服务成本市（县）级分担部分，以及基础设施建设和运营成本。

二是适应农业转移人口市民化的客观趋势，进一步完善财税制度，以常住人口作为财政分成依据来调整各级政府之间的财政分配关系。健全中央和省两级专项资金转移支付制度，对吸纳农业转移人口较多的城市给予资金补助。促进生产型税收向消费型税收的转变，增强流入城市吸引人口定居的动力。建立健全财权与事权相匹配的财政管理体制，实现基层政府

“事权”和“财权”的对应，确保基层政府具备提供公共服务和以一定财政资金调配人口空间分布的能力。

三是切实保障农业转移人口随迁子女受教育权利，重点是落实以“流入地政府为主、普惠性幼儿园为主”的政策，解决农业转移人口随迁子女接受学前教育问题；落实异地高考政策，特别是要完善北京等特大城市的异地高考政策。

四是加强农业转移人口公共卫生和医疗服务，重点是合理配置医疗卫生服务资源，提高农业转移人口接受医疗卫生服务的可及性；推广在农业转移人口聚居地指定新型农村合作医疗定点医疗机构的经验，方便农业转移人口在城务工期间就近就医和获得及时补偿。

五是做好农业转移人口社会保障工作，重点是健全城镇企业职工基本养老保险与新型农村社会养老保险制度之间，以及城镇职工医疗保险和新农合之间的衔接政策，实现养老和医疗保险在城乡之间以及跨统筹地区之间的顺畅转移接续；提高农业转移人口在流入地城镇的参保率，解决非正规就业、劳务派遣工、随迁家属的参保问题。以公共租赁住房为重点，扩大城镇住房保障覆盖范围，将中低收入住房困难的农业转移人口家庭纳入保障体系；逐步将住房公积金制度覆盖范围扩大到在城市有固定工作的流动人口群体，建立和完善住房公积金异地转移接续制度。

7.3.2.4　加快村集体资产管理体制改革，夯实农民市民化的后花园

（1）全面落实民主管理制度

一是切实做好村务公开，把村集体的各项资源、经营项目和物资财产等家底，全面详细地公布于众，让村民知情。二是明确决策机构，按金额界定村级集体资产的级别和有权决策的机构，防止村两委会越位处置集体资产。三是按照法定期限召开村民代表会议或村民会议，实行民主决策。四是制定完善的村民议事程序制度，在民主决策基础上实现科学决策。

（2）摸清家底，明晰产权

首先，要进行资产清产核资，弄清村集体的“四荒地”、水面、企业厂场、房屋、机械设备和库存物资的数量、价值及存放地点，在此基础上，建立健全固定资产和经营项目的明细账，如实反映集体资产的数量、价值及其变动情况，确保集体资产真实可靠。其次，要推行农村集体资产

产权登记制度，对村集体的土地资源和各类房屋等进行全面登记，明晰产权。最后，要推行集体资产价值评估制度，村集体的企业的改制或拍卖、用集体资产入股等事项，必须经有资质的机构评估价值，评估结果要公开。

（3）积极探索村集体资产管理的有效模式

村级组织应根据市场经济环境和自身的管理水平，因地制宜地选用经营管理模式。要实行预算控制，防止发生贪污侵占集体资产和铺张浪费问题；要积极推行村级会计委托代理，加强会计监督；村集体依法取得的土地征用补偿费的留成部分，应纳入公积金管理，专项用于被征地农民的社保和本村的公益事业。

7.3.2.5 加快撤村建居社区管理制度改革，促进社区管理向城市范式转变

（1）转变传统思想观念，实现行为习惯的市民化

增加城市居民与失地农民的交流与沟通，消除误区，努力做到市民与城中村农民双方的传统思想观念转变，拉近与“新市民”的距离。对撤村建居的新社区多加宣传，提升市民的认知度，认清农村城市化的战略意义，对失地农民采取接纳的态度。另外，在社区内也要做好城市生活观念与文明行为、语言的宣传，对失地农民进行潜移默化的影响，使他们在思想上真正融入城市。

（2）深化户籍管理制度改革，促进农村人口向城市合理流动

彻底改革户籍管理制度，实行同种身份的居民身份证管理制度，恢复1954年《宪法》所提出的“中华人民共和国公民有居住和迁徙的自由”这一公民的基本权利，促进农村人口向城市合理流动。根据不同城市人口规模和综合承载力，制定差别化的落户条件，分类有序推进户籍制度改革，降低落户门槛。到2020年，除少数特大城市以外，基本实现自由迁徙，有20%的跨省流动转移人口落户；2030年全部实现自由迁徙。一是以“两个合法稳定”为基本条件，放开除北京、上海、天津、广东、浙江、江苏6省份以外的所有省份的各类城市、城镇的落户条件，实现自由迁徙。二是建立和实施阶梯式户口迁移制度，逐步放宽上述6个省份各类城市落户限制，并向举家外出农民工倾斜。三是建立从居住证到落户的制度通道，以办理居住证为计算连续居住年限的依据，符合当地政府规定相关条

件的，可以在当地申请登记常住户口。四是健全农业转移人口市民化公共成本分担机制。五是建立健全实有人口信息系统。

(3) 加强培训教育，在素质能力上向市民看齐

积极做好对农民的培训工作。无论是劳力输出地还是输入地政府，都要把进城农民的培训工作作为推进农民的素质的重要项目。劳动力输出地政府在组织劳动力输出时，要搞好农民工进城前的基本权益保护、法律知识、城市生活常识、寻找就业岗位等方面的培训，提高进城农民工遵守法律法规和依法维护权益的意识。作为劳力输入地的城市政府要充分利用城市的教育资源，委托具备一定资格条件的各类职业培训机构为农民工提供形式多样的培训。以创建充分就业社区为载体，充分发挥社区公共服务工作站作用，努力转变农转非人员的就业观念，针对不同人群，量身定制新的就业帮扶政策，加大职业技能培训和就业扶持的力度。各级政府应拿出一定比例的土地出让金专门用于失地农民的职业技能培训，在有条件的地区成立以失地、进城农民为主体的新型市民学校、职业大学、夜校和市民之家等各个层次的教育形式与机构，使农民在向市民转化的过程中提高自身素质，增强就业竞争力。结合产业布局调整和劳动力流向转移的趋势，把就近转移就业和省（区、市）内市民化提到更加重要的位置，作为今后我国就业促进政策和城镇化战略的重点。一是实行城乡统一的就业登记制度，建立城乡人力资源信息库和企业用工信息库。加快建立和健全就业信息网络。提供全国各地城市劳动力供求信息，这对农民流向、择业至关重要。目前全国已建立了华南、华东、华北三大劳动力信息网，但信息发布面不广，时效性不强，许多农民反映不知道、不了解信息。信息发布机构应采取多种办法和手段扩大信息发布的覆盖面，努力让流动农民都能得到及时有效的信息。二是以中西部基层为重点，加快构建全国城乡沟通、就业供求信息联网，网点到达县城、乡镇和城市街道、社区的劳动力市场和就业服务网络体系。三是加强对中小企业劳动用工的规范和指导，切实保障农业转移人口的劳动权益。四是加强对农民工创业的政策引导、项目开发、风险评估、小额担保贷款、跟踪扶持等一条龙服务，扶持各类农民工创业园的建设。五是完善有利于加快小城市和城镇发展的财税、土地、投融资政策，提高其综合承载能力。

(4) 加强和谐社区建设，逐步实现民生保障水平同城同待遇

按照“应保尽保、城乡一体”的要求，加大宣传引导力度，提高群众

的参保意识，扩大养老、医疗保险覆盖面，特别要加快撤村建居社区城乡社会保障制度的转移衔接。建立以就业、社会保险、困难救助、社会治安、医疗卫生、计划生育、文化、教育、体育为主要内容的社区公共服务综合体系，促进撤村建居社区居民“就业难”“上学难”“看病难”等问题的解决。着力落实同城同待遇，在道路建设、水电管理、环境卫生等方面与城市社区一视同仁。

（5）加强对撤村建居社区的管理，促进社区管理由农村范式向城市范式转变

努力营造一个良好的社区环境，帮助社区群众提高自身素质，使其顺利地实现身份转变，缩小撤村建居社区群众在身份转变过程中与城市居民思想观念、生活方式、行为方式的差异。按照市民要求组建由失地农民参加的居委会，并按城市社区的规范和要求进行统一管理。加强社区文化建设和管理，通过丰富的文化活动和多种形式的市民化教育，努力拓宽农民与市民的社会交往和文化交流渠道，让失地农民居住的社区形成城市氛围，使失地农民自觉或不自觉地接受城市文化的熏陶，逐渐得到身份的认同。

第 8 章　天津市农民市民化的现状及对策研究

新中国在成立初期将城市由消费型向生产型转变，从而大力发展城市工业，城镇化道路呈现互相帮扶的格局。这种城镇统筹发展的辩证关系表现为工业化先行，城镇化严重滞后。自改革开放以来，关于城市发展的探索成果丰富，小城镇理论在初期占主导地位。此后涌现出的大城市中心论、中等城市重点发展理论、城市体系理论等也受到广泛关注。基于对充分发展大城市理论的认同，我国大城市发展迅速。大城市规模不断扩大，数量稳步增长，我国城镇化进程驶上了快车道。尤其进入 21 世纪，我国城镇化加速发展，在经济增长中发挥重要作用。自 2002 年以来，我国城镇化率每年保持 1.35 个百分点的增长，截至 2014 年底，我国城镇常住人口达到 7.49 亿，城镇化率创历史新高，达到 54.77%。作为一个人口大国，在较高人口基数的前提下实现城镇化快速发展，这在世界上任何其他国家都没有可以借鉴和学习的先例。通过 30 年的探索，我国实现城镇化中国特色发展，也完成了西方发达国家城镇化上百年的实践历程，一方面促进城市发展的要素集聚，另一方面赋予城市发展的新动力。但是，非均衡的“城市—工业”侧重的乡城迁移发展模式是城镇化快速发展的繁荣背后不容忽视的问题。该模式下的城镇发展模式在聚集起一个个强大的城市综合体的同时，也衍生出在环境、就业等方面的负效应，如城市大气/土壤污染、交通拥堵、就业难度上升、房价/物价飙升等。另外，侧重“城市—工业”的乡城迁移发展，以城市为首要发展对象而忽略了农村、农民的利益。城镇化进程中作为城市发展的附属，农村长期为城市发展提供土地、劳动力等资源，农民在城镇化进程中难以找到合适的定位，沦为“难就业、无低保、没地种”群体。不断拉大的城乡差距使农村问题成为制约我国经济发展的重大障碍。

进入 21 世纪，基于传统城镇化进程中涌现出的各种弊端——土地占用多、城乡二元结构不易打破的背景，“新型城镇化”应运而生。2002 年 11

月，在中国共产党第十六次全国代表大会报告中提出了“走具有中国特色的城镇化道路”。2003 年 10 月，“城乡统筹发展”的思想在十六届三中全会中第一次被提出。此次会议还将城乡统筹发展置于“五个统筹”的科学发展观的首要位置。之后在 2007 年 5 月，温家宝总理直接表明了：“不仅要坚定地走新型工业化的道路，而且还要走一条新型城镇化之路。”2010 年，中央经济工作会议又着重阐述了“积极稳步地推进城镇化，并且努力提升城镇的发展质量与发展水平”的重要作用。

关于促进新农村建设和城镇化工作，早在 2013 年 11 月的中共十八届三中全会中就有涉及。会议明确指出，要推动城镇化和新农村建设，需要坚定不移地坚持以人为核心、走中国特色的路线；在推动城镇化的进程中注重大中小城市的协调发展、城市与小城镇的共同发展、城镇与产业的融合发展。在 2014 年出台的有关国家推进城镇化发展的《国家新型城镇化规划（2014～2020 年）》中，再次强调新型城镇化建设需要明确其发展的目标、路径与战略任务，进行制度创新与政策创新，积极推进中国特色新型城镇化的建设，提高新型城镇化建设的质量，促进城镇化的健康发展。

作为四大直辖市之一，天津一直走在城镇化的前列，其城镇化的总体水平一直处在全国前列。在京津冀一体化加速发展和天津滨海新区发展成为国家战略规划的机遇之下，天津市的城镇化发展取得了长足的进步，形成了具有特色的发展模式。早于国家的新型城镇化发展规划，自 2005 年以来，利用良好的区位优势，天津在城镇化建设中因地制宜，以人为本，在制度安排和顶层设计方面积极探索实践，开创新型城镇化发展的以“宅基地换房”模式为主的示范小城镇建设，将“示范工业园区”、“农业产业园区”与“农民居住社区”三类区域实现联动建设模式，“农改非、村改居、村集体经济改股份制经济，促进城乡一体化”的“三改一化”以及近年来实施的农村金融改革这一系列适合大城市近郊地区城镇化发展的新路径，切实保障了农民的切身利益，实现了农村居民“安居、乐业、有保障”。从宅基地换房，到三区联动、三改一化，再到城镇金融改革这“四步走”战略，环环相扣，循序渐进，思路逐渐深化、明晰，切实推动天津市由空间城镇化向人口城镇化发展，截至 2014 年底，天津城镇化率已达到 82%。

天津市城镇化模式始终坚持以人为核心，关注人的发展和民生。天津从 2005 年开始试点实施宅基地换房，并进行示范小城镇建设，充分尊重农民意愿并尽可能满足农民的实际需求，保证农民最大限度享有宅基地换房福利。在实现农民向城镇集聚后，天津市及时实施“三区联动”，加强农民居住社区、农业产业园区、示范工业园区的建设，旨在保证转移出来的农村剩余劳动力有业可就，促进农民安居乐业。随着城镇化的推进，天津市又着眼于打破城乡二元体制的桎梏，开展了“三改一化”体制改革，其核心也是为了保障农民的权益，使农民市民化，享有与城市居民同等的权利。天津在试点区县进行了户籍制度改革，农民市民化后享有政策叠加，不仅保留原来农民所享有的政策待遇，而且还被赋予更多的市民权利。可见天津市的城镇化不同于以往过于重视城市的外在建设、片面追求城镇人口数量的城镇化模式，而是坚持以农民利益为核心，着力于改善农民的居住、就业、保障条件而探索出的大城市城镇化的新模式。经过近几年的城镇化建设，天津市周边农村换新颜，农民物质生活水平得到极大提升，过上了安居乐业的幸福生活。

当前对农民市民化的研究，主要形成了两个热点，即农民工的市民化和失地农民的市民化。前者的研究对象一般是主动外出务工的异地农民或郊区农民，他们被城镇的就业机会吸引而来，可以认为他们中的一部分具有主动城市化的意愿；后者的研究对象一般是城镇化占地所导致的失地农民，他们因失去土地而难以延续传统的生产生活方式，在官方话语中成为必须转变为城镇居民的群体。

天津市自 2005 年开始示范小城镇建设以来，先后分四批启动了 54 个试点镇的新型城镇化建设，规划还迁村落共计 695 个，安置村民约 108 万人，规划安置区总建筑规模共约 6000 万平方米。这些失地农民的市民化进程，在很大程度上决定着新型城镇化的最终成效。因此，本书以这些试点小城镇为对象，对天津市失地农民的市民化问题进行研究。

8.1　天津市农民市民化的历程

8.1.1　中华人民共和国成立以来天津市农民市民化的历程

中华人民共和国成立以来天津市农民市民化的进程从总体上可分为两个阶段。第一个阶段是中华人民共和国成立到改革开放前夕，即计划经济时代。这个时期的农民市民化，其内涵仅仅限于农民户籍转变为城镇户口，与现在所提的农民市民化的内涵存在较大的差异。这个阶段的农民市民化虽然从根本上也受到经济发展的影响，体现了经济社会发展的需求，但从市民化的结果看，其更直接受到社会政策的影响，更多体现为政策作用的结果。第二个阶段是改革开放以来。在这个阶段，随着市场经济体制的逐步建立和完善，农民市民化基本上受经济社会发展驱动，呈现出与经济社会发展尤其是城镇化发展联动的特征。在这个阶段，我国社会现代化转型加速，使得农民市民化的内涵更为丰富。

8.1.1.1 从新中国成立到“文化大革命”结束期间的农民市民化（1949～1976年）

1949年前后中国基本照搬苏联的计划经济模式，在短期内建立了较为完备的工业体系。在这个过程中，国家通过计划手段，让农业为工业提供原材料、资金以及劳动力。因此，在计划经济时代，农民转变为城镇居民的主要渠道就是农民转变为工人，包括两种情形，一种是因为工厂建设用地而产生的失地农民，通过工厂安置招工而变为城镇户口，另一种是因为工人数量不足从农村招工。当然，在计划经济时代，农民转变为城镇户口，还有参军复员、农村基层干部提拔为正式国家干部等渠道，但总的来说，还是以农民转工人为主流。近现代的天津是中国北方乃至全中国的工业经济重镇，中华人民共和国成立以后的天津市成为我国重要的轻工业基地。因而，在计划经济时代，天津市的常住总人口持续稳定增长，其中城镇人口的增长速度明显高于常住总人口的增长速度。当然，在这个阶段，因为经济形势的变化和政策调整等原因，天津市城镇人口变化因特征不同又可分为三个子阶段。

第一个子阶段，城镇人口稳步增长阶段（1949～1956年）。中华人民共和国成立之后，天津的城市经济建设逐渐得到恢复，城镇化进程开始稳步推进，这一时期城镇化建设相对平稳。1949年天津市常住人口为402.54万，其中城镇人口195.84万，城镇化率为48.65%。而1956年，天津市常住人口达517.15万，较之于1949年增加了114.61万人，年均增长率为3.65%。1956年天津市城镇人口达到273.73万，较之于1949年增加了77.89万人，年均城镇人口增长率为4.90%。截至1956年天津市城镇化水平达到52.93%，较之于1949年提升了4.28个百分点，实现平均每年保持0.5个百分点的增长。

第二个子阶段，城镇人口增量增长阶段（1957～1960 年）。1957～1960 年，全中国正处于“大跃进”运动时期。在当时“左”倾冒进路线的错误指导下，全国范围内兴起了大办工业的浪潮。在这一历史阶段，天津城镇化建设表现为以工业发展为目标、以脱离农业基础为实践的加速发展态势。据统计到 1960 年，天津市常住人口达到 592.05 万人，城镇人口达到 335.81 万人，城市化水平提升至 56.72%，较之于 1956 年，城镇人口年均增长速度为 3.44%，城镇化率在这四年间提升了 3.79 个百分点，年均增长近 1 个百分点。

第三个子阶段，城镇人口增长停滞阶段（1961～1976 年）。这一时期由于“三年困难时期”和“文化大革命”的影响，中国的国民经济受到了巨大的损失和破坏，天津的城镇化建设也遭受到重创，出现了逆向城市化。天津的城镇化进程在“三年困难时期”出现一定程度上的停滞甚至是倒退。国家在该时期大力调整工业布局，精简控制城市人口，提高城镇设立标准。1961 年城市化水平开始出现下降趋势，城镇人口的增速减缓，城镇化率由 1960 年的 56.72% 下降至 56.68%。截至 1964 年，城镇化率下降至 54.54%。“文化大革命”时期，工业发展停滞不前，城市经济难以为继，以知识青年为代表的城市发展的重要力量上山下乡、下放干部到农村劳动。天津在该时期的城镇化建设的趋势表现为逆向城市化。1965 年天津市的城镇化率为 53.90%，而到了 1976 年城镇化率下降至 47.90%，下降了 6 个百分点，城镇人口减少，出现了负增长，年均城镇人口增长率为 -0.15%。

8.1.1.2　改革开放以来的农民市民化（1977 年至今）

“文革”结束后，经过一段时间的调整，国家工作中心逐步转到经济建设上来。在经济和社会发展的推动下，城镇化和农民市民化开始了遵循其自身规律发展的历程。尤其是在市场化改革的方向明确之后，随着经济和社会发展的加速，城镇化与农民市民化也开始加速。这个阶段也可细分为两个子阶段。

第一个子阶段，城镇人口恢复发展阶段（1977～2000 年）。在“文化大革命”结束后，中国开始拨乱反正，明确经济建设的中心地位，坚持改革开放的国家社会发展之路。在中央政策的指导下，天津增强吸收劳动力能力、加速外资流入，非农业迅速恢复并获得新的发展。此外，非农化以及农村工业化等作为城市化发展的有益补充，也取得快速健康的发展。据统计，截至2000年底，天津市常住人口已达1000.88万人，城镇常住人口达720.53万人，城镇化率为71.99%，较之于1976年提升了24个百分点，城镇化率年均提升约1个百分点。

第二个子阶段，城镇人口加速发展阶段（2001年~）。进入21世纪，天津市社会经济持续健康发展，城镇化进程不断推进，并且在2005年以华明镇为试点，以“宅基地换房”推进小城镇建设，探索出了一条具有天津特色的城镇化道路模式。天津市常住人口持续增长，区域人口发展与人口分布呈现出以滨海新区为先导，城市北部与西部并重，其他区域跟随的发展态势。由表8-1可见，2001~2014年，天津市城镇常住人口不断增加，由727万增加至1248万人，增加了71.66%；城镇化率由72.41%提升至82.27%，增加了约10个百分点。天津的城镇化率创历史新高，在2011年突破80%，目前已达到世界先进国家城镇化水平。

表8-1　2001~2014年天津市的城镇人口与城镇化率

年份	常住人口(万人)	城镇人口(万人)	城镇化率(%)
2001	1004	727	72.41
2002	1007	734	72.87
2003	1011	743	73.45
2004	1024	760	74.21
2005	1043	783	75.11
2006	1075	814	75.73
2007	1115	851	76.31
2008	1176	908	77.23
2009	1228	958	78.01
2010	1299	1033	79.55
2011	1355	1091	80.50
2012	1413	1152	81.55
2013	1472	1207	82.01
2014	1517	1248	82.27

资料来源：《中国统计年鉴》（2002~2015年）。

8.1.2　天津市近十年来的新型城镇化进程

自十余年前“新型城镇化”概念提出以来，尤其是党的十八大以后，该概念逐渐被广大群众所熟悉。之前，新型城镇化只是相对于传统城镇化而言的一种新的城镇化建设的理念。十八大报告指出，中国特色的新型城镇化是同新型工业化、新型信息化、新型农业现代化同等重要的中国特色式发展路径。我们要推动并坚持走工业化与信息化深度结合、城镇化与工业化积极互动、农业现代化与城镇化等相互配合彼此协调的道路，推动城镇化、工业化、信息化以及农业现代化的协同发展。传统的城镇化以土地为载体、以经济发展为首要目标，新型城镇化则强调人、环境、生态在发展中的和谐共生，尊重个体、关注民生，注重高质量的城镇化建设以及城镇化发展的可持续性。天津市社会经济持续健康发展，城镇化进程不断推进，并且在 2005 年以华明镇为试点，以“宅基地换房”推进小城镇建设，探索出了一条具有天津特色的新型城镇化道路模式。

8.1.2.1　天津市城镇化建设的典型模式

衡量区域发展水平高低的重要指标就是其城镇化水平。利用良好的区位优势，天津 2005 年以来在城镇化建设中因地制宜，以人为本，在制度安排和顶层设计方面积极探索实践，开创新型城镇化发展的以“宅基地换房”模式为主的示范小城镇为先导，将“示范工业园区”、“农业产业园区”与“农民居住社区”三类区域实现联动建设模式，“农改非、村改居、村集体经济改股份制经济，促进城乡一体化”的“三改一化”以及近年来实施的农村金融改革这一系列适合大城市近郊地区城镇化发展的新路径，切实保障了农民的切身利益，实现了农村居民“安居、乐业、有保障”。从宅基地换房，到三区联动、“三改一化”，再到城镇金融改革这“四步走”战略，环环相扣，循序渐进，思路逐渐深化、明晰，切实推动天津市由空间城镇化向人口城镇化发展，截至 2014 年底，城镇化率已达到 82%。天津市的城镇化发展模式为其他地区的规划和发展提供了经验借鉴。

（1）“宅基地换房”示范小城镇建设

①宅基地换房模式的产生背景

相关研究显示，城镇化在各地的发展之所以面临阻碍，原因主要来自两个方面。其一，国家对耕地红线的规定严格，这成为城市建设用地扩容的刚性约束。其二，城镇化建设需要大量资金，但小城镇面临资金匮乏困境。因此，土地约束与资金匮乏是制约小城镇建设推进的两大瓶颈，许多小城镇的建设都曾在这两个问题上踯躅不前。而在我国农村地区，农村居民居住点所占面积较大，村镇人口密度较低，人均占有建设用地较大，土地资源使用不集约。据统计，2005 年我国农村居住点所占面积为 911.61 万平方米，约占全国建设用地总量的 52%，其中宅基地占了居住点面积的一大部分。截至 2005 年底，天津市共有 144 个涉农乡镇，3833 个村庄，农村人口 488 万，郊区的城市化水平约为 46.5%。在农村居住点，镇均人口 7674 人，人均建设用地 247 平方米；村均人口 1107 人，人均建设用地 256 平方米。分析数据可知，天津 2005 年的城镇化水平不高，表现在天津市辖区内的小城镇和农村村庄普遍规模较小、农村村庄的人均建设用地较大、用地尚未走上集约化发展道路，因此人口密度普遍较低且土地利用率较低。此外，各类城镇化建设的基础设施和公共服务设施配套不够完善，且配套设施水平较低；在环境友好方面，城镇化发展过程中的垃圾污水未得到及时有效处理，在很大程度上影响可持续发展和投资环境；在资金供给方面，土地价值低估、建设资金匮乏等，这为天津市实施宅基地换房建设示范小城镇发展模式提供了客观条件。再加上进入 21 世纪后，天津的城市发展不可避免面临城市中心土地空间资源有限性的挑战，日益匮乏的城市空间资源与不断增长的人口空间需求形成巨大矛盾。在以上问题的作用下，天津城市中心区域产业外溢拓展成为天津城市空间拓展的不二选择。天津近郊、城市中心城区外围等都成为城市空间拓展的首选区域。2005 年 8 月，天津市着手对郊区村镇进行调研和深度分析，尝试以“宅基地换房”模式开展新形势下的城镇化建设。“宅基地换房”模式是指，遵循国家相关政策的前提下，在保证可耕种土地不减少和承包责任制的基础上，尊重农民个人意愿，建设高水平、与产业聚集相协调的生态宜居的天津市新型小城镇。同年 10 月，国土资源部出台了《关于规范城镇建设用地增加与农村建设用地减少相挂钩试点工作的意见》（以下简称《意见》）。《意见》同意将天津列为试点之一。2015 年的《天津市滨海新区配套改革试验总体方案》也强调，天津应在依法取得用地范围内进行符合规划的农民宅基地换房试点。2005 年，天津正式开始运用“宅基地换房”模式开展中国特色示范小城镇的建设工作。

②宅基地换房模式的基本内涵和流程

小城镇建设需要大量的物力、人力，单纯依靠农民自身或政府财政都将难以为继。天津市利用“宅基地换房”创新一整套小城镇建设开发的投融资新模式，强调政府的引导作用、市场运作与统筹安排相结合、资金与人力的平衡发展。宅基地换房模式，是指以农民自愿为前提，按照规定的标准将其宅基地置换为小城镇内的住房，从此农民迁入小城镇中的新住宅中居住，其原有的村庄宅基地进行村庄建设用地的复耕，实现土地的节约。节约的农村建设用地经整合后将进行“招”“拍”“挂”，实现新的土地收益用以弥补小城镇建设中的资金缺口，该进程将增加新的就业岗位。天津市通过宅基地换房，实现在较小城镇建设中创新投融资模式，即从节约的农村建设用地中适当拨出一部分用于经营开发，以经营开发的收益向小城镇建设进行补偿。政府通过对城乡发展进行统筹规划，引导人口集中和扩大城镇规模，营造有利于投资创业的政策环境，大大提高小城镇周边土地价值，土地级差效应更加明显，为土地资源资本化、破解小城镇建设资金难题创造了条件。

天津市实现小城镇建设资金平衡的具体操作流程，详见图 8－1。为区县一级政府建立小城镇开发建设投资机构，以出让土地政府收益权为抵押贷款融资，该笔资金将完全投入农民住宅建设及其配套设施开发建设中，以预留节约的经营开发用地的“招”“拍”“挂”实现款项的回流。同时利用市场手段，采取多种融资方式，构建多元化投资格局。其着眼点在于，使农民免费进住新型小城镇，分享土地增值收益，并为小城镇的可持续发展提供产业支持。天津市宅基地换房建设小城镇模式有效解决了城镇化进程中土地和资金的双重压力，不仅有利于土地使用的集约化，而且改善了农民的居住环境，释放了农村剩余劳动力并促进其向第二、第三产业转移，大幅度提升城镇化效率。该城镇化模式有利于城镇建设的三个集中化趋势：人口的城镇化集中、工业的园区化集中、土地的种植大户化集中。

③宅基地换房模式的基本特征

天津市的宅基地换房，其最大的特点是将农民集中居住和新型小城镇建设有机结合起来。在大多数示范区，农村宅基地复垦后形成的建设用地指标全部用于新建小城镇内的工商业和公建配套设施建设。天津市宅基地换房创新模式的显著特征主要体现在以下五个方面。

其一，土地承包责任制不变。农村居民以宅基地换取集中居住的住房，实现从农村向城镇聚集。农民虽然退出了宅基地使用权，但是以家庭

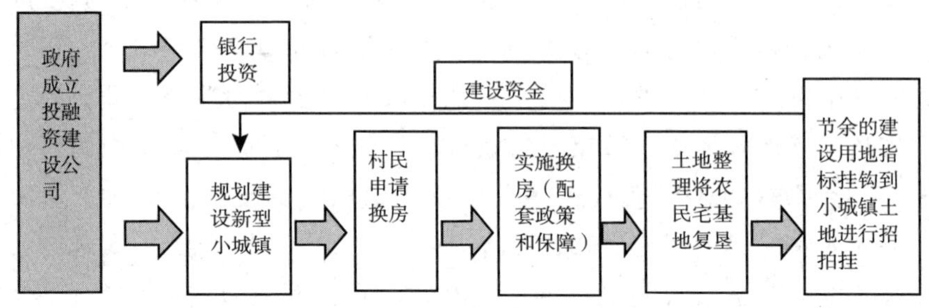

图 8-1　天津宅基地换房建设小城镇流程

联产承包责任制为核心的土地制度没有改变，农民对土地承包经营的合法权益得到了肯定和保护，农民“带土转移”有利于解决农民城镇化的后顾之忧。

其二，集约利用土地，保证可耕种土地不减。天津市在各示范区以“宅基地换房”建设小城镇是对土地制度的一次创新实践。在坚持耕地保护制度的前提下，将宅基地复垦为耕地后，确保农村整体的耕地数量和质量保持不变，用以补偿安置农村人口的新建住宅用地和其他建设用地对耕地指标的占用。天津市规定新建地块的总面积不得大于拆旧区域面积，复垦耕地在数量和质量上不得低于新建区域占用的耕地，进而切实实现“一个增加”和“一个减少”相挂钩。其中，“一个增加”是指城镇建设用地的增加，“一个减少”是指农村建设用地的减少。天津市通过宅基地换房，提高了土地的使用效率，解决了城镇化进程中土地需求的困境，为城镇化建设注入新的红利，为土地用途的转变和投融资结构转变奠定了基础，成为天津市农村城镇化的启动器与战略起始点。

其三，创建小城镇建设项目投融资体系，突破资金困境。城镇化建设中资金问题是制约其进程的另一掣肘。小城镇建设项目所需资金巨大，以政府投资建设小城镇的模式难以为继，这就需要在政府引导下，走多元化融资渠道。天津市实施宅基地换房，复垦后土地除去弥补新建住宅区和其他城镇建设用地后，节余的土地进行经营性开发，如按照市场供求关系分期分批出让，或在小城镇周边兴建工业园区，或利用“招”“拍”“挂”的方式进行有偿转让，将房地产建设、商业建设等工作交由专业的各类投资主体开展。天津市通过宅基地换房，实现在较小城镇建设中创新的投融资模式，实现政府引导、市场运作与统筹安排相结合、资金与人力的平衡发展。实现资金闭合，减轻政府压力，激活市场活力，形成生气勃勃的城镇化建设格局。如东丽区华明镇组建了专门致力于小城镇建设的滨丽建设公司并将其作为投融资的主体，通过小城镇节约的预留经营性土地出让与未来收益的质押，向银行进行融资，从而全程参与、负责并组织小城镇的建设、施工过程。

其四，充分尊重与理解农民的意愿，努力满足农民的实际需求。在示范镇的确定方面，天津市要求所有的示范镇申请试点村必须召开村民代表大会对示范镇建设试点进行表决，只有村民支持率超过 95% 的村才能获得试点机会。村民需根据自愿原则进行宅基地整理相关法律协议的签订，这也是示范镇获批的必要条件。此外，在示范镇的具体操作方面，天津市的做法也是从农民的实际需求出发，充分满足农民的需求和意愿的。以静海县（今静海区）子牙新镇宅基地换房人员资格认定的具体操作为例，相关负责部门针对人员是否拥有享受宅基地换房资格，首先征求村民和村委会意见，并在此基础上将“享受宅基地换房人员资格的认定”条款修改校正 20 余次，并最终认定 13 条可以享受宅基地换房补偿人员的指导意见。这一严谨细致的工作，充分考虑农民意愿，让很多最初无法享受政策补贴的老百姓能够享受到政策的福利。

其五，为提高还迁农民房屋的市场价值，统一向还迁户颁发房屋大产权证。天津市的做法是将在示范小城镇建设中的所有建新区用地转为国有划拨用地，搬迁至此的农民集中居住并均可领到房屋的所有权证，该房屋所有权证类似于经济适用房的所有权证。制定房屋管理相关政策，自该房住满 5 年以后，房屋所有者可将其住房在市场上进行自由买卖或出租，前提是需要为该房屋缴纳一定比例的土地出让金。

④宅基地换房的实施概况与成效

第一，总体概况。天津市自从 2005 年开始进行示范小城镇建设，探索以宅基地换房为核心的新型建设模式，率先在“三镇两村”进行首批小城镇建设试点，其中东丽区的华明镇是首批示范小城镇建设的样板，为天津市其他地区建设小城镇提供了经验。截至 2013 年底，天津市先后批准了四批 49 个小城镇建设试点，其中第一批示范区 5 个，第二批示范区 12 个，第三批 12 个，第四批 20 个。四批 49 个小城镇建设共涉及 100 万农民和

683 个村庄，投资概算总额达到 3000 亿元，规划农民安置用房以及配套公建共计 5800 万平方米，其中累计开工面积 4400 万平方米，竣工面积 2500 万平方米，实际完成投资 1500 亿元，实现 23 个示范小城镇的建设、45 万农民入住。

第二，建设成果。天津市宅基地换房模式的小城镇建设，实现了人口的有效集聚。2005 年天津市村均人口仅 1107 人，其中 500 人以下的村占 27.5%，1000 人以下的村占 63%。通过前三批的 23 个示范小城镇和 8 个中心村的建设，实现大多数新建示范小城镇的总人口均在 10000 人以上、中心村总人口均在 1000 人以上。以天津市东丽区的华明新镇为例，通过将 12 个自然村进行整合，华明新镇总人口 4.2 万人。天津市葛沽镇新镇则通过将 13 个村庄进行整合，实现总人口 4.6 万人。

第三，通过宅基地复垦，促进了土地的集约利用。天津市通过土地流转置换建设用地 200 平方公里，其中出让用地 150 平方公里，还迁用地平均容积率约 1.1，人均居住建筑面积约 50 平方米。宅基地换房整合了零散的农村宅基地，释放了级差土地的巨大能量，与此同时有利于农村居民向城镇集中，共享城市文明，切实改善了农民的生存环境。例如天津市东丽区的华明镇经过 4 年的发展，从昔日散乱的村落阔步成长为现代化的小城镇，将原有 12 个村落的 12071 亩宅基地复耕后，集中兴建了农民住宅区、商务区、产业园区，并节余了 3600 余亩土地，实现了土地的高效集约利用。而预留经营开发用地的出让收益，完全可用来支付农民还迁住宅和公共设施建设所需的 40 亿元资金，有效解决了土地和资金难题。

第四，通过宅基地换房改善了农民的生活条件。新建的居民住宅区宽敞明亮，环境优美，各项公共服务和基础设施健全，农村居民的居住条件得以大幅度改善。小城镇建设确保了农民的土地权益，农民以土地入股等方式享受土地经营开发带来的红利，同时由于周边产业园区的兴建和发展，为促进农村劳动力向第二、第三产业转移提供了保障，农民的家庭收入也得以大幅度提升。如华明镇居民通过“宅基地换房”增加了家庭收入（如表 8－2 所示），据统计，截至 2010 年宅基地换房后，该镇农民的财产性收入和人均年纯收入较之于 2005 年宅基地换房前都有了大幅度的提升，农民真正实现了安居乐业。

表 8－2　天津市华明镇农民宅基地换房前后收入变化

		宅基地换房前(2005 年)	宅基地换房后(2010 年)
财产性收入		4 万～5 万元	40 万元
人均年纯收入	总计	0.8788 万元	1.4489 万元
	薪金	主要是农业收入	多种就业渠道
	股金	基本没有	社区股份合作制、产权量化
	租金	基本没有	人均 15 平方米小户型用于出租
	保障金	基本没有	各项保障措施覆盖全面

资料来源：转引自李峰《城乡协调下的我国城镇化模式研究——以天津市城镇化路径探索为例》，《中共天津市委党校学报》2015 年第 4 期，第 107～112 页。

（2）三区联动发展模式

①“三区联动”的基本内涵

宅基地换房实现了农村人口向城镇集聚。然而城镇化建设不仅仅是人口的集聚，第二、第三产业的集聚，劳动力就业转型应是城镇化题中应有之意。要实现城镇化建设持续、健康、和谐推进，产业的集聚和发展是其重要驱动力。故而在“宅基地换房”的推进过程中，天津市委、市政府逐渐推进“三区联动”，即“农民居住进社区、工业生产进园区、农业生产在园区”实现联动，为天津市城镇化建设提供可持续发展的经济动力，以促进农业增效、农民增收、农村增实力。“三区”联动主要以居住社区为依托，以现代农业园区建设为基础，以工业园区发展为动力，以资源集聚、共享、融合、转换为基本特征，推动城镇与农村经济、社会、文化整体联动和谐发展。如图 8－2 所示，农村居民居住社区、工业园区、农业园区相互联系、相互依赖，在城镇化建设中必须将这三区统筹规划，实现协同发展。

天津市通过实施居住社区、农业园区与工业园区的“三区”联动式发展，不仅改变了农民的生活和产业的布局，而且促进了经济要素在空间上的重新分工与组合，形成了经济规模效应和聚集效应。同时经济要素的聚集又促进了城镇基础设施的建设，强化了城镇的居住和生活功能。三区联动发展模式开创了一条“供给先行”的城镇化发展路径：通过居住社区建设实现人口在新城镇的集聚；通过进行现代农业园区与现代工业园区的建设实现了资源的有效整合，促进居住地人口实现市民化和就业转型。

②“三区联动”建设的成效

2009 年以来，在天津市委、市政府的统一部署下，各区县按照“特色

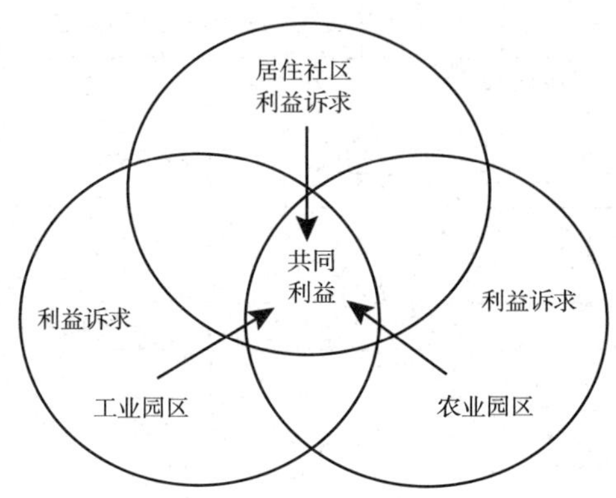

图 8－2　居住社区、农业园区与工业园区三者关系

发展”“多点布局”“新城聚集”的新城镇发展战略，加强现代农业示范区和工业区的集中建设，推进了“三区”协调统一发展。

其一，农村居住社区建设。以宅基地换房建设示范小城镇是“三区联动”发展的启动器。2005～2013 年，天津市先后启动了 4 批 49 个小城镇建设试点，通过宅基地换房促进人口的集聚，45 万农民入住了小城镇集中居住区。

其二，示范工业园区建设。自 2009 年开始，天津市将分散的 103 个工业小区整合为 31 个示范工业园区，根据区域特征及周边示范小城镇建设状况进行产业布局，使人口集聚与产业集中融合发展。截至 2015 年，全市 31 个区县示范工业园区累计完成基础设施建设面积 200.22 平方公里，累计投入建设资金 381.78 亿元，共有注册企业 1.29 万家。累计签约项目 3224 个，计划总投资 1.1 万亿元。全年累计完成工业总产值 4294.16 亿元，园区的承载能力明显增强，对区县经济贡献份额不断加大。

③现代农业示范园区建设

天津市在推进居住社区、产业园区建设的同时，积极推进设施农业建设，促进农业现代化的实现。据统计，截止到 2010 年，全市已落实设施农业建设用地 8.7 万亩，新建的 1.85 万亩温室、大棚已投入生产。天津市共计建设现代农业园区 83 个，其中滨海农业科技园区 5 个、现代种植业示范园区 9 个、现代畜牧业示范园区 40 个、优势水产养殖示范园区 29 个（具体见表 8－3）。西青区东淀建设的都市型现代农业示范区已经成为农业部确立的全国 60 家现代农业园之一。滨海新区和津南区的国家农业科技园区也都被科技部定位为国际级农业科技园。

表 8－3　天津市现代农业园区发展建设现状描述

园区名称	环城四区	滨海新区	远郊区县	合计
现代畜牧业示范园区	8	4	28	40
优势水产养殖示范园区	11	8	10	29
现代种植业示范园区	2		7	9
滨海农业科技园区	2	3	—	5
合计	23	15	45	83

数据来源：转引自黄学群、李瑾等《天津现代农业园区发展模式与对策研究》，《中国农业资源与区划》2012 年第 6 期，第 79～84 页。

各个小城镇示范区基于宅基地复耕大力发展现代设施农业。如东丽区华明镇建设起蔬菜大棚、花卉大棚等现代农业设施，截至 2012 年已经投入 26 亿元资金，建成 8176 亩大棚。基于永和、胡张庄两个村的复垦土地，新建 542 栋节能温室，解决农民 1500 人就业问题，每年生产 120 万公斤有机蔬菜、400 万公斤瓜果；基于赤土村的复垦土地新建滨海花卉基地，基地面积达到 120 万平方米，成为亚洲最大规模的集中花卉温室。西青区通过小城镇的土地复垦带动现代农业提质增效，全区规划建设了 13 个农业产业园区，主要发展无公害和绿色蔬菜、高档花卉、食用菌、有机果蔬、优特枣的种植以及观赏鱼养殖等产业。园区规划面积 3.7 万亩，截至 2012 年，已累计完成投资 21 亿元，建成各类农业设施 2 万亩，其中智能温室 18 万平方米、种养车间 26 万平方米、新型节能日光温室 16340 亩、普通温室 3000 亩。张家窝镇农业产业园区蝴蝶兰、食用菌已实现工厂化生产；辛口镇东淀现代农业示范园（水高庄园）2017 年接待各类参观考察团 70 余个，中外游客 20 万人次，实现旅游综合收入 1500 万元。在农业园区的示范带动下，全区农业设施面积已发展到 10.4 万亩，其中种植业设施面积 9.69 万亩，养殖业设施面积 0.71 万亩，有力提升了西青区都市型现代农业建设水平。武清区不断提升农业设施化、园区化、产业化发展水平，先后建成投资 15 亿元的农科院农业创新基地、6 亿元的君利生态农业示范园、3 亿元的高村现代农业示范园等一批集设施农业、生态观光、休闲娱乐为一体的农业产业园区。津南区八里台镇投资 1.2 亿元建设松江生态现代设施农业示范基地，新建智能温室 42000 平方米，建立起耐盐碱苗木繁育区、智能温室区、科技研发区、生态农业观光区四个功能区，形成了以高档花卉、有机蔬菜、特色果品为主要产品的优质农产品基地。

(3)“三改一化”体制改革

①“三改一化”体制改革实施的背景

天津市实施的“三区”联动新城镇建设发展模式，促进了农民生产生活方式的改变，也促进了农村经济社会形态发生根本性变化。但是，陈旧的集体经济组织管理模式和存在状态已经难以适应城镇经济社会发展的需要，同时，过去的村委会管理体制也很难适应新城镇的社区管理的要求；农民户籍身份认定也不能与实施城镇化后农民就业、保障相协调。城乡分割的二元体制成为横亘在天津市深入推进城镇化建设道路中的重要障碍。城镇化不能仅仅停留在农村居民向城镇集聚，还应从体制上赋予农民与城市居民同等的权利，使其共享城镇化发展成果。故而统筹推进城乡一体化发展的体制改革势在必行。当然天津市经过先期的城镇化改革实践，具备了进行深入体制改革的客观基础。天津的城镇化建设所采取的“宅基地换房”“三区联动”发展模式的成功实践，提升了城镇工业反哺农业的实力，为实施“三改一化”体制改革奠定了坚实的基础。从农民自身来看，随着小城镇建设进程的不断推进，几十万农民在城镇实现了定居和就业，为改革奠定了深厚的基础。2009 年天津市正式开始实施“三改一化”体制改革以确保城镇化建设的成果。

②“三改一化”体制改革的基本内涵

“三改一化”是为了实现城乡一体化而推行的深层次体制改革。其中，“三改”主要指“农改非”“集改股”“村改居”，“农改非”是指将农业户口转变为非农业户口，“集改股”是指将农村集体经济向股份制进行的改革，“村改居”是指将原有的村委会转变为城镇居委会。“一化”是指实现城乡一体化，彻底消除城乡二元体制。

“农改非”，就是农业户口向非农户口进行的转变，其主要任务是开展户籍登记制度改革。申请办理“农改非”的条件为：在小城镇拥有合法的固定居所、拥有稳定的生活来源或职业、完成集体经济组织股份制改革等。满足以上条件的农民均可申请办理“农改非”手续。农民改为非农业户口后，在不影响其原有权益的基础上，将增加新的小城镇市民权益。

“集改股”，就是以理顺分配关系、明晰产权主体、规范经管行为为核心，通过核实资产明晰产权，进行股权确认和股份的量化，从而进行股权的分配和管理，进而开展资产的运营和收益的分配和监督管理工作。“集改股”所实施的集体经济组织股份制改革，通过建立新的集体资产管理和运行体制，增强集体经济活力，提高运行效率，帮助农民创收。

"村改居"，是在"农转非"和"集改股"后，对已经进行村民户籍变更和已进行农村经济组织向股份制转变所涉及的村级委员会，所开展的村一级的管理体制改革。依照法定程序，对原有的村委会进行撤销，并组建新城镇的社区居委会。并按照规定，进行社区党组织和社群群众社团组织的建立。

作为城乡统筹和新农村建设的重要步骤，天津市所实施的"三改一化"是农村经济、社会的重大变革。天津市在建设示范小城镇的探索中，从"宅基地换房"，到逐步推进以农业产业园区、示范工业园区和农民居住区为标志的"三区"联动发展模式，逐渐形成对城镇化发展的系统化解决方案，有助于对三农问题、城乡二元结构问题进行更为深刻的认识，并实现将城镇化建设向新的更高更快速发展的阶段进行推进。

③"三改一化"体制改革取得的成效

2011 年 7 月，天津市按照"坚持条件、尊重意愿、试点先行、有序推进"的原则在华明、无瑕、下朱庄街的 43 个村进行了首批试点。截至 2012 年，以上 43 个村基本完成"三改一化"试点任务，涉及 8.6 万农民。同年 10 月，天津市启动"三改一化"第二批试点工作，惠及全市 21 万村民，分布在天津市 6 区县 19 个街镇的 98 个村。近年来随着改革的不断深入，"三改一化"工作取得了显著成效。

第一，"集改股"部分。以天津市东丽区为例，该区对"集改股"工作制定针对集体经济组织产权制度的转型改革方案，通过建立健全一整套标准化的文件，规范"集改股"工作的具体实施，并明确该项工作的总体目标。一批具有现代企业制度特征的股份公司如流芳投资有限责任公司、滨海大新投资有限公司、滨海成桥投资有限公司、合庆投资有限公司和德阳投资有限公司等开始成立。

第二，在"农改非"方面。2011 年 10 月，东丽区的空客 5 个村开始启动户籍制度的改革工作。作为"三改一化"的关键环节，户籍改革具有承上启下的作用，能够有效改变城乡二元结构。户籍改革是实现公共服务向均等化发展的必经之路。各村根据户籍改革的规定，以户为单位，提出转非申请，且必须有超过 95% 的农业户表示同意，否则该村不予批准。最后 5 个村 2247 个农业户，同意率为 97.19%，农业人口 5768 人，同意率为 97.3%。这 5 个村仅用 20 天就完成了农户申请、转非材料收集、审批表和汇总表填写以及公示等前期基础工作，空客 5 个村在全市率先实现集体“农转非”。以新塘组团的胡家园示范区为例，滨海新区塘沽管委会对示范区内两个村进行户籍改革，对这两个村进行整体的“农转非”。在对农村集体土地进行一次性征收后，开展户籍制度的城乡统一管理，彻底实现两个村的户籍转变。户籍改革之后，受惠村民不仅享有原有的村民待遇，还享受到小城镇的市民待遇，生活水平提升显著。受惠农民在此基础上，拥有保障金、薪金、股金、租金等“四金”。2012 年，天津市统计数据显示，农村居民人均财产性收入增长幅度较大，达到 26.1% 的增长率。其中，利息收入增长 1.9 倍，转让承包土地经营权收入增长 41.5%，租金收入增长 29.8%，其他股利和红利收入增长 2.6 倍。

第三，在“村改居”方面。东丽区的华明镇首先进行了村级管理体制上的创新。华明镇针对新兴城镇行政管理，专门成立社区管理委员会，以替代原有的以村为主的管理模式。据此，建立社区党支部领导下的居民代表会议、居委会、居民小组为基础的新型小城镇居民社区管理机制。

（4）城镇金融改革

天津城镇化进程的不断推进给农村的经济形态和社会形态带来了巨变。传统农村金融服务体系不健全、金融资源配置不合理，与经济发展越来越不协调，严重影响城镇化质量的提升。农村金融已成为城乡统筹发展中的短板，加强农村金融资源和服务建设已经成为城乡产业互融互通的重要环节，这对促进要素流动、加快城乡一体化进程具有重要意义。为此天津市于 2012 年开始推行农村金融体制改革，大力发展新型村镇银行，立足于服务“三农”，支持当地小企业、微小企业、个体工商户的贷款需求，为农村金融体系注入新鲜血液。村镇银行是随着农村发展建设而共生共存共同成长的，是农村真正意义上“土生土长”的银行。其“土生土长”的本地属性，使得村镇银行与农村生产生活的适应程度较好，与农村的生态环境相匹配，有助于动员农民参与农村金融资源流动和金融活动，提升农民参与经济生活的积极性和创造性。从金融服务和企业金融关系的角度，村镇银行能够协调二者间的矛盾，弥补农村金融服务和融资的不足，建立高覆盖、易治理的高效率农村金融服务体系。

天津在村镇银行的发展上，注重村镇银行建设的专业化、民营化、本土化。积极探索发展的新模式，在认可银行的主发起人地位的基础上，为大力推进服务专业化和村镇银行的发展，通过增资的方式调整股权结构，增资对象为当地经济组织和民营企业，吸纳其入股且单家持股比例不高于5%、总持股占比超过 50%。在公司治理中，以此举措充分肯定民营股东的话语权。自从对农村金融机构开展试点工作以来，天津市已经成立村镇银行 6 家，通过出台《关于促进天津市村镇银行发展的意见》等系列政策措施，促进和强化农村金融服务，实现村镇银行在全市范围内的营业网点覆盖。

8.1.2.2　天津城镇化建设的经验总结

天津市首先开展“宅基地换房”推进城镇化建设，并逐步摸索出以“三区联动”结合“三改一化”以及以发展村镇银行为核心的城镇金融体制改革，为大城市周边农村探索了一条城镇化发展的新路。天津城镇化模式为国内其他类似区域的城镇化提供了一种可操作化的经验借鉴。

（1）以人为核心推进城镇化

天津市城镇化模式始终坚持以人为核心，关注人的发展和民生。天津从 2005 年开始试点实施的宅基地换房进行示范小城镇建设，充分尊重农民意愿并尽可能满足农民的实际需求，保证农民最大限度享有宅基地换房福利。在实现农民向城镇集聚后，天津市及时实施“三区联动”，加强农民居住区、产业园区、农业示范园区的建设，旨在保证转移出来的农村剩余劳动力有业可就，促进农民安居乐业。随着城镇化的推进，天津市又着眼打破城乡二元体制的桎梏，开展了“三改一化”体制改革，其核心也是为了保障农民的权益，使农民市民化，享有与城市居民同等的权利。天津在试点区县进行了户籍制度改革，农民市民化后享有政策叠加，不仅保留原来农民所享有的政策待遇，而且还被赋予更多的市民权利。可见天津市的城镇化不同于以往过于重视城市的外在建设、片面追求城镇人口数量的城镇化模式，而是坚持以农民利益为核心，着力于解决农民的居住、就业、保障问题而探索出的大城市城镇化的新模式。经过近几年的城镇化建设，天津市周边农村换新颜，农民物质生活水平得到极大提升，过上了安居乐业的幸福生活。

（2）循序渐进、积极稳妥的城镇化进程

城镇化是一个有计划、有目标的发展过程，根据地方的实际情况进行循序渐进的设计、规划和建设。天津市城镇化进行了精心的顶层设计和规划，利用自身的优势条件，各区域因地制宜从“宅基地换房”、“三区联动”以及“三改一化”、“农村金融体制改革”等方面入手，环环相扣，层层递进，循序渐进、积极稳妥地推进城镇化建设可持续发展。天津市的城镇化建设和发展之路，是深入农民实际需求的城镇化建设，而非简单将土地征收而建为城镇，而是更注重城市经济社会水平的提升和保持可持续发展的能力。因此天津在推进城镇化的过程中，在居住区发展工业和商业，为转移人口提供充足的就业岗位。大力建设新建城镇基础设施和配套设施，包括居住区附近的公园、医院、学校、商业街区等，以满足新城镇居民的物质、文化和生活需求。天津市在城镇化建设的发展路径、发展模式上，更强调对城镇综合服务能力的提升，通过小城镇建设带动周边乡镇经济社会的发展，以新建城镇的辐射作用带动城乡一体化的实现。为了解决农村发展问题，天津市创新了农村金融体制改革，发展新型村镇银行，成为撬动城乡一体化发展的有力杠杆。

（3）制定完善的城镇建设规划

天津市从 2005 年开始规划以宅基地换房为龙头进行示范小城镇建设，并开始在以华明镇为代表的 3 镇 42 村进行试点，从选址、功能区域划分、配套设施建设、社区管理等方面都进行了细致周到的设计。天津市小城镇的规划设计中，强调新型城镇的文化特色、产业特色、布局特色、环境特色与建筑特色，体现了统筹城乡发展的科学发展观。宅基地换房是一个系统工程，相关的配套政策包括费用的减、免、补，同时适时推行“三区联动”、“三改一化”、城镇金融体制改革这三项重大举措，解决了搬迁后农村居民的就业、社会保障以及城镇社区管理问题，确保天津城镇化建设持续、健康、稳定发展。

（4）坚持政府统筹安排、市场化运作机制

天津市在城镇化的推进过程中注重对城镇化要素进行统筹规划，运用整体性观点将农民、村镇居民、城市、农村、农业、工业等诸多要素进行系统化的考量。对土地整理与规划利用、土地流转与土地征收补偿、户籍改革、农村集体经济组织改革、农村管理体制和机制改革等进行通盘考虑，在此基础上开展有重点、有步骤的城镇化实施工作。城镇化过程中，通过建立健全相关政策，重点考虑改善农民生产生活环境、就业、保障、创收等条件。在城镇化过程中，不断摸索创新融资模式，各区县成立建设投资机构，促进小城镇土地招拍挂、投融资的市场化运作。

（5）坚持以产业发展为支撑推进城镇化建设

产业发展是支撑城镇化的原动力。因此，天津市在小城镇发展建设中，以工业化、产业化带动小城镇示范区的建设，将产业发展切实与农民实际需求结合起来。近年来，建立一批高标准的示范工业园区、现代农业产业园区，并通过政策引导促进农业与工业园区、现代农业园区的结合和集中，促进产业集群的生成，发挥其集聚效益和规模效益。“三区联动”的发展模式，有利于带动传统农业向生态农业、高效农业转化，以此巩固和强化城镇化发展的经济基础，增强新建示范城镇的经济社会发展能力，形成可持续发展的态势。这种以产业发展为支撑的创新型城镇化建设，有利于促进人口集聚、就业转化和财富积累等，实现城乡统筹发展、城镇化与工业化协调发展。

（6）探索体制改革的深水区，推动城乡一体化

天津市为深入推进城镇化建设，不断探索体制改革的深水区。在农民身份的转变方面，天津市城镇化试点区建设中通过推进户籍制度改革、“农转非”、“三改一化”，实现了农民的“农民＋市民”双重待遇的转变，在原有农民待遇不变的基础上享受市民待遇。其中，在入学、社会保障、医疗、就业、参军、低保、救助等方面都能够享受到与城市居民一样的待遇水平。这些政策的推进，实现了受惠农民身份的彻底转变。在保障机制方面，以就业保障为例，天津的城镇化实践通过产业化带动，以示范工业园和现代农业园区为村镇农民增加就业机会和就业岗位。除此之外，示范小镇的公共设施管理、物业管理、绿化、清洁等岗位也优先向新建城镇的居民开放，与此同时对就业困难人员优先提供社会公益性工作岗位。在行政和社会管理体制方面，天津市城镇化摸索新的发展路径，通过成立示范镇管委会，统筹各项社会管理和公共服务工作。新城镇的居委会替代原有的村委会，通过对社区管理体制的建立，将居民的日常生活进行全面的统筹。在社会保障方面，将受惠农民纳入养老保险规定的缴纳范畴，实现企业工作农民、失地农民、没有失地的农民均能够按照规定进行养老保险的缴纳。

8.1.2.3　天津市城镇化建设的成果与成就

天津通过多年的城镇化建设，走出一条具有天津特色的小城镇发展建设之路。通过建设示范小城镇，充分发挥“宅基地换房”“三改一

化”“三区联动”“农村金融体制改革”等在小城镇建设中的作用，促进天津市周边农村城镇化建设驶上快车道。一方面，拓展了城镇发展的空间，促进土地的集约化发展，另一方面，通过小城镇的社会与经济发展，缩小城乡差距，积极推动了城乡一体化发展，城镇化建设成效显著。

（1）城镇化率快速提高

近年来，随着天津市经济社会的不断发展以及城镇化建设的深入推进，天津市城市集聚人口的能力不断增强，城镇常住人口稳步增加，城镇化率快速提升。2001～2014 年，天津市城镇人口从 727 万人增长至 1248 万人，增加了 71.7%，年均增长率为 4.24%，高于本市常住人口年均增长率 1 个百分点。进入 21 世纪，天津市的城镇化速度明显加快，如图 8－3 所示，2001 年天津市城镇化率为 72.4%，到 2014 年，城镇化率约为 82.3%，提升了近 10 个百分点。从城镇化率的变化趋势来看，天津市城镇化建设也经历了缓慢发展到快速推进的阶段转变。2001～2014 年，天津市的城镇人口一直保持增长态势，相比 2000 年，这一阶段城镇化率变化不明显，2004 年较之于 2001 年仅提升了 1.8 个百分点，年均提升 0.45 个百分点。从 2005 年以来，天津市由于推行以宅基地换房进行示范小城镇建设以及三区联动、三改一化体制改革的实施，大量的农村剩余劳动力开始向新型城镇集聚，再加上滨海新区纳入国家发展战略带来外来人口的大量涌入，天津市城镇人口大幅增长。2005～2014 年，天津市城镇人口由 783 万增至 1248 万人，年均增长约 5.3%，高于常住人口年均增长率约 1 个百分点。

（2）经济实力进一步增强

随着天津市小城镇建设的深入推进，经济结构不断调整，经济实力进一步增强。截至 2013 年，天津地区生产总值为 14370.16 亿元，人均生产总值达 101688.85 元（按 2013 年常住人口计算），折合 16419.44 美元。如表 8－4 所示，从各区县来看，滨海新区、武清区和西青区生产总值领先，红桥区生产总值最低；从人均生产总值来看，滨海新区人均生产总值为 49125 美元，位居第一，和平区和东丽区分列第二、第三位，人均生产总值分别为 32653.14 美元和 17215.37 美元，红桥区人均生产总值最低，为 4586.33 美元。截至 2013 年，天津市仅有河东区和红桥区人均生产总值低于全国平均水平。

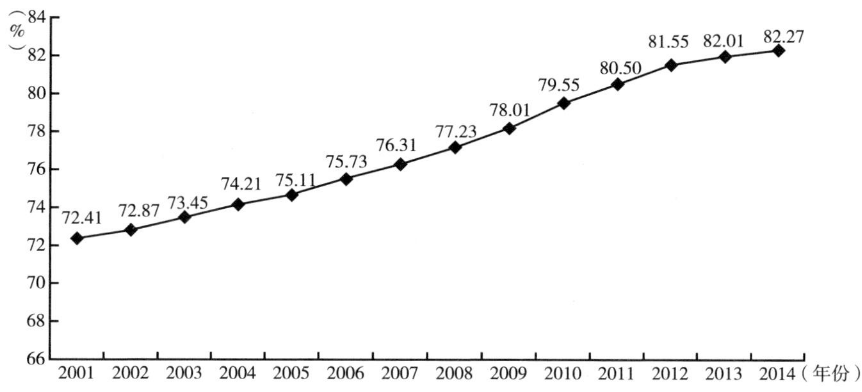

图 8－3　天津市城镇化率（2001～2014 年）

数据来源：《天津统计年鉴》（2000～2015 年）。

表 8－4　2013 年天津市各区县 GDP 及人均 GDP

区县	区县 GDP(亿元)	人均 GDP(元)	人均 GDP(美元)	人均 GDP 排名
滨海新区	8020.4	304240.95	49125.00	1
和平区	690	202227.43	32653.14	2
东丽区	704	106618.20	17215.37	3
西青区	755	99185.50	16015.23	4
北辰区	722.4	97188.21	15692.73	5
宁河县	412	92960.29	15010.66	6
津南区	567	85199.10	13756.88	7
武清区	790	75002.37	12110.44	8
河西区	665.18	70411.77	11369.21	9
静海县	476	66853.93	10794.73	10
宝坻区	475	55797.02	9009.40	11
南开区	580	52679.38	8506.00	12
蓟县	405	45804.12	7395.87	13
河北区	375	44547.40	7192.95	14
河东区	310	33369.21	5388.04	15
红桥区	160	28404.05	4586.33	16

数据来源：《天津统计年鉴》（2014 年）。

从产业结构来看（如表 8－5 所示），2000～2013 年，天津市第二、第三产业产值增长迅猛，尤其是第三产业发展势头强劲，2013 年第三产业的产值是2000年的9.03倍。从社会从业人员的产业结构上看，2013年第一产业从业人员比重下降明显，第三产业从业人员大幅增长，表明近年来天津市通过推进城镇化，实现了农村富余劳动力向工业、服务业等非农业产业的转移。第三产业逐渐成为城镇化进程的重要推动力。

表8-5 2000年和2013年天津市三次产业产值及社会从业人员产业结构状况

指标	产业结构	2000年	2013年
各产业产值（亿元）	第一产业	73.69	188.45
	第二产业	863.83	7276.68
	第三产业	764.36	6905.03
社会从业人员比重(%)	第一产业	16.7	8.1
	第二产业	45.6	41.8
	第三产业	37.7	50.1

数据来源：《天津统计年鉴》(2001、2014)。

天津市的小城镇在逐步发展壮大的基础上，逐步显现出其在经济带动方面的能力。最为显著的表现是，小城镇不断发展完善的过程中，消费能力和消费水平的提升，对消费的刺激作用显著。究其原因，首先，天津市的小城镇建设投资力度较大，小城镇建设对经济的带动表现在其乘数效应上。其次，小城镇建设的不断推进，有力带动居民消费，拉动天津整体的消费数据的提升。如表8-6和图8-4所示，2009~2013年，天津市城镇居民消费呈现跨越式增长，对经济的带动能力明显提升。

表8-6 2009~2013年天津市总体消费情况

单位：亿元

类别	2009年	2010年	2011年	2012年	2013年
城镇居民消费支出	1631.45	2039.64	2480.83	2867.48	3395.80
农村居民消费支出	195.74	216.36	255.87	313.20	392.90
居民消费支出	1827.19	2256.00	2736.72	3180.68	3788.70
最终消费支出	2879.25	3538.18	4286.34	4879.39	5634.80
政府消费支出	1052.06	1282.18	1549.62	1698.71	1846.10

数据来源：《天津统计年鉴》(2010~2014年)。

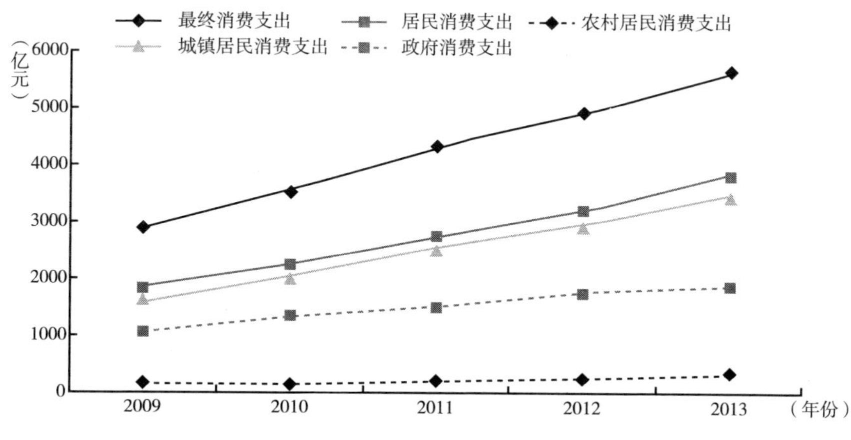

图 8－4　2009～2013 年天津市消费情况变化趋势

数据来源：《天津统计年鉴》（2010～2014 年）。

（3）城市空间布局不断优化

近年来天津市基于“双城双港”“一轴两带”“相向拓展”“南北生态”的城市发展的总体规划，将城镇化发展纳入其中。进行“辅城”建设，强化“双城”概念，将美丽乡村、特色小镇建设和中等城市建设相结合，实现京津冀一体化、城乡一体化，构建布局合理、规模适度、和谐宜居的现代化城乡互动机制下的城乡发展体系。其中，“双城”是指中心城区和滨海新区这两个城市核心，环城四区被定为“辅城”，武清、宝坻、静海、蓟县、宁河等地被明确为“中等城市”，还有像华明镇这样的一些特色小城镇。中心城区和滨海新区以其庞大的经济辐射能力，吸引了大量人口集聚。截至 2012 年，中心城区的常住人口占全市的 33.4%，滨海新区的常住人口占全市的 18.7%。中心城区城镇人口占全市的 41.0%，滨海新区城镇人口占全市的 22.5%。中心城区和滨海新区城市在产业结构上功能互补，协调发展：中心城区通过有机更新，优化空间结构，发展商贸、金融、科技、文化等产业，提升城市的品位和功能，实现对历史文化的传承；在滨海新区核心区发展先进生产要素的集群，通过集聚效应带动港口物流、加工制造业发展，实现城市功能的拓展。通过“双城”建设，滨海新区凭借其独特的区位优势，成为区域经济发展的新的增长点，实现了同天津中心城区功能上的互补、分工上的协作，加快城市市域空间组织的结构升级。形成“双中心”取代原“主副中心”的新的城市发展双城格局，促进了天津的经济建设。

随着示范小城镇建设的不断推进，天津海河沿线和运河流域周边各区县城镇化、工业化和现代化水平不断提升，逐步形成了“两河”周边城市带，人口集聚能力不断增强。截至2012年，海河沿线上津南区和东丽区的常住人口较之于2000年增加了44.82万人，占全市人口比重约为9.4%。位于运河流域上的西青、北辰、武清、静海四区（县）人口集聚度进一步提高，2012年四区县的常住人口较之于2000年共计增加了100.15万人，占全市人口比重为23.1%。天津市在人口实现向城镇转移的同时，大力推行“三区联动”，以产业驱动人口的集聚和城镇的发展，提升了区县的工业化水平，引导农村剩余劳动力实现就近转移，并形成产业平台优势吸引大量外来劳动力以推进城镇化进程。随着城镇格局的不断优化以及两河周边城市带日趋完善，天津市各区县的工业逐步渗透至其他区域，使天津作为北方经济中心的辐射能力不断增强。

自2005年以来，天津市各区县在进行示范小城镇建设的过程中，发掘自身优势，因地制宜形成了各具特色的小城镇体系，避免了千城一面的建设误区。如东丽区的金钟镇、军粮城、新立镇凭借自身优势建成了别具特色的现代城镇。金钟镇利用三面环河的地理优势，以“水”为主题，将自身建设成为天津北部“水城”；军粮城依托自身厚重的历史文化积淀，建设仿唐宋风格的“唐朝”重镇，并进一步发挥其交通枢纽作用；新立镇秉承海河沿线的建筑风格，建立充满欧式风情的新型“玫瑰小镇”建筑群。特色小城镇体系的不断完善为天津市经济的持续发展提供了不竭动力，并为天津市特色旅游的发展奠定了良好基础。

（4）城乡居民收入差距逐渐缩小

天津市通过宅基地换房—“三区联动”—“三改一化”—农村金融体制改革，统筹城乡协调发展，使农村居民实现了安居、乐业、有保障。近年来，尽管天津农村地区发展基础弱、起步晚，但是基于小城镇建设带来的制度红利，农村居民的收入不断增加，其增长速度快于城市居民。统计数据显示，至2013年，农村居民人均可支配收入同比增长13.5%，达到15405元，同期的城市居民人均可支配收入同比增长率为10.2%，农村居民收入增速高于城市居民收入3.3个百分点。在农村居民的收入构成中，工资性收入为主要来源，达到9092元，同比增长14.8%，这主要得益于城镇化过程中第二产业、第三产业不断吸纳城镇化进程中的农村富余劳动力，同时政府采取多样化手段为农民创造合适的就业机会和就业岗位并出台一系列相关政策和规定促进农民创新创业。以上措施均有力地促进了农村居民收入的增长。农村居民家庭经营性收入达 4511 元，同比增长 9.3%，这主要源于天津市通过“三区联动”，着力促进工业示范园和农业示范园的发展，建立农村家庭经营自主创业企业与产业链的关联，通过实现农村旅游产业的发展，如以“农家乐”等方式促进农村家庭经营性收入的增加。在财产性收入方面，农村居民人均收入达到 1119 元，同比增长 21.6%，这得益于“三改一化”进行农村集体经济组织向股份制转变，同时实现农民身份由农民向股民转变。通过建设保障性住房增加农民出租房屋的租金收入，以此增加农民财产性收入。从转移性收入上看，随着城乡一体化建设进程的不断推进，农民也被纳入社会保障体系，政府对参保农民给予一定的补贴，带动了农村居民转移性收入的增长，2013 年已达 683 元，同比增长 13.3%（详见表 8 - 7）。

天津市城镇化建设的发展不仅促进了农民收入增加，而且农村居民与城市居民的收入比逐渐降低，城乡之间的收入差距渐趋缩小。截至 2013 年，天津市城乡居民收入比为 2.12（以农村居民收入为 1 计算），而 2012 年本市城乡居民收入比为 2.18，下降了 0.06 且低于全国 3.03 的平均水平。

表 8 - 7　2012 年和 2013 年天津市城乡居民收入情况

项目	指标	2012 年(元)	2013 年(元)	同比增长率(%)
城市居民收入	人均可支配收入	29626.41	32657.95	10.2
	工资性收入	18407.89	20345.85	10.5
	经营性收入	1200.10	1274.93	6.2
	财产性收入	515.49	594.67	15.4
	转移性收入	9502.93	10442.50	9.9
农村居民收入	人均可支配收入	13571	15405	13.5
	工资性收入	7922	9092	14.8
	经营性收入	4126	4511	9.3
	财产性收入	920	1119	21.6
	转移性收入	603	683	13.3

数据来源：《天津统计年鉴》（2013 年）。

(5) 城镇公共服务水平不断提升

近年来天津市积极推进城乡一体化建设，城镇的公共服务承载能力不断提升，公共教育、社会保障、医疗卫生等公共事业均有长足发展。

①公共教育方面

随着天津市对公共教育投入的不断增加，农村基础教育在硬件和软件上都有了较大程度的提升，城乡教育一体化趋势显著。突出表现在城乡基础教育入学率的差异基本消除，如表 8 - 8 所示，截至 2013 年各级学校学生入学率均达 100%，基本实现了城乡入学机会的一体化。人口的文化素质不断提升，根据 2012 年天津市人口发展报告，本市 6 岁及以上受教育人口平均受教育年限为 10.62 年，较之于上一年增加 0.15 年。

表 8 - 8　2009 ~ 2013 年天津市各级学校学生入学率

单位：%

指标	2009 年	2010 年	2011 年	2012 年	2013 年
初中毕业生升学率	104.99	110.26	105.60	95.00	97.00
初中学生净入学率	99.47	99.43	99.88	100.00	100.00
小学学龄儿童毛入学率	107.24	122.95	122.88	105.62	105.68

数据来源：《天津统计年鉴》(2014 年)。

②社会保障服务方面

近年来天津市加快建设覆盖城乡居民的社会保障体系。截至 2013 年天津市城乡居民医疗保险参保缴费 518.34 万人，参保率超过 96%，参保人数和参保率双双实现新突破，城乡居民医疗保障连续三年实现全覆盖。

③医疗卫生服务方面

天津市高度重视农村医疗卫生工作，通过改革医疗卫生体制，不断培育农村医疗队伍，为健全基层医疗卫生服务网络提供人力保障。通过医疗卫生服务资源的重新布局，不断完善城乡医疗保障体系的制度建设，不断提高农村医疗卫生服务能力和水平。2010 ~ 2013 年天津市卫生事业机构数量持续增长（如表 8 - 9 所示），基层医疗卫生机构数量增至 4217 个，村卫生室 2248 个，门诊部 351 个，较之于 2010 年分别增加 86.6%、20.2%、36.0%。

表 8－9　2010～2013 年天津市医疗卫生事业机构数量

单位：个

医疗卫生机构类型	2010 年	2011 年	2012 年	2013 年
基层医疗卫生机构	2260	3984	4095	4217
村卫生室	1870	2157	2157	2248
门诊部	258	262	283	351

数据来源：《天津统计年鉴》（2014 年）。

④资源环境和公共设施不断改善

天津市城镇化建设极大改善了城市的公共设施和生态环境，增强了城镇的生态宜居性。如表 8－10 所示，2013 年天津市居民人均住宅面积 35.75 平方米，人均拥有道路面积达 18.74 平方米，每万人拥有公共交通车辆 17.0 标台，较之于 2011 年分别增长 9.1%、9.9%、19.7%。天津市燃气已实现全城乡覆盖。在城镇化建设进程中，注重生态环境的保护，为建设美丽天津开展“四清一绿”行动。通过进行河道综合治理，着力推进堤岸改造、水系连通、河道清淤等工程建设，全面实现天津市内河道与河流水系的综合治理。在河道管理方面，通过进行“河长制”管理建立水环境质量检测体系和评价体系。在污水处理方面，推动配套管网设施建设，并通过新建和改扩建一批污水处理厂，全面实施城市的雨水、污水分流。在生态环境建设方面，为治理海河中游生态环境制定政策法规实现高标准的海河治理。在市民饮水安全方面，通过进行水质保护，实现引黄、引滦、引江沿线和水源地水质保护。在地下水保护方面，严格控制城市经济建设对地下水的开采，从根源上防止地下水污染。数据显示，截至 2013 年，天津市城镇污水集中处理率达 90%。在城市绿化工程方面，天津大力开展植树造林工作，通过公路、河岸、天路沿线的绿化带建设和农林网建设实现绿化工程的稳步推进；同时，通过城市空间立体化绿化工程，推进裸露地面的植被全覆盖、立体绿化对城市空间的拓展、实施重点绿化工程等工作。截至 2013 年天津市建成区绿化覆盖率为 34.9%，绿地率达 31.0%。

表 8-10　2011～2013 年天津市资源环境与公共设施状况

指标	2011 年	2012 年	2013 年
人均住宅面积（平方米）	32.77	34.61	35.75
人均拥有道路面积（平方米）	17.05	17.88	18.74
每万人拥有公共交通车辆（标台）	14.2	16.2	17.0
燃气普及率（%）	100	100	100
污水处理率（%）	86.8	88.2	90.0
建成区绿化覆盖率（%）	34.5	34.9	34.9
建成区绿地率（%）	30.6	30.9	31.0

数据来源：《天津统计年鉴》（2014 年）。

8.2　天津市新型城镇化进程中的农民市民化现状

天津市自 2005 年开始示范小城镇建设以来，先后分四批启动了 54 个试点镇的新型城镇化建设，规划还迁村落共计 695 个，安置村民约 108 万人，规划安置区总建筑规模共约 6000 万平方米。为较为全面系统地了解全市失地农民市民化的现状，本研究首先根据 2015 年天津市相关年鉴信息提供的客观数据以及在示范小城镇进行问卷抽样调查获取的相应数据，利用第五章所构建的农民市民化评估指标体系对天津市农民市民化的水平进行初步鉴定，然后再对问卷调查的数据以及两个样本村的典型案例进行深入分析，进一步揭示天津市农民市民化的基本状况。

8.2.1　天津市农民市民化水平评估

8.2.1.1　评价方法

本研究采用标准比值法对天津市农民的市民化水平进行评估。该方法通过对各项参评指标分别确定单一的对比标准来进行个体指数的计算。综合评价指数则通过将个体指数进行加权平均获得，具体计算方法如下。

第一，计算第四级指标个体指数：

$$\alpha = (X/A) \times 100$$

第二，计算第四级指标得分：

$$\beta = \alpha \times W$$

第三，计算第三级指标得分：

$$\gamma = \sum \beta$$

第四，计算第二级指标得分：

$$\varepsilon = \sum \gamma$$

第五，计算第一层级指标得分：

$$\theta = \sum \varepsilon$$

第六，最后加总可得指标体系得分：

$$\kappa = \sum \theta$$

其中 α 为第四级指标个体指数，X 为参评指标实际值，A 为该指标对应的标准值；β 为第四级指标得分，W 为第四级指标的权重；γ 为第三级指标得分；ε 为第二级指标得分；θ 为第一级指标得分；κ 为指标体系综合评价得分。

8.2.1.2　数据的收集与整理

本研究所设定的指标体系中既有客观指标，也有主观指标，在对天津市农民市民化水平进行评估时，客观指标数据根据数据的可得性和科学性，从《天津市国民经济和社会发展统计公报 2015》《天津调查年鉴 2015》《天津市统计年鉴 2015》中得到。主观数据主要通过抽样调查方法得到。课题组于 2015 年 7 月在天津市 21 个示范小城镇内随机抽取了 487 位居民进行了问卷调查，调查为天津市农民市民化评价指标体系中的主观指标提供了数据来源。

由于不同指标其原始数据运用不同的量纲，不能直接进行分析，在多指标评价过程中，要对各个指标首先进行指标方向调整，然后再做标准化处理。因为，在整体指标体系中，不同指标对综合评价统计的影响大小和方向均不相同。一些指标数值越大，表明在该领域具有越高的发展水平或影响水平；而有些指标值越大，则表明在其领域具有越低的发展水平或影响水平。因此，随着数值增大而发展水平提升的指标，在研究中作为正指标，反之则作为逆指标。除了以上两类指标外，还有一类指标其数值应具有适度属性，既不过大也不过小，是研究中的适度指标。对于逆指标和适度指标，需调整方向使其与正指标的发展趋势一致。本书将对逆指标进行方向调整，并对其进行标准化处理（本书未涉及适度指标）。

正指标（数值趋大，则结果愈优）的无量纲化方法：

$$X' = \frac{X - Xmin}{Xmax - Xmin}$$

逆指标(数值趋小,则结果愈优）的无量纲化方法：

$$X'' = \frac{X\max - X}{X\max - X\min}$$

对于定类或定序变量来说，为便于处理，本研究采用打分的方法对其进行赋值，然后再进行处理。如农民的交往对象方面，如果选择“自家亲属”，则赋值为 0 分，交往对象为“邻居”或“别村村民”，则赋值为 0. 5 分，如选择“同事”、“同学”或其他，则赋值为 1 分。针对居住区域不文明行为发生状况的调查，回答“非常频繁”为 5 分，“比较频繁”为 4 分，“一般”为 3 分，“偶尔出现”为 2 分，“从未发生”为 1 分。关于市民化意愿，回答愿意为 1 分，不愿意为 0 分。在城市人的态度方面，非常友好为 5 分，比较友好为 4 分，一般为 3 分，比较不友好为 2 分，非常不友好为 1 分。关于生活状态的满意度评价方面，非常满意为 5 分，比较满意为 4 分，一般为 3 分，比较不满意为 2 分，非常不满意为 1 分。

8. 2. 1. 3 综合评价分析

根据前文设计的农民市民化评价指标体系，本研究采用 2015 年的统计年鉴数据及抽样调查数据分别计算天津市农民市民化在生存基础、社会融入、人口素质、心理认同、公共服务水平这五个一级指标的得分，加总可得 2015 年农民市民化进程的总得分。

（1）一级指标评价得分

①生存基础（A）指标得分

表 8－11　天津市农民生存基础（A）指标得分

	收入状况(A1)	消费状况(A2)	居住状况(A3)	就业状况(A4)
分指标得分	6.50	2.31	12.17	10.22
生存基础(A)汇总得分	31.20			

由表 8－11 可见，天津市农民收入状况（A1）、消费状况（A2）、居住状况（A3）及就业状况（A4）的得分分别为 6.50 分、2.31 分、12.17 分、10.22 分，加总可得天津市农民在生存基础（A）指标上得分为 31.20 分。天津市农民在居住状况方面的市民化程度最高，这跟天津市推进宅基地换房的城镇化模式密切相关。天津市农民在收入和消费方面市民化程度与城市居民还有一定差距。

②社会融入（B）指标得分

表 8－12　天津市农民社会融入（B）指标得分

	人际交往(B1)	社会参与(B2)	文化生活方式(B3)
分指标得分	4.23	1.42	2.08
社会融入(B)汇总得分	7.73		

由表 8－12 可见，天津市农民的人际交往（B1）、社会参与（B2）、文化生活方式（B3）的得分分别为 4.23 分、1.42 分、2.08 分，加总可得天津市农民在社会融入（B）指标上得分为 7.73 分。天津市农民社会融入市民化程度亦不高，主要表现在人际交往方面的市民化程度较低，大多数农民还主要是以自家亲属、邻居等为交往对象。

③人口素质（C）指标得分

表 8－13　天津市农民人口素质（C）指标得分

	文化素质(C1)	思想道德素质(C2)
分指标得分	4.49	3.16
人口素质(C)汇总得分	7.65	

从表 8－13 可见，天津市农民的文化素质（C1）和思想道德素质（C2）的得分分别为 4.49 分和 3.16 分，加总可得天津市农民人口素质（C）指标的得分为 7.65 分。天津市农民的人口素质市民化程度较之于市

民也存在一定的差距，主要表现在文化素质方面的得分较低，农民自身的文化水平亟待提高。

④心理认同（D）指标得分

表 8-14　天津市农民心理认同（D）指标得分

	情感认同(D1)	自我认同(D2)
分指标得分	3.84	4.85
心理认同(D)汇总得分	8.69	

从表 8-14 可见，天津市农民的情感认同（D1）和自我认同（D2）的得分分别为 3.84 分和 4.85 分，加总可得天津市农民心理认同（D）指标的得分为 8.69 分。随着天津市小城镇建设的逐步推进，诸多农民通过宅基地换房政策，搬进高楼集中居住。然而这部分农民对自我城市人身份的认同度较低，大多数人认为自己依然是农民，且市民化的意愿较低，认为市民化之后会剥夺现在所享有的村集体所赋予的福利。天津市农民心理认同市民化程度有待提升。

⑤公共服务水平（E）指标得分

表 8-15　天津市农民享受的公共服务水平（E）指标得分

	社会保障(E1)	教育服务(E2)	公共就业服务(E3)	公共设施(E4)
分指标得分	1.25	1.97	0.59	1.01
公共服务水平(E)汇总得分	4.82			

由表 8-15 可见，天津市农民社会保障（E1）、教育服务（E2）、公共就业服务（E3）及公共设施（E4）的得分分别为 1.25 分、1.97 分、0.59 分、1.01 分，加总可得天津市农民公共服务水平（E）指标的得分为 4.82 分。天津市农民在享受的公共服务水平方面，教育服务水平最高，天津市农民的子女在城镇完全享受义务教育。其次天津市在公共设施的建设上投入力度不够，其在公共设施上的得分较低，表明城镇化建设为农民市民化提供的硬件设施条件尚不完善，较之于城镇居民的平均水平还存在一定的差距。天津市农民在社会保障和公共就业服务方面的市民化程度也不高，难以享受与市民均等的社会保障和就业服

务，这也成为农民市民化的重要掣肘。

（2）天津市农民市民化指标评价汇总得分

表 8－16　天津市农民市民化水平综合评价得分

	生存基础(A)	社会融入(B)	人口素质(C)	心理认同(D)	公共服务水平(E)
分指标得分	31.20	7.73	7.65	8.69	4.82
市民化评价总分	60.09				

通过对 5 个一级指标进行汇总，得出天津市农民市民化水平综合评价得分为 60.09 分。近年来随着城镇化建设的不断深入推进，天津市以示范小城镇为载体不断提升城镇化建设水平，截至 2015 年常住人口城镇化率为 82.64%，已达到世界发达国家城镇化水平。然而由于受制于固有的城乡二元体制的影响，天津市农业转移人口却并未完全享有与城市居民同等的权利，农民所享受的公共服务水平不理想，并且天津市农民与城市居民的社会融入程度并不高，在主观上他们对自己的市民身份认同度亦不高。通过本研究构建农民市民化评价指标体系并对天津市农民展开实证调查研究，发现其市民化水平为 60.09%，滞后于城镇化水平 22.55 个百分点。这表明天津市城镇建设规模扩大的同时，在以人为核心、注重提升城镇化质量方面确实存在一定的弊端，天津市农民在生活模式、行为方式、价值观念等方面的城市化水平不高，亟待从提升人口素质、促进社会融合、均等化公共服务等方面提升农村转移人口的市民化水平。

农业转移人口市民化是新型城镇化的关键与核心。然而市民化不是单纯的身份改变，更重要的是在人口素质、生活方式、价值观念态度等方面实现向市民转变。本研究从经济、社会、心理、人口素质等多角度设计了农民市民化的评价指标体系，并以天津市为例对农民市民化评价指标体系进行了实证检验，具有一定的合理性和适用性，可以为其他地区农民市民化水平评价提供借鉴参考。但本研究也存在一定的不足，如指标体系的权重确定可能存在一定的主观倾向，在对天津市农民市民化进行实证检验时，指标体系中的主观指标采用抽样调查的方法获取数据，样本的代表性也可能影响该地区市民化水平的评定。

8.2.2 样本数据揭示的试点小城镇居民的市民化现状

8.2.2.1 样本基本信息

(1) 样本个人信息

研究以天津市开展小城镇建设试点的行政村所属的失地农民（农户）为调查对象，获得了487条有效样本数据。样本构成上，男女比例基本相当，31~45周岁的占50%的比例，初中文化的占47.4%的比例，89.3%为群众，78.2%为已婚者。受访者个人信息详见表8-17。

表8-17 受访者个人基本信息

样本特征量	样本特征	频数	百分比(%)
性别	男	240	49.3
	女	247	50.7
年龄	18~30周岁	102	20.9
	31~45周岁	244	50.1
	46~60周岁	134	7.0
	60周岁以上	7	1.4
学历	小学	59	12.1
	初中	231	47.4
	高中或者职高	169	34.7
	大专或高职	22	4.5
	本科及以上	6	1.2
政治面貌	中共党员	52	10.7
	群众	435	89.3
婚姻状态	未婚	77	15.8
	已婚	381	78.2
	离异或丧偶	29	6.0

(2) 样本家庭信息

受访者家庭人口为3人和4人的分别占41.1%和34.5%，加权计算，得受访者家庭平均人口为4人。受访者中，家庭耕地全部以及大部分被征用的占76.6%，宅基地全部被征用的占56.7%。23%的宅基地尚未被征用，说明这些样本人群所在的村庄虽然已被列入小城镇建设试点名单，但宅基地换房的工作还没有实质性开展。受访者家庭基本信息详见表8-18。

表 8－18　受访者家庭基本信息

样本特征量	样本特征	频数	百分比(%)
家庭人口	2	18	3.7
	3	200	41.1
	4	168	34.5
	5	66	13.6
	6	35	7.2
宅基地征用情况	全部被征用	276	56.7
	大部分被征用	61	12.5
	小部分被征用	38	7.8
	还没被征用	112	23
耕地征用状态	全部被征用	352	72.3
	大部分被征用	21	4.3
	小部分被征用	20	4.1
	还没被征用	94	19.3

由于本课题关注的是新型城镇化进程中的农民市民化问题，因此那些土地已被征用或大部分已被征用的农户才具有观察意义。在小城镇建设的推进过程中，耕地的征用和宅基地的征用往往不同步。且这个过程往往需要较长的时间，导致在现实中住楼房的务农农民和住平房的务工农民同时存在。本研究认为，一旦耕地被大部分或完全征用，农户的生产方式即开始转变或先于这个时间点转变。而住进楼房的农民，如果还从事传统的农业生产经营，即使他们的生活方式有所改变，但由于生产方式没有改变，所谓的“市民化”是无从谈起的。因此，根据数据分析的需要和表述的方便，本研究在进行数据分析时，把耕地已被大部分征用或完全征用的样本（合计 373 户）合并为一类，简称为“已征地”或“已征地的受访者”或“已征地受访者家庭”；将耕地尚未征用或只征用了少部分的样本（合计 114 户）合并为一类，简称为“未征地”或“未征地的受访者”或“未征地受访者家庭”。

8.2.2.2　生存基础

生存基础是农民市民化的基本前提，农民要成为市民最基本的条件就是其拥有与市民相当的生存条件，包括经济收入和消费达到城市居民的水平、在城市中具有稳定的住所及工作。本次调查所得的数据表明，天津市新型城镇化推进中的失地农民已经具备较好的生存基础，为他们的市民化提供了一定的经济支撑。

(1) 家庭收入

一般认为，农民向市民转变，应该在收入水平和收入结构上与城镇居民接近，具备这样的物质基础，才有可能实现农民的市民化。

调查统计得知，所有受访者 2015 年底的家庭平均收入为 81963 元，按前文测算所得受访者家庭平均人口 4 人计，受访者人均收入为 20491 元，略高于同期天津市农村常住居民的人均收入值 18482 元，但还明显低于同期天津市城镇常住居民的人均收入值 34101 元。受访者家庭收入的最高值为 20 万元，最低值为 4.5 万元，中位值和众值均为 8 万元。受访者家庭收入水平分布见图 8－5。

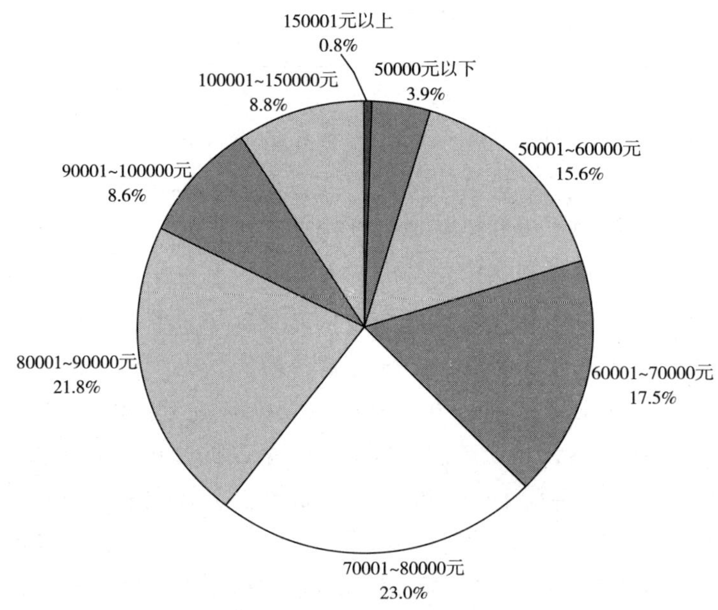

图 8－5　2015 年受访者家庭总收入水平分布

已征地的 373 个农户样本，2015 年底他们的家庭年平均收入为 93193 元，征地前的家庭年平均收入为 64920 元。可以看出这些农户家庭的收入水平较征地前提高了 43.6%。人均可支配收入为 23298 元，是同期天津市农村常住居民可支配收入（18482 元）的 1.26 倍，但只占城镇常住居民人均可支配收入（34101 元）的 68.3%，可见已征地农户的收入水平虽已显著提高，但和城镇居民平均水平相比还有较大差距。进一步了解其收入结构，发现征地前这些农户的主要收入来源为农业和务工。征地后农户的主要收入来源为务工和经商，农业收入比重大幅降低，同时集体经济分红和房屋出租也成为一个较为固定的收入来源。已征地农户征地前后的收入结构见图 8 -6。

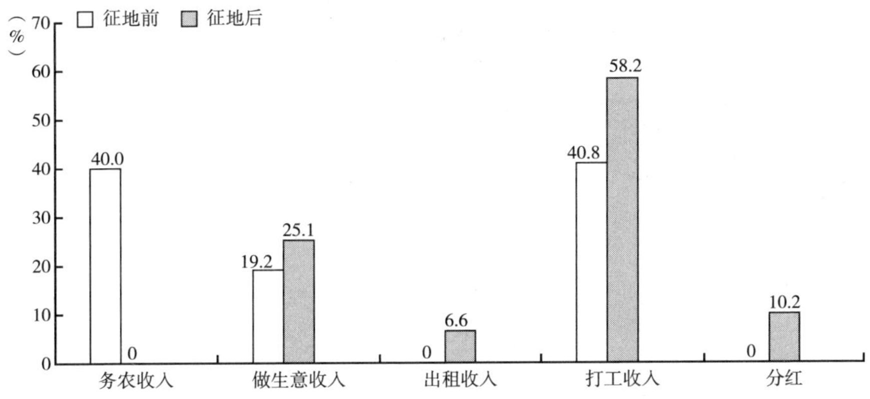

图 8 -6　已征地受访者家庭收入构成

（2）消费状况

消费方式的转变亦是农民向市民转变的重要考察指标。一个家庭消费结构及其消费支出，是居民家庭生活水平的重要衡量标志，是对居民消费特征、消费习惯和消费趋势的反映。长期以来，农民由于人均可支配收入低于城市居民，在人均消费支出水平上也低于城市居民，并且在消费结构上城市和农村居民呈现出显著的差别。数据显示，农村居民的消费还多用于食品、衣物等，在娱乐、文教等精神需求层面的支出较少，其消费比重和水平也明显低于城市居民。农民要向市民转变必须在消费方式上与城市居民趋同，实现由低层次的物质需求向高层次的精神需求转变。

受访者家庭 2015 年平均消费支出 72926 元，人均消费支出 18321.5 元，高出同期天津市农村常住居民人均消费支出（14739 元）23.7%。受访者 2015 年家庭消费支出水平分布见图 8 -7。

已征地的 373 个农户样本，2015 年家庭平均消费支出 78429 元，人均消费支出 19607 元。这些农户征地前家庭平均消费支出 62680 元，人均消费支出 15670 元。征地后居民家庭消费支出水平提高了 25.1%。已征地农

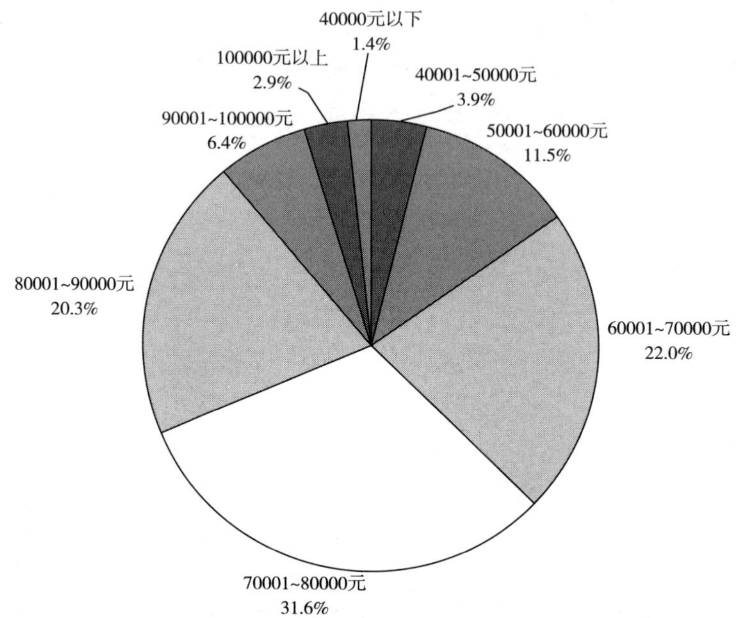

图 8－7　受访者 2015 年家庭总消费水平分布

户人均消费支出是同期天津市农村常住居民人均消费性支出的 1.33 倍，但只占同期城镇常住居民人均消费性支出（26230 元）的 75%，说明已征地农民的消费水平在农村处于较高水平，但和城镇居民相比仍有较大差距。

进一步了解其消费结构，发现征地前这些农户的主要消费支出为食品和衣着，其次为文教体育、人情支出和交通、通信。征地后最大的支出项目仍为食品支出，但交通、通信已上升为第二大支出项目，文教体育和人情支出仍占较大比重，衣着支出比例有明显下降。交通、通信支出增加的原因主要是一些家庭购买了小汽车或摩托车等交通工具，以及互联网和智能手机的普遍使用。交通、通信支出比例的提高和衣着支出比例的下降说明已征地农民的消费结构已经开始向城镇居民接近，但食品消费所占比例仍居第一，说明消费结构还在较大程度上保留传统特征。已征地受访者家庭征地前后的消费结构见图 8－8。

（3）居住状况

稳定的居住条件是农民在城镇生存与发展、实现市民化的又一重要条件。农民在城镇中拥有稳定的住所，且人均住房面积能够与城镇居民住房面积相当，这可视为市民化的重要表征。

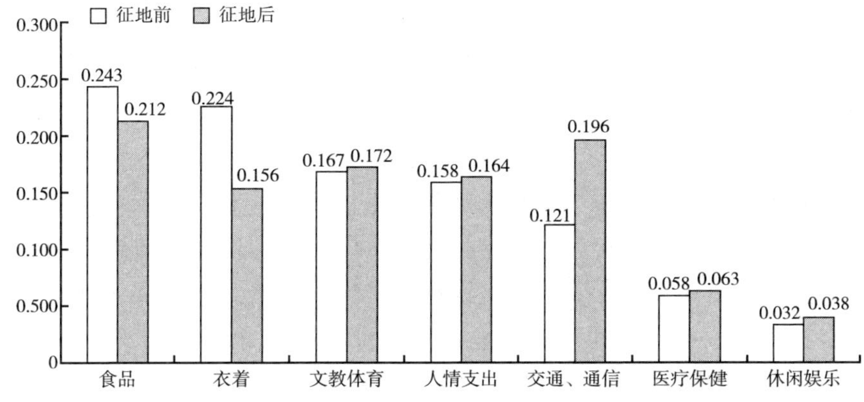

图8－8　已征地受访者家庭消费构成

受访者家庭平均住房面积为142平方米。最小值40平方米，最大值600平方米，中位值与众值均为200平方米。受访者住房来源，主要包括自建房、还迁房以及临时租房。详见图8－9。

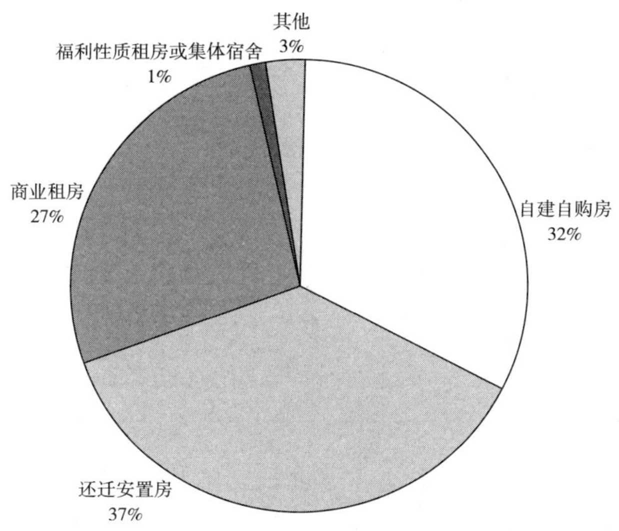

图8－9　受访者家庭住房类型分布

对征地程度进行分析，发现尚未开始拆建或仅被少部分征地的受访者，他们的住房仍然以原自建房为主。已征地的受访者中，48.5%的家庭居住于还迁房，35.4%的家庭租房居住，14.2%的家庭还居住于原自建房，

1.9%的家庭寄居于亲戚朋友的空房。租房居住的家庭，大多已签订拆迁协议，待还迁房建设装修完毕后迁入新居。因此，实际上已征地家庭中的绝大多数的住房都是还迁房。

（4）就业状况

在城镇实现稳定就业是农民在职业上实现非农转变、在城镇中获得稳定生活来源的基础，非农产业就业比重及农民在城镇中就业的稳定性是就业状况的重要考察指标。非农产业就业比重指的是从事非农产业的农民占所有农村劳动人口的比重，其计算方式为非农从业人口与总劳动人口相除。城镇就业的稳定性主要考察农民在城镇工作的变动情况，国际上将半年内工作无变动视为就业稳定。如果在半年内工作变动次数较多，那么农民在城镇将缺乏稳定的收入来源，从而将削弱其在城镇生活的动机。

表 8－19　受访者就业类型

就业类型	所有受访者		已征地的受访者	
	频数	比例(%)	频数	比例(%)
公职人员	0	0.0	0	0.0
大中企业白领	3	0.6	2	0.5
村干部	6	1.2	3	0.8
村办企业上班	106	21.8	106	28.4
个体经营	95	19.5	76	20.4
村外企业打工	107	22.0	89	23.9
务农	122	25.1	57	15.3
待业、打散工	23	4.7	23	6.2
在校学生	16	3.3	12	3.2
离退休人员	9	1.8	5	1.3
合计	487	100.0	373	100.0

非农产业就业比重。已征地受访者373人中，还有57人从事农业生产经营，农业就业比重为15.3%，即非农就业比重大致为84.7%。未征地受访者114人中，从事农业的有65人，农业就业比重为57.0%。可以看出征地后，农民的非农就业比重有了大幅提高。

就业岗位。已征地受访者373人中，非农就业的岗位主要包括村办企业上班、村外企业打工和个体经营，分别占28.4%、23.9%和20.4%，三项合计所占比例为72.7%。可以发现已征地农民以低端服务业、操作工和个体经营为主要就业方向。受访者中，还有 6.2% 处于待业或打散工的状态，0.8% 为村干部，另外还有 3.2% 的在校学生和 1.3% 的离退休人员（老年人口）。在进一步对已征地受访者的就业状况进行分析时，将以村办企业上班、村外企业打工和个体经营这三类人员（合计 271 人）为对象，在本章接下来的部分称这个人群为“非农就业的受访者”或简称为“非农就业受访者”。

工作稳定性。271 位非农就业的受访者平均从事的工作份数为 1.19，90.5% 的受访者只从事了一份工作，即目前所从事的工作，换过 1 次工作的比例为 11.0%，换过 2 次工作的比例为 8.7%，换过 3 次工作的为 4.6%。从数据看，就业稳定性处于较高的水平。

就业渠道。调查了解到，村内企业就业都是由村委会安排的，故村委会成了最大的就业渠道。其次为朋友介绍、亲戚帮忙，分别占 16.9% 和 15.3%。通过职业介绍机构和媒体招工信息实现就业的分别占 10.3% 和 8.6%。总体而言，已征地农民的就业渠道较少，对村集体和社会关系依赖性强，同时也有少部分村民开始主动进入劳动力市场寻求工作。

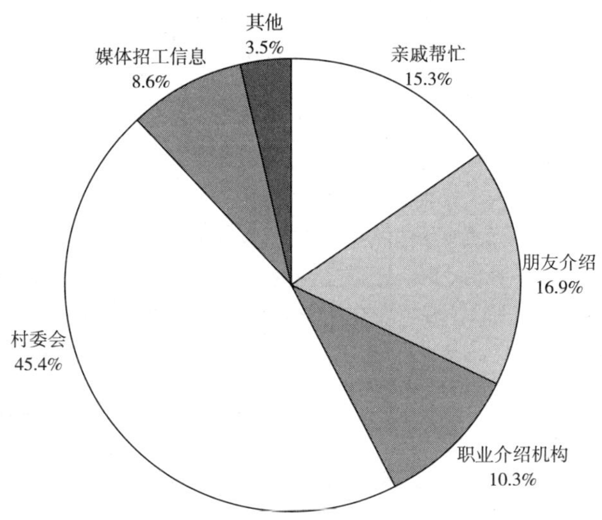

图 8-10　已征地受访者就业渠道分布

就业推荐服务。非农就业的受访者中，61.4% 接受过村委或镇政府有关部门的就业推荐服务，其余的 38.6% 没有接受过该服务。

签订劳动合同状况。非农就业的受访者中，44.8% 没有签订任何合同或协议，32.4%签订了短期劳动合同或用工协议，22.8%签订了长期劳动合同或用工协议。由于从事低端岗位工作，还有一部分属于个体经营，这样的状况就不足为奇了。

表 8-20 非农就业受访者签订劳动合同情况

类别	频数	比例(%)
没签订任何合同或协议	167	44.8
签订了短期劳动合同或用工协议	121	32.4
签订了长期劳动合同或用工协议	85	22.8
合计	373	100

工作福利状况。从问卷反馈的信息看，非农就业者的工作福利状况不理想，有40.6%的受访者的从业单位没有提供任何福利。从福利项目看，过节费是非农就业的受访者较为普遍的福利，有50.9%享有这项福利，其次为单位出资的旅游和培训，有19.9%的受访者有此项福利，另各有14.4%的受访者享有出差补助和餐补。

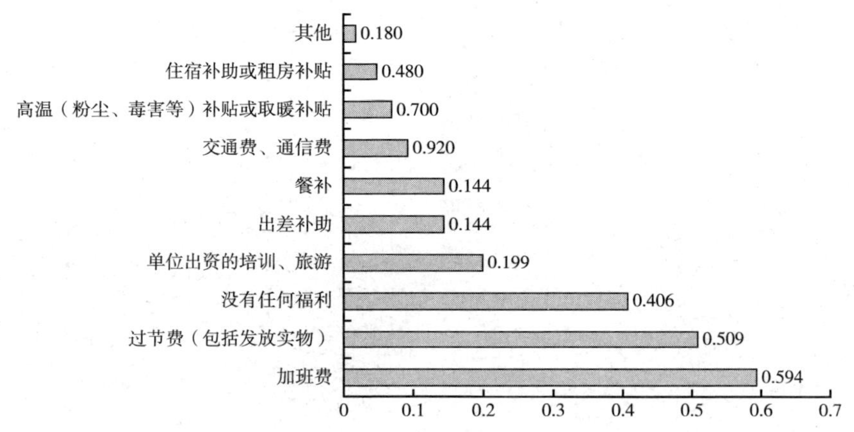

图 8-11 非农就业受访者工作福利状况

工作时间。数据统计显示，非农就业的受访者平均工作时间为每天9.5小时，最少工作时间6小时，最多为14小时。

加班情况。非农就业者加班是普遍现象，96.7%的受访者在工作中需要加班。加权计算得平均每月加班时间为30.5小时。按天津市劳动局规定的每月工作日21.75天计，平均每个工作日加班时间为1.4小时。月加班时间超过64小时的达到10.3%，月加班时间超过32小时的占38.3%。调查了解到只有59.4%的受访者有加班费，可见非农就业者不仅工作超时较为普遍，且接近一半的人员没有得到加班工资，工作权益处于较低水平。

表8-21 非农就业受访者工作加班情况（月加班时数）

类别	频数	比例(%)
基本没有加班	9	3.3
10小时以内	32	11.8
10~32小时	126	46.5
32~64小时	76	28.0
64小时以上	28	10.3
合计	271	100.0

工资收入情况。50.2%的非农就业者工资为1501~3000元，27.7%工资为3001~5000元。加权计算得每月平均工资为3527元，按天津市劳动和社会保障局发布的数据，2015年本市城镇职工平均月工资为4944元，非农就业者的平均工资只是同期天津市城镇职工平均工资的71%，还存在不小的差距。

表8-22 非农就业受访者工资收入情况（月工资）

类别	频数	比例(%)
1500元以内	11	4.1
1501~3000元	136	50.2
3001~5000元	75	27.7
5001~8000元	37	13.7
8000元以上	12	4.4
合计	271	100.0

8.2.2.3 社会融入

社会融入是反映农民市民化本质特征的重要指标，主要从社会层面考察城镇化进程中农民在社会交往、文化生活方式以及参与城市社会活动方面与城镇居民社会生活方式的相似性。本研究从人际交往、社会参与和文化生活方式三个方面对失地农民的社会融入状况进行考察。

（1）人际交往

人际交往对象。受访者人际交往的主要对象以亲属、邻居和附近村民为主，具有较为典型的农村村民特征。但区别未征地受访者（N＝114）、已征地受访者（N＝373）和非农就业者（N＝271）三个群体，可以发现一些变化趋势。这三类人群的人际交往对象尽管还是以亲属、邻居和附近村民为主，但所占比例却有差异，即未征地受访者的交往对象中，亲属、邻居和附近村民的比例分别高于已征地受访者，同样，已征地受访者的这三个比例又高于非农就业受访者。另外，工作同事、生意伙伴等交往对象，尽管在受访者的人际交往对象中所占比例较低，但同样也可发现一定的变化趋势。相比未征地农民，已征地农民的交往范围开始扩大，交往对象中工作同事、生意伙伴的比例提高。非农就业受访者的交往对象中，工作同事和生意伙伴的比例则进一步提高（见图8－12）。这几组数据说明，已征地农民尤其是那些从事非农产业的农民，他们的社会交往范围已经开始从传统的地缘、血缘扩展到业缘，也说明非农就业的职业活动有利于拓展村民的人际交往范围，这实际上说明了职业活动有助于农民融入城镇社区。

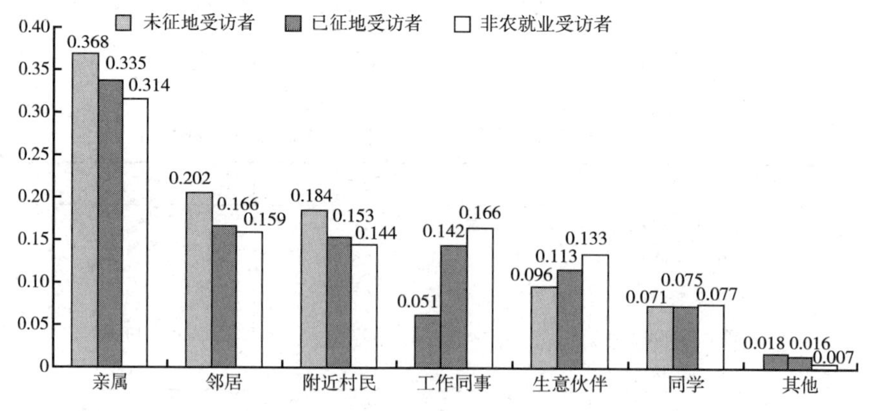

图8－12　受访者的社会交往

求助对象。在生活中遇到困难时的求助对象，也被当作一个观察农民市民化程度的指标。无论是是未征地受访者（N＝114），还是已征地受访者（N＝373）和非农就业者（N＝271），他们首选的求助对象都是亲属，其次为邻居、附近村民、工作同事和生意伙伴，但后几个选项的比例都很低。对比未征地受访者（N = 114）、已征地受访者（N = 373）和非农就业者（N = 271）三个群体，可以发现，同样把亲属作为首选对象，但未征地受访者选择此项的比例为 76.3%，已征地受访者选此项的比例为 72.4%，非农就业受访者达此项的比例则为 69.4%，呈逐步下降的趋势。对于邻居和附近村民这两个选项的选择比例，也同样呈现这样的规律。与此相反，对于工作同事、生意伙伴和同学等选项，虽然选择的比例都较低，但从未征地受访者到已征地受访者再到非农就业受访者，选择这三个选项的比例都呈现出增高趋势（见图 8 – 13）。这几组数据进一步说明非农就业的职业活动有助于失地农民和其他城镇居民建立更紧密的社会联系，提高其社会融入水平。

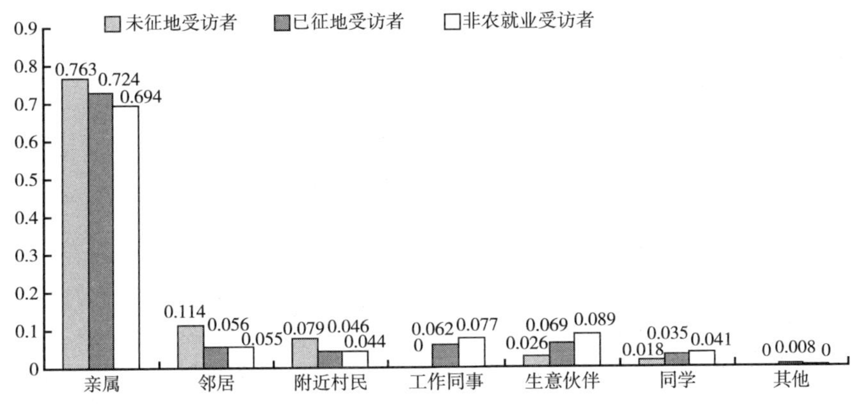

图 8 – 13　非农就业受访者的求助对象

交往范围。总体来看，受访者交往范围没有明显变化，50.1% 的已征地受访者和 48.0% 的非农就业受访者认为自己的交往范围没有变化，只有 17.4% 的已征地受访者和 20.7% 的非农就业受访者认为有比较明显的变化。对已征地受访者和非农就业受访者进行比较，可以发现后者认为有较明显变化的比例稍高于前者（见图 8 – 14）。对新增交往对象的来源的统计发现，生意伙伴和工作同事占据绝大比例，已征地受访者新增交往对象的 41.3% 来自生意伙伴，30.6% 来自工作同事，非农就业受访者的这两个数据分别为 48.7% 和 33.6%。此外，这两个群体分别有 9.1% 和 7.7% 的新增交往对象来自趣缘伙伴（见图 8 – 15）。从交往对象的扩大的范围和来源看，非农就业的职业活动对扩大交往对象的促进作用是较为明显的。

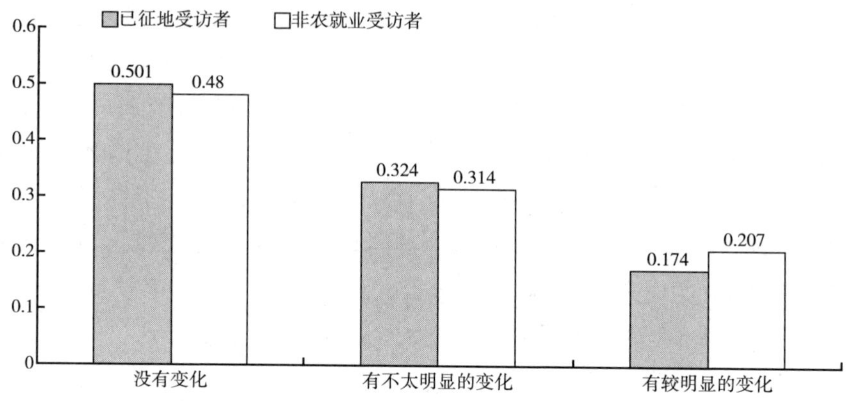

图 8－14　受访者交往范围变化情况

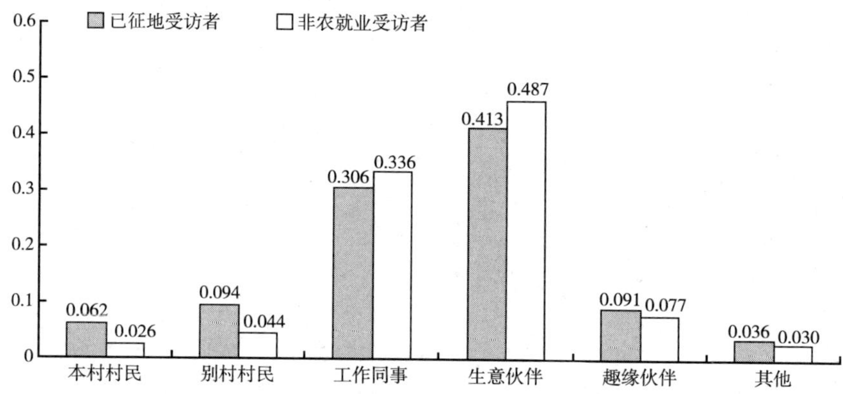

图 8－15　受访者新增交往对象来源

（2）社会参与

非农就业的受访者中，参加工会组织的比例为 17.7%，参加了党团组织的为 24.7%。对于社区组织的各项活动的情况，如文体活动、选举等，已征地受访者经常参加的占 27.2%，偶尔参加的占 34.3%，从没有参加过的占 38.5%。村委选举和大多数文体活动，都由村委会组织，具有较强的行政色彩，因此难以用这些数据和城镇居民进行比较并做出判断。

（3）生活方式

114 名未征地受访者闲暇时间的主要消遣方式是看电视听广播、上网和打麻将，分别有 81.6%、78.1%、57.0% 的受访者选择了这三项。271 名非农就业受访者闲暇时间的主要消遣方式是上网、看电视听广播和打麻将，分别有

89.7%、77.9%、47.6%的受访者选择了这三项。从这两组数据来看，非农就业受访者和未征地受访者之间略有差异，非农就业受访者在电视广播、打牌娱乐上面的时间略少于未征地受访者，在上网方面的时间则明显多于后者。而在旅游、看电影、看书学习、运动健身等休闲项目上，非农就业受访者的所花的时间均多于未征地受访者（见图 8-16）。虽然从总体上看，受访者的休闲生活还较为单调，与城镇市民的休闲方式还存在明显差距，但数据对比可以看出，非农就业受访者的休闲方式相对而言更接近城镇市民的方式。

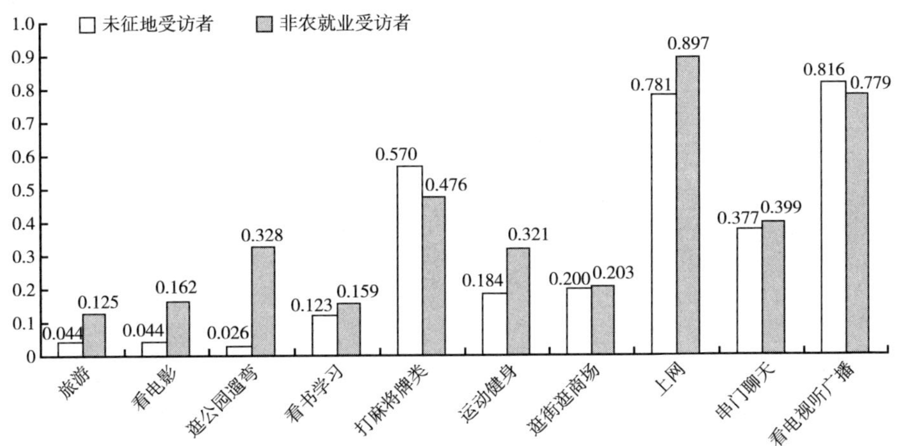

图 8-16 受访者主要休闲方式

8.2.2.4 人口素质

人口素质上的差异一方面会对农民本身享受现代文明的能力产生重要影响，另一方面还会在农民群体的新生代中进行代际遗传，这对农民群体后代融入城市造成障碍。为了从根本上提高农民对现代文明的鉴赏能力，必须不断强化对农民文化素质的培养。调查设计了与职业技能、纠纷解决方式、不文明行为相关的三个问题，以此初步了解受访者的人口素质状态。

职业技能。对于农民而言，职业技能是他们人口素质的一个构成方面，决定了他们进入城镇劳动市场、获取较为稳定就业岗位的可能性的高低。天津市在推进新型城镇化工作中，对失地农民的职业技能培训高度重视，人力资源管理和劳动社会保障部门组织实施了专门针对这个人群的职业技能培训工作。调查数据表明，这些培训工作取得了一定效果，一些失地农民接受了培训并获得了不同等级的职业技能证书。但总体而言，拥有职业技能证书的农民比例偏低。未征地受访者中，超过 80% 没有任何职业技能证书，已征地的非农就业受访者中，也有超过 60% 没有任何职业技能证书。不过，对比未征地受访者和非农就业受访者的有关数据，可以发现一些好的发展趋势。首先，这两类受访者中，前者没有任何职业技能证书的比例，明显高于后者；其次，在拥有初级技工、中级技工、高级技工以及技师等职业技能证书的比例上，前者均低于后者（见图 8 - 17）。可以推断，非农就业受访者在他们的工作中，主动或被动地学习和接受了相应的职业技能，从而具备了比未征地农民相对而言较高的人口素质。

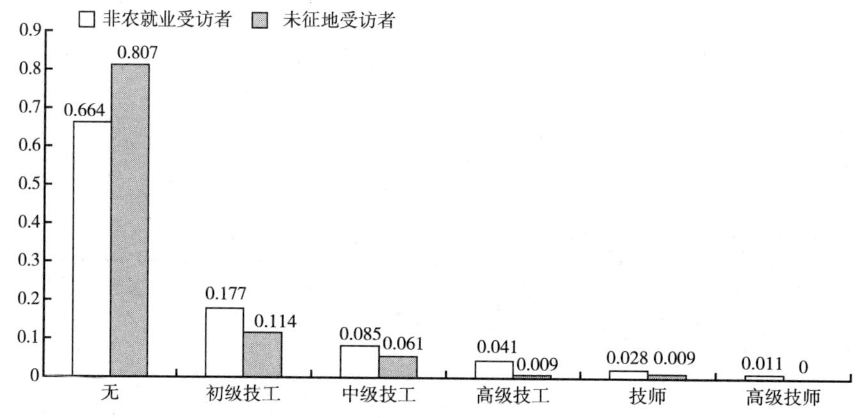

图 8 - 17　受访者职业技能状况

纠纷解决途径。一般认为，居住于农村地区的农民，会更多通过传统的乡村习俗或新型的乡规民约解决解决纠纷，而城镇居民则更多依靠法律，按照法律程序解决纠纷。按此假设，调查设计了这样一个问题：“如果发生纠纷，您会采取哪种方式解决?”数据统计表明，无论是未征地受访者，还是非农就业受访者，都把法律作为他们解决纠纷的首要途径，这说明农村居民的法律观念有了明显提高。进一步对比发现，非农就业受访者选择法律途径的比例大幅高于未征地受访者，这说明非农就业的职业经历更有助于加强法律观念（见图 8 - 18）。

文明行为发生频率。调查中还了解了受访者自身或观察到的发生在本社区的不文明行为的发生频率。这里所说的不文明行为包括在小区内饲养家禽、在公共绿地上种菜等。对这个问题的回答，未征地受访者选

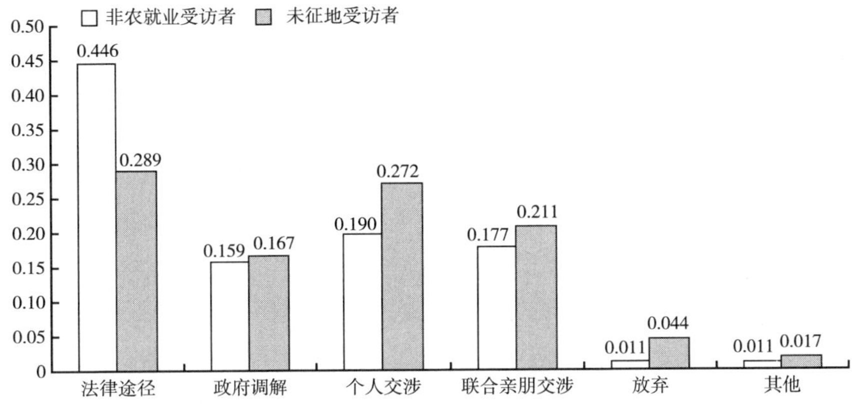

图 8－18　受访者纠纷解决途径选择状况

择非常频繁和比较频繁的比例分别为 7.9% 和 32.5%，两者合计为 40.4%，非农就业受访者的这两个选项所占比例分别为 6.3% 和 14.8%，两者合计为 21.1%（见图 8－19）。这说明在居民小区居住后，村民在一定程度上还沿袭了以往的生活方式和习惯。

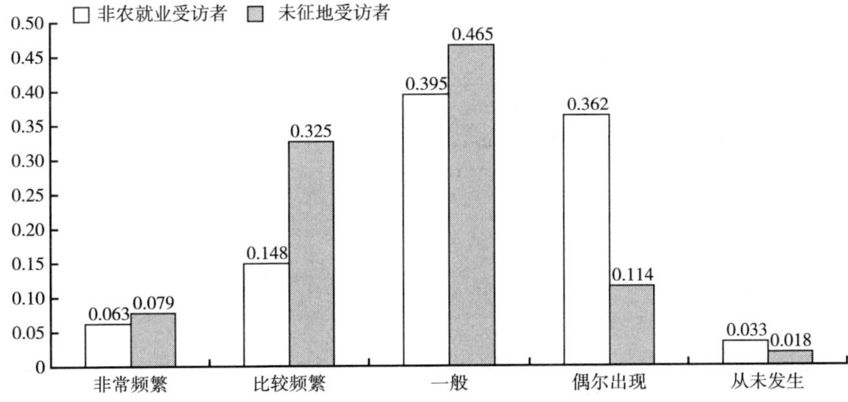

图 8－19　不文明行为发生频率

8.2.2.5　心理认同

心理认同主要基于农民对城市生活情感以及自我身份价值方面的心理感知，这是农民融入城市生活的高层次指标，也是农民市民化的本质体现。农民成为市民，除了经济层面、文化层面、社会交往层面发生转变以外，更重要的是他们自身在心理上认同市民身份以及对城市生活状态感到满意。调查中，课题组设计了4个相关问题对受访者的心理认同状态进行了解，分别是成为市民的意愿、对目前身份的认知、对城里人对自身态度的认知以及对目前生活状态的评价。

受访者的市民化意愿。受访者普遍表现不愿意成为市民，分别有77.9%的非农就业受访者、61.9%的已征地受访者和26.3%的未征地受访者表示不愿意成为市民。这一数据或许令人惊诧，但并不难解释。在定点村访谈时，我们了解到，村民普遍愿意过上和城里人一样的生活，但是不愿意失去现有的农民身份所带来的一系列经济利益。因此，他们“不愿意”成为市民，只是不愿意失去现有的农民身份，其实并不抗拒城里人的生活方式。表示愿意成为市民的，只有13.2%的未征地受访者、12.6%的已征地受访者和7.4%的非农就业受访者。持“无所谓”态度的比率高于“愿意”的比例，分别有60.5%的未征地受访者、25.5%的已征地受访者和14.8%的非农就业受访者选择了这一态度。尤其是未征地受访者，60.5%的人对是否愿意成为市民持无所谓态度，其中原因耐人寻味（见表8－23）。

表8－23　受访者成为市民的意愿

类别	已征地受访者		非农就业受访者		未征地受访者	
	频数	比例(%)	频数	比例(%)	频数	比例(%)
愿意	47	12.6	20	7.4	15	13.2
不愿意	231	61.9	211	77.9	30	26.3
无所谓	95	25.5	40	14.8	69	60.5
合计	373	100.0	271	100.0	114	100.0

受访者对目前身份的认知。大多数已征地农民都认为自己已经是市民，67.8%的已征地受访者和72.0%的非农就业受访者都认为自己目前已经成为市民。从收入、消费以及生活方式看，他们确实和城镇居民已经没有明显差异。这组数据在一定程度上印证了前文所说明的现状，即从物质基础上看，许多已征地受访者已经比较接近城镇市民，市民化处于比较高的水平。此外，有24.4%的已征地受访者和21.8%的非农就业受访者对自己目前的身份表示“不清楚”（见表8－24）。

表 8－24　受访者对目前身份的认知

类别	已征地受访者		非农就业受访者		未征地受访者	
	频数	比例(%)	频数	比例(%)	频数	比例(%)
农民	29	7.8	17	6.3	109	95.6
市民	253	67.8	195	72.0	0	0.0
不清楚	91	24.4	59	21.8	5	4.4
合计	373	100.0	271	100.0	114	100.0

受访者对城里人对自己态度的认知。调查中，请受访者对城里人对自己的态度做出选择。非农就业的受访者中，40.2%的受访者认为城里人对自己的态度“比较友好”，38.6%的受访者认为“一般”，18.5%的受访者认为“非常友好”。这三者合计占97.3%，说明在新的生活空间里，非农就业受访者能够和城里人融洽相处，并没有感觉到城里人对他们的不友好态度（见图8－20）。

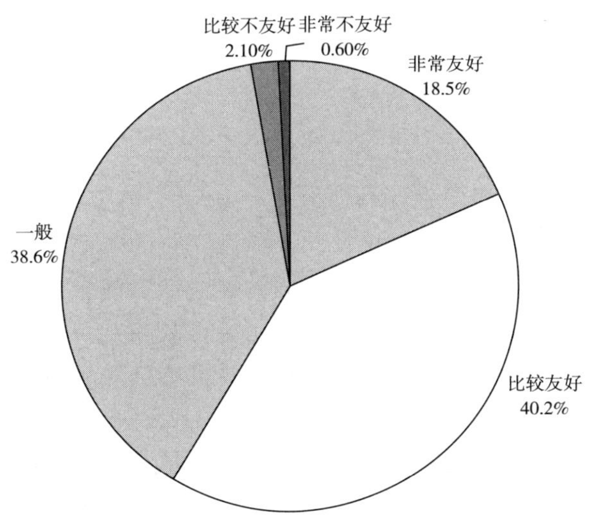

图 8－20　非农就业的受访者认为城里人对自己的态度

对目前生活状态的评价。受访者对目前生活状态的评价普遍较高。对目前生活状态“非常满意”的，分别占未征地受访者的14.9%、已征地受访者的15.3%和非农就业受访者的16.6%；对目前生活状态“比较满意”的，分别占未征地受访者的25.4%、已征地受访者的50.4%和非农就业受访者的43.2%；对目前生活状态感觉“一般”的，分别占未征地受访者的

33.3%、已征地受访者的30.0%和非农就业受访者的30.6%。即分别有73.6%的未征地受访者、95.7%的已征地受访者和90.6%的非农就业受访者对目前生活状态持中性及以上的评价（见表8-25）。

表8-25 受访者对目前生活状态的评价

类别	已征地受访者		非农就业受访者		未征地受访者	
	频数	比例(%)	频数	比例(%)	频数	比例(%)
非常满意	57	15.3	45	16.6	17	14.9
比较满意	188	50.4	117	43.2	29	25.4
一般	112	30.0	83	30.6	38	33.3
比较不满意	9	2.4	16	5.9	19	16.7
非常不满意	7	1.9	10	3.7	11	9.6
合计	373	100.0	271	100.0	114	100.0

通过对受访者的市民化意愿、身份认知、对城里人对自身态度的认知以及对目前生活状态的评价这四个方面数据的分析，可以认为受访者在市民化的心理认同方面处于较高的水平。

8.2.2.6 公共服务水平

农民与市民的重要差别还体现在他们所享受的公共服务水平不均等。新型城镇化是以人为核心的城镇化，人的城镇化的本质就是要实现城乡基本公共服务均等化。围绕人的生存权和发展权的需要，为农业转移人口提供均等的就业、义务教育、社会保障、基础设施等基本公共服务，这是打破城乡二元分割体制、促进农民向市民身份转变的关键之举。基于此，在问卷调查中设计了相关问题，了解受访者对所在社区的社会保障水平、教育服务水平、公共就业服务水平、公共基础设施四个方面的评价。

社会保障状况。调查了解到，已征地受访者全部参加了医疗保险，超过一半享有养老保险，有少部分享有工伤、失业、生育和住房公积金等保障。进一步分析，则发现有工伤、失业、生育和住房公积金等保障项目的非农就业者的比例均高于已征地受访者（见表8-26）。这组数据说明，新型城镇化建设中，村集体在为村民提供保障方面发挥着基础和“保底”作用，但如果想要进一步提高保障水平，则有赖于村民积极进入城镇劳动力市场，通过自身劳动获得。

表 8 - 26　受访者享有社会保障情况

类别	已征地受访者(N = 373)		非农就业受访者(N = 271)	
	频数	比例(%)	频数	比例(%)
养老保险	197	52.8	178	65.7
医疗保险	373	100.0	271	100.0
工伤保险	77	20.6	77	28.4
失业保险	23	6.2	23	8.5
生育保险	12	3.2	12	4.4
住房公积金	23	6.2	23	8.5

教育公共服务。在我国，九年制义务教育已经基本实现了城乡全覆盖，调查所得的数据也显示受访者家庭小孩 100% 在城镇接受义务教育。

就业公共服务。在调查中，询问受访者“是否接受过就业技能培训或职业教育”，有 43.2% 的非农就业受访者表示接受过此类服务。根据天津市相关政策措施，区县和乡镇人力资源和社会保障部门具体组织落实转移农民的就业技能培训，这项工作已经持续开展多年，从数据看，还没有实现转移农民培训教育全覆盖。

公共基础设施。调查对受访者所居住的地区的公共基础设施配备状况进行了解，数据显示新建的居民小区的公共设施配备较为齐全，受访者的满意度也较高（见表 8 - 27、8 - 28）。

表 8 - 27　已征地受访者所在社区公共设施状况

类别	频数	比例(%)
义务教育学校	373	100.0
文化机构	373	100.0
公共汽车站或地铁站	373	100.0
绿化设施	257	68.9
供水设施	292	78.3
供电设施	373	100.0
供暖设施	346	92.8
燃气设施	353	94.6

表 8-28　已征地受访者对公共设施的满意度

类别	频数	比例(%)
非常满意	52	13.9
比较满意	177	47.5
一般	93	24.9
比较不满意	35	9.4
非常不满意	16	4.3
合计	373	100.0

8.2.2.7　其他有关问题

征地补偿。调查中对征地补偿进行了了解。从所获数据看，受访者100%都得到了住房安置和村集体保障。65.1%的受访者得到了就业安置，47.5%的受访者接受了就业培训和指导，32.7%的受访者享有村集体的分红（见表8-29）。

表 8-29　已征地受访者的征地补偿

类别	频数	比例(%)
住房安置	373	100.0
现金偿款	21	5.6
村集体保障(养老、医疗等)	373	100.0
村集体分红	122	32.7
就业安置	243	65.1
就业培训和指导	177	47.5
其他	21	5.6

受访者迫切需要解决的问题。以所有受访者作为一个集团，迫切需要解决的前三个问题依次为稳定就业、养老保障和子女教育。区分不同群体，最迫切需要解决的问题，未征地受访者的前三个问题依次为征地补偿、住房和养老保障，已征地受访者的前三个问题依次为稳定就业、子女教育和养老保障，非农就业受访者的前三个问题依次为养老保障、医疗保障和征地补偿。总体而言，在征地之前，农民更多关注的是征地补偿和住房安置等问题；征地之后，征地补偿和住房安置等问题已经解决，这时候他们更关注的是就业和保障等问题；当就业问题得以解决或

初步解决之后，他们的关注重点则转移到村集体内部的保障和福利等事项上（见表8－30）。

表8－30　受访者迫切需要解决的问题

	所有受访者		已征地受访者		非农就业受访者		未征地受访者	
	频数	比例(%)	频数	比例(%)	频数	比例(%)	频数	比例(%)
住房	35	7.2	12	3.2	12	4.4	23	20.2
医疗保障	66	13.6	54	14.5	60	22.1	12	10.5
养老保障	84	17.2	61	16.4	73	26.9	23	20.2
稳定就业	113	23.2	102	27.3	32	11.8	11	9.6
征地补偿	61	12.5	30	8.0	38	14.0	31	27.2
子女教育	75	15.4	70	18.8	27	10.0	5	4.4
技能提升	33	6.8	27	7.2	20	7.4	6	5.3
其他	20	4.1	17	4.6	9	3.3	3	2.6
合计	487	100.0	373	100.0	271	100.0	114	100.0

市民化过程中遇到的困难。在问卷中，以开放式问题请受访者回答他们在向市民转化的过程中遇到的困难。统计数据表明，受访者对这些问题的回答较为分散，认为最大困难是就业的受访者最多，占所有受访者的18.5%，其次为不习惯现在的生活，占11.3%，其余选择比例都在10%以下，包括住房安置、收入低、补偿少、公共设施不足、消费太高、不被城里人认同、工资低、子女教育费用高、保障低等。

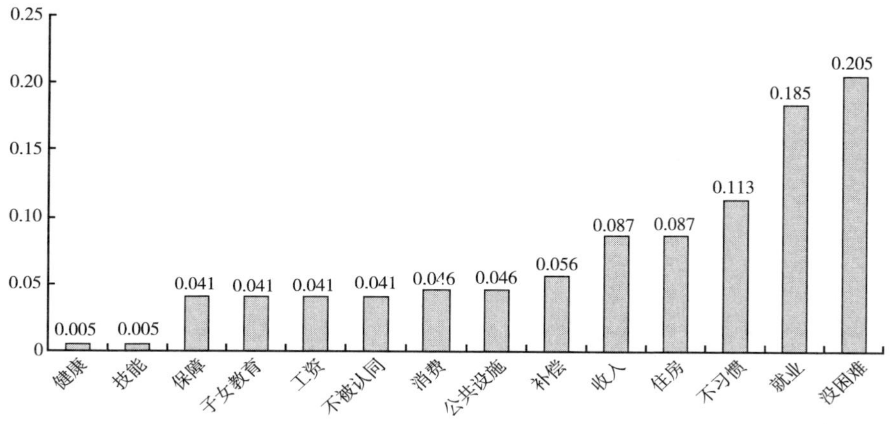

图8－21　受访者目前最大的困难（N＝195）

需要的帮助。问卷中以开放式问题询问受访者为了尽快成为市民所需要的帮助。受访者的回答同样较为分散。最高选项为就业，有 26.5% 的受访者选择了此项。其次为社会保障，占 13.3%。其他选项则均低于 10%，依次为提高技能素质、提高工资、改善基础设施、改善公共设施、改善小区环境、改善交通设施等（见图 8-22）。

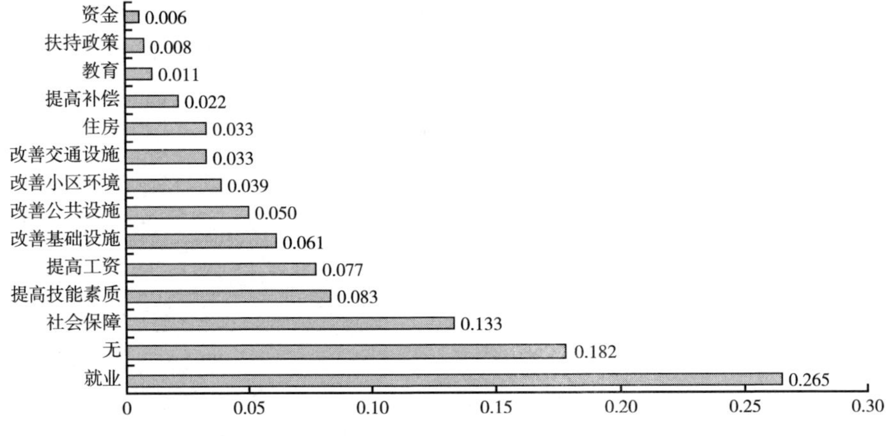

图 8-22 受访者目前最需要的帮助（N=181）

8.2.3 定点调查试点小城镇居民的市民化现状

本研究从生存基础、社会融入、人口素质、心理认同以及公共服务享有等五个维度对失地农民市民化状态进行了解，具体包括失地农民的收入状况、消费状况、居住状况、就业状况、人际交往、社会参与、文化生活方式、文化素质、思想道德素质、情感认同、自我认同，以及所享受的社会保障、教育、公共就业、公共基础设施等公共服务等内容。通过对双街村和姚村两村的访谈，可以发现这两村的村民正处于向城镇居民转化的过程中，但尚未成为完整意义上的城镇市民。

8.2.3.1 生存基础

生存基础是农民市民化的基本前提，农民要成为市民最基本的条件就是其拥有与市民相当的生存条件，包括在经济收入和消费达到城市居民的水平、在城市中具有稳定的住所及工作。

（1）收入状况

收入水平是决定农民城市生活水平最基础的物质条件。农民向市民转变，在收入水平上必须达到人均可支配收入水平从总体上接近市民，在收入结构上必须基本与城镇居民相似，在这二者所构成的物质基础上，才有可能实现农民的市民化。

城镇化让双街村村民收入水平大幅提高，2015 年双街村家庭平均收入为 12 万 ~ 13 万元，人均可支配收入约为 5 万元。家庭收入的构成大致如图 8 - 23 所示。

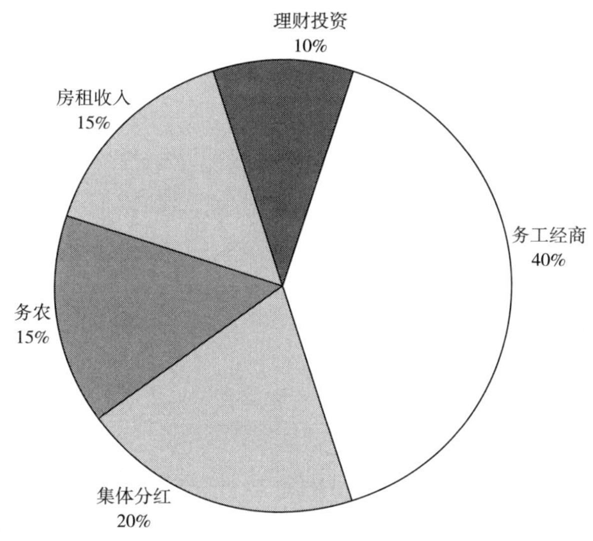

图 8 - 23　双街村家庭收入构成

图 8 - 23 中集体经济分红收入，包括村集体以分红名义和福利名义发放的所有现金性收入。务农收入，并不是指从事传统农业所获得的收入。据了解，双街村利用本村土地以及租用邻村土地建设了现代农业产业园，其中包括葡萄产业基地和草莓产业基地，由村集体下属的农业开发公司负责经营管理。该村为每名年满 18 岁的村民分配 0.7 亩大棚葡萄，村民可利用工余时间经营或雇人种植，农业开发公司按市场价收购村民的产品，一般每个家庭每年从葡萄园可获得 2 万元的收入。实际上葡萄园成为村民休闲、村集体变相发放分红的一种形式。房租收入是村民的一个稳定的收入来源，双街村每户居民至少有一套住房用于出租，一套房的年租金约

15000～20000 元。由于居民收入水平的提高，一般家庭都有一定的资金用于投资理财，该项收入也占不小的比例。

在姚村，2015 年姚村家庭平均收入接近 10 万元，人均可支配收入 3 万余元。家庭收入的构成大致如图 8－24 所示。

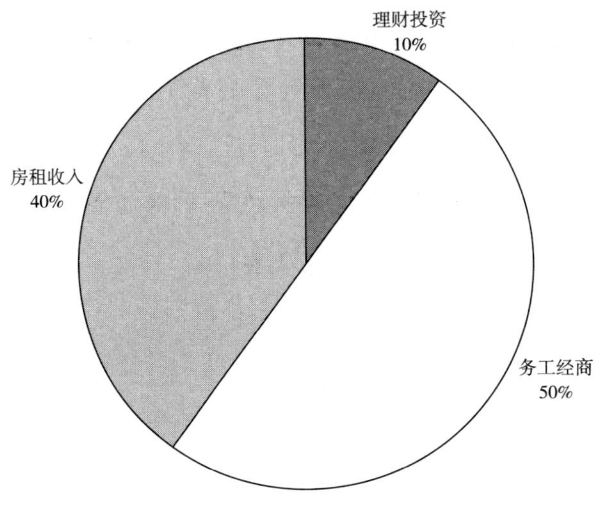

图 8－24　姚村家庭收入构成

姚村已无人务农，务工经商和房租是村民的主要收入来源。此外，也有较少的投资理财收益。姚村在城镇化过程中，建设了卓尔电商城、国际商贸城和两个商业街，这些商铺优惠租赁给村民经营，许多村民就在这里开饭馆、经营超市或做其他小生意。另外该村的物业公司以及大学城的物业公司吸纳了一部分村民就业。由此务工经商成为姚村村民的主要收入来源。据了解，姚村村民户均拥有 3 套住房，面积为 300 平方米以上，村民一般自住一套，另外两套用于出租。由于临近大学城，这项收入较高，也较稳定，一个家庭一年的房租收入在 4 万元左右。相比双街村，姚村居民收入来源相对单一，没有集体经济分红和务农收入。其原因在于，姚村集体经济实力较弱，村办经济实体承担村民的保障福利已显吃力，已经没有资金用于分红了。至于双街村民拥有农业收入，是因为双街村开发建设了农业科技园、都市农业示范园等现代农业园区，而姚村并没有这样的农业开发项目。

（2）消费状况

消费方式的转变亦是农民向市民转变的重要考察指标。一个家庭消费结构与消费支出，是居民家庭生活水平的重要衡量标志，反映了该居民家庭的消费特性、消费习惯和未来的消费趋势。长期以来农民由于人均可支配收入低于城市居民，在人均消费支出水平上也低于城市居民，并且在消费结构上城市和农村居民呈现出显著的差别。数据显示，农村居民的消费还多用于食品、衣物等，在娱乐、文教等精神层面的需求支出较少，其消费比重和水平也明显低于城市居民。农民要向市民转变必须在消费方式上与城市居民趋同，实现对更高层次的精神需求的追求，而非仅仅停留在低层次的物质需求之上。

未将一次性大额支出纳入计算，2015 年双街村居民家庭日常生活消费总额约为 10 万元，主要消费项目包括食品、衣服、人情往来、子女教育、交通、旅游、医疗保健等。经过大致估算，双街村村民家庭平均消费构成如图 8 - 25 所示。

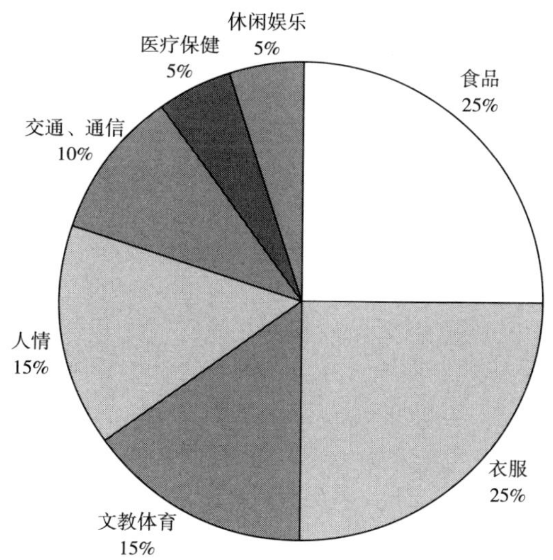

图 8 - 25　双街村家庭消费构成

由图 8 - 25 可知，食品和衣服是村民最大的消费支出，各占 25% 比重。调查了解到，村民之所以花在食品和衣服上的费用较高，是因为他们开始“讲究吃穿”了。在吃的方面，因为收入水平的上升，村民在饮食方面开始注重营养和安全，一些以往属于“高消费”的酒品饮料、营养品、肉禽等，都成为餐桌上的“家常便饭”。此外，食品消费的另一个主要支出是餐馆就餐的费用。以往亲朋串门基本上都在家里做饭待客，但现在住在楼房里，不如以前方便，大家逐渐都转移到餐馆就餐了。即使不是因为待客，几乎村里每家每周都会到餐馆聚餐1次。在某种程度上，可以把在外就餐看作城里人区别于农村人的一个标志，那么在这里可以认为双街村村民已经很接近城市居民了。

在“穿”的方面，村民也比以前讲究多了。这主要表现在三个方面。其一，穿衣品质提升。村民穿衣也开始“看牌子”，注重品质。除了老一辈的人，中青年人买衣服大多只买品牌服装，一些人只买大品牌甚至奢侈品牌的服装。其二，穿衣习惯改变。以前一件衣服穿四季，现在却分得很细，不同的季节穿不同的衣服。会打扮的年轻妇女，还会根据手包、皮鞋的样式搭配不同款式的服装。这导致人均拥有服装的数量成倍增长。其三，高档饰品的消费增多。由于经济水平提高，家人之间、朋友之间馈赠礼物，往往首选金银玉翠等高档饰品，既表心意，又大方体面。据了解，该村的年轻人以及妇女几乎人人都有一件以上的高档饰品。

“吃穿”之外，人情往来和子女教育也是村民较大的支出性项目，两者所占比例均为15%。人情往来，主要是指亲戚朋友的婚丧嫁娶等红白喜事的随礼费用。现在“份子钱”金额越来越大，亲朋多的家庭一年送出的“份子钱”多达数万元，最少的也超过1万元。

双街村早已实现义务教育，村民无须负担子女教育费用的学费。他们在子女教育方面的花费主要是课外辅导、购买学习用品等方面的费用。有的家庭为孩子请“一对一”的家庭教师，一年费用超过10万元。在这方面支出最少的家庭，孩子不参加任何课外辅导班，但这样的家庭极少。

其他几个主要的消费支出项目，包括交通、通信，医疗保健和休闲娱乐，各占约5%的比重。交通方面的支出，主要包括小汽车的保养使用费用。一辆小汽车一年的保险费、汽油费、高速公路费、停车费，不会少于1万元。通信方面的支出，主要包括手机、宽带等支出。据了解，该村宽带已普及。不仅如此，该村还是全国有名的“微博村”。2013年，村集体为每户提供了一部智能手机，并承担相应的套餐费用，让该村村民更密切地接触了信息时代。现在该村除了小孩，几乎人手一部手机，而且很多都是高档的智能手机。通信设备购买和使用费用，一户一年至少超过 5000 元。

医疗保健费用方面，如果村民住院治疗，除了自费项目，其余医疗费用基本能够报销，个人花钱很少。村民花在医疗方面的费用，主要是门诊治疗和自行购药的费用，但这些费用并不多。在这方面主要的支出是购买商业保险。很多村民都对保险知识很了解，并且有较强购买保险的意识。据了解，平均每个村民家庭购买保险的费用超过 1 万元。

娱乐休闲费用，这方面花费较多的是外出旅游。据了解，该村户均每年外出旅游 2 次以上，花费 1 万元以上。外出旅游在村里已是平常事，这些年大家都开始热衷出国旅游，这方面的费用看来还会增加。其他村民喜欢的娱乐项目是到 KTV 唱歌、看电影，相比外出旅游，这方面的费用就不算多了。

应该说明的是，上述消费支出项目，不包括“住”的费用。这是因为双街村村民在这方面的支出较少。首先，住房是宅基地换来的，无须出资购买。其次，住房使用产生的费用，村集体通过发放补贴的形式承担了大部分。该村和市区一样，由市政部门统一供应天然气、自来水、电力、暖气，这些费用需要村民自行支付。该村规定，拥有本村户籍的人员，每人每年按 30 平方米的标准补贴物业费和采暖费，其中物业补贴户均每年 1290 元，村民实际需要支付的费用其实很少了。

还应该说明的是，上述对于消费构成的描述，没有考虑一些大额的一次性支出项目。由于一些大额支出项目往往是一次性的，难以准确分摊到年，而且不同家庭在这些项目上的支出额存在较大差异，故无法统计在内。这些大额一次性支出主要包括三种支出项目。其一，家用小汽车购买费用。其二，房屋装修费用。其三，购置家用电器、家具费用。调查了解到，双街村户均拥有小汽车 1.5 辆，其中不乏高档豪华车型。在房屋装修和家用电器、家具消费方面，双街村村民的消费水平基本相同。此外，据了解，2009 年双街村分配安置房时，每户获得村集体补助的 4 万元装修费，并且由村集体免费供应沙子、水泥。如果把这些一次性大额消费项目考虑进消费结构，则可进一步说明双街村村民的消费结构在向城市居民靠近。

2015 年姚村居民家庭消费约为 6 万元，其消费构成见图 8 - 26。

姚村家庭的消费构成上，子女教育所占比例已经和传统的家庭消费主要项目食品、衣服相当，成为家庭消费的主要支出。和双街村一样，姚村

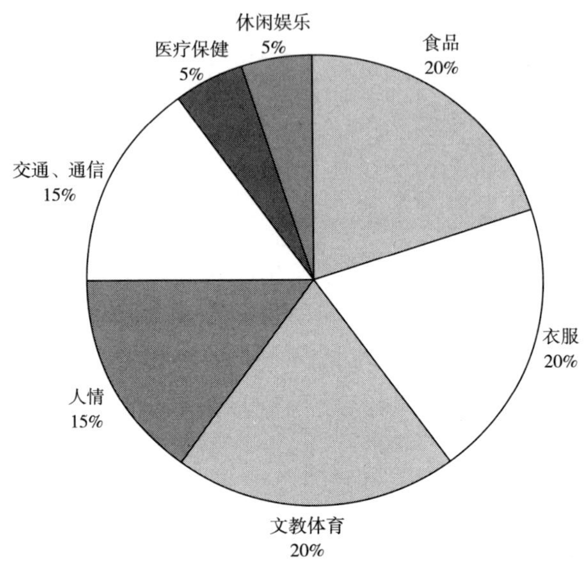

图 8-26 姚村家庭消费构成

子女教育支出的主要项目也是课外辅导班和请家教等。姚村村民在“吃”与“穿”上的支出，占总体消费支出的比例已经下降到了较低的水平，从这一点看与城市居民支出结构比较接近了。

姚村家庭的消费支出中，次于吃、穿和教育支出的则是人情支出和交通、通信支出，两者各占总支出的 15% 。姚村户均拥有 1 辆小汽车，日常使用费用一年不少于 1 万元。人情往来的“份子钱”，平均下来每户支出也不少于 1 万元。

位于姚村家庭消费支出的第三梯度的是医疗保健与休闲娱乐。医疗保健费用主要是门诊买药等不符合医保报销条件的支出，休闲娱乐的主要支出是外出旅游。

与双街村一样，姚村家庭消费支出结构中，没有“住”的项目。其原因亦与双街村相同：姚村村民住的安置房，无须他们出资购买。居住产生的物业费、水费、电费、天然气费、采暖费等，均由村集体承担。同样需要做出说明的是，姚村家庭年均消费总额及结构中，均没有统计一次性大额支出。调查了解到，姚村村民家庭内部装修以及家电、家具配置基本与市区居民一致。

（3）居住状况

稳定的居住条件是农民进入城市生存与发展、实现市民化的又一重要条件。农民在城镇中能够自购住房表明其拥有稳定的住所，且人均住房面积能够与城镇居民住房面积相当，这可视为市民化的重要表征。

双街村居民的住房基本属于还迁安置房，户均 2 套，面积达 200 平方米。村民的房屋主要用于自住，多余房屋用于出租。双街村的安置房均已实现自来水、天然气、电力、暖气的市政统一供应。居民小区实行物业管理，由村集体开办的物业公司提供物业管理服务，物业管理费用由村集体承担。住宅小区大多为高层电梯房，绿化、停车位设计均较为合理。此外，该村还兴建了文化广场和公园，营造了良好的居住生活环境。

姚村居民的住房均为还迁安置房，户均 3 套，面积达 300 平方米。基本上每家有 2 套房用于出租。安置房均已实现自来水、天然气、电力、暖气的市政统一供应。居民小区实行物业管理，由村集体开办的物业公司提供物业管理服务，物业管理费用由村集体承担。住宅小区大多为高层电梯房，绿化、停车位设计均较为合理。此外，该村还兴建了三个文化广场，健身设施齐全。

（4）就业状况

在城镇实现稳定就业是农民在职业上实现非农转变、在城镇中获得稳定生活来源的基础，非农产业就业比重及农民在城镇中就业的稳定性是就业状况的重要考察指标。非农产业就业比重由非农从业人口与总人口相比所得，是衡量城市化、市民化的重要指标。随着城镇建设的逐步推进，第二产业和的第三产业的从业人员逐步增多，其比重也获得提升，原因在于第一产业富余的农村劳动力在城镇化建设中逐步向第二产业和第三产业转移。城镇就业的稳定性主要考察农民在城镇工作的变动情况，国际上将半年内工作无变动视为就业稳定。如果在半年内工作变动次数较多，那么农民在城镇将缺乏稳定的收入来源，从而将削弱其在城镇生活的动机。

就双街村而言，至 2015 年底，70% 以上的村民在物业公司从事保安、保洁、绿化等工作，也有一些村民在临近的物业公司工作。一些年轻或有一技之长的村民在开发区的企业上班，这部分人约占本村劳动力人口的 5%；另有 5% 自谋职业，从事个体经营如小超市、小吃店等；其余就业方式则较为零散，如有自主创业经营大企业的，在市里企业上班当白领的，打散工的，开出租车的等。约有 2% 的村民没有出去上班，这部分村民主要是女性，她们或因生育孩子，或因在家专门料理家务而不能出去工作。

村民虽然从事较为低端的辅助服务性工作，但由于就业单位是本村兴办的企业，所以岗位大多相对稳定。除非本人自行离职，基本能够较长久地从事该岗位工作。物业公司与员工基本都签订了劳动合同，合同期一般是 2 年，到期再续签。公司按国家规定的项目给员工上五险等。工作提供的福利包括加班费、过节费、高温或取暖补贴、通信费等。工作的平均时长为 8 小时，加班的时间较少。从事物业服务的村民，平均月工资为 3000 ~ 4000 元。

姚村为村民提供的就业机会，也主要是物业公司的保洁、保安、绿化等岗位。姚村注册了一家物业公司，为本村的楼房小区提供物业服务，这部分村民约占本村劳动力人口的 10%。同时，因为姚村紧邻大学城，因此还有一些村民到大学城的物业公司工作，这部分村民占到了本村人口的 25%。此外，约有 20% 的村民在本村各类市场从事小生意、个体经营。调查了解到，姚村有大量的妇女没有就业，主要包括 30 以下的年轻已婚妇女和 50 岁以上的妇女，她们没有就业的原因主要是生育和照看小孩子，这部分群体占到了姚村劳动力人口的 25%。其余的就业渠道非常分散，比如村干部和工作人员约 20 人，商贸城等村属市场的经营管理人员十多人，还有少数几个学历较高的村民，虽然在市里机关、事业单位上班，但没有将户口迁出。在物业公司的员工，基本都和公司签订了劳动合同，目前看工作较为稳定，正常情况下能够在岗位上工作到退休。但物业公司没有为村民缴纳社会保险和公积金等。在物业公司工作的村民，月均工资 2000 元以上。

8.2.3.2 社会融入

社会融入是反映农民市民化本质特征的重要指标，主要从社会层面考察城镇化进程中农民在社会交往、文化生活方式以及参与城市社会活动方面与城镇居民社会生活方式的相似性。本研究从人际交往、社会参与和文化生活方式三个方面对失地农民的社会融入状况进行考察。

在人际交往方面，双街村和姚村的村民的交往范围和形式有所变化。一方面，虽然传统的村落已经消失，村民都住进了小区楼房，但他们的交往范围仍然以亲属、邻居为主，生活中遇到困难也主要向自家亲属、邻居求助。另一方面，村民的交往范围和交往形式也潜移默化地发生了一些变化。比如外出务工的村民结识了一些同事，做生意的多了一些生意上的伙伴，外出旅游的时候认识新朋友，通过房屋出租也接触了一些外来人口等。显然，在传统的以血缘、地缘为主要纽带的人际交往圈的基础上，村民们已经开始扩展以业缘和趣缘为纽带的交往圈，这无疑是迈向城市化非常关键的步骤。

在社会参与方面，两村村民的参与度也较高。两村村民中，在村办企业上班的或者在其他企业上班的村民许多都加入了工会。据统计，双街村的工会会员接近 200 人，并且统一办理了工会会员卡。姚村的工会会员数 140 多名。双街村共有 198 名党员，成立了党委。该村有共青团员 400 多名。团委、妇联、武装部等机构设置齐备。姚村现有 99 名党员，设党支部，下设机构也比较健全。经常举办各类村民文体活动，村民很欢迎，参加很踊跃。村民参政议政意识强烈，基本全部参加了村委会选举，而且对村里的事务特别关心。

两个村村民的文化生活亦基本接近城镇居民。工作之余，老年人主要通过看电视、听广播、逛公园、锻炼身体、散步等方式打发闲暇时光，年轻一点的则喜欢上网、运动、旅游。双街村的葡萄种植基地，也成为村民休闲的一个去处，一些人把到葡萄园干活当作锻炼和休闲。为丰富村民的文化生活，双街村还出资给每户家庭订阅了《每日新报》，给每个家庭发放一部智能手机并承担基本的套餐费用。后者使得该村成为全国第一个“微博村”。

8.2.3.3　人口素质

人口素质上的差异一方面会对农民本身接受现代文明的能力产生重要影响，另一方面还会在新生代农民群体中产生代际遗传，影响其后代融入城市。只有不断提高农民的文化素质，才能从根本上提高其接受现代文明的能力。生产方式和居住形式的改变并不会马上带来村民受教育程度的变化，因此，为了解村民人口素质的变化，我们重点观察那些能够体现村民文化素质的日常行为，比如发生纠纷时他们采用传统乡村的协调机制还是通过法律途径解决，文化娱乐活动的内容和频率，圈养家禽的行为是否在居民小区发生，等等。

在双街村和姚村村民居住的小区，我们看到的是和城市居民小区一样的环境，甚至比一些市区里的老住宅区更加整洁。预想的村民在小区里随意倾倒垃圾、圈养鸡鸭等行为并没有见到。调查了解到，该村村民的法律意识很强，在宅基地换房的实施过程中，他们都积极参加各种协商会议，认真表达自己的意见。由于协商过程很充分，宅基地换房实施过程完成后，村里很少出现纠纷。即使偶有纠纷，大家都能够心平气和地协商，或者通过村委会调解。发生经济纠纷时，村民也往往通过法律途径解决。

8.2.3.4 心理认同

心理认同主要基于农民对城市生活情感以及自我身份价值方面的心理感知，这是农民融入城市生活的高层次指标，也是农民市民化的本质体现。农民成为市民，除了在经济层面、文化层面、社会交往层面发生转变以外，更重要的是他们自身在心理上认同自身的市民身份以及对城市生活状态感到满意。本研究从情感认同和自我认同两个方面对农民的心理认同进行了解。情感认同是指农民对城市生活的情感体验与认知，农民在情感上接纳城市，愿意主动融入城市是市民化的重要考察方面，包括农民对在城市生活的满意度以及城市人对自身的态度感知两个维度。自我认同主要是农民对市民身份的感知。农民有成为市民的意愿并且认同自身的市民身份是市民化的最终归属。

双街村和姚村村民对宅基地换房给他们带来的变化都感到非常满意，他们支持政府的“三改一化”政策。但是从内心来讲，他们不愿意成为真正的城市居民。他们认为一旦成为真正的城市居民，他们将会失去现在所享有的一切福利待遇。村民们普遍认为他们现在的生活跟城里人已经没有什么区别，甚至幸福度还高于城里人。跟以前的生活相比，他们认为对现在的生活状态非常满意。由于这两个村开发了许多商品房，许多村外的人在此买房居住，他们和村民自然会产生接触。村民表示，他们在和周边社区的城市居民交往中，城市居民跟他们能够和谐相处，对他们比较友好。

8.2.3.5 公共服务水平

农民与市民的重要差别还体现在他们所享受的公共服务水平不均等。新型城镇化是以人为核心的城镇化，人的城镇化的本质就是要实现城乡基本公共服务均等化，围绕人的生存权和发展权的需要，为农业转移人口提供均等的就业、义务教育、社会保障、基础设施等基本公共服务，这是打破城乡二元分割体制、促进农民向市民身份转变的关键之举。本研究主要从社会保障水平、教育服务水平、公共就业服务水平、公共基础设施享有这四个方面对失地农民居住区域的公共服务水平进行了解。

（1）社会保障水平

在双街村，为消除村民的后顾之忧，在宅基地换房的实施过程中，双街村从有关部门争取到了相关优惠政策。2005 年，为当时年满 50 岁但不到 60 岁的村民购买了基本社会保险，纳入了天津市社会保险系统，这部分村民缴纳养老和医疗保险的费用均由村集体承担，按天津市城镇职工待遇领取养老金。当时不符合条件，没有纳入社会保险系统的村民，则由村集体承担相应的保障责任，即年龄达到 60 周岁，可从村里领取每月 1700 元的养老金。未纳入城镇职工医疗保险的村民，则缴纳“新农合”的医疗保险，其费用也由村集体负担。村集体不仅负担医疗保险的保费，而且还为村民提供医疗费用二次报销。无论村民是“新农合”的医疗保险，还是城镇职工的医疗保险，按国家规定报销以后，村里通过二次报销将医疗费用报销的比例补齐至 90%，村民只需承担医疗费用的 10%。仅此一项，村集体每年支出 90 余万元。

姚村在第一次实施宅基地换房时，为当时年满 44 周岁的村民一次性缴纳了养老保险。这部分村民有 829 人，在年满 60 周岁以后，将由社保支付每人每月 720 元养老金，70 岁以后养老金金额提高至 1400 元。对于当时没有缴纳社保的 1000 多名 44 岁以下的村民，2016 年村委会研究决定，这些村民在 59 周岁前由村集体分别为其一次性缴纳保险金，以保证其 60 岁时享受同样的养老待遇。

姚村村民以参加新农村合作医疗为主。大人每年缴费 100 元，小孩每年缴费 30 元，参保费用由村集体支付。村民住院治疗，超过 3000 元门槛费的，按“新农合”的标准报销部分医疗费用。此外，村集体还为村民提供二次报销。扣除不可报销项目后，二次报销比例为医疗费总额的 50%。也就是说，住院治疗产生的医疗费，除了不可报销项目外，其余的基本不用村民承担。

此外，姚村为所有村民提供生活补助。对 60 周岁以上男性、55 周岁以上女性，每人每月生活补助标准为 600 元。对 60 周岁以下男性、55 周岁以下女性，每人每月生活补助标准为 300 元。

（2）教育服务水平

双街村建有 1 所小学和 1 所幼儿园，都是利用本村土地，由村集体出资建设，建设完成后纳入教育部门统一管理。此外，周边还有 1 所小学和 2 所幼儿园可供村民选择。本村孩子入园、入学享受和城里孩子完全一样的服务。

义务教育已覆盖姚村，该村子女均可在城镇接受义务教育。该村自建了一所小学，已纳入教育部门统一管理。姚村还自建了幼儿园，由本村一位大学毕业生任园长，聘请天津师范大学幼教专业的毕业生担任教师。该园主要面向本村招生，有余额时招收本村外居民儿童入园。

（3）就业服务水平

双街村在实施宅基地换房的过程中，按照市里规定成立了劳动服务公司，负责为村民提供就业信息和就业指导。村民有找工作需求的就去劳动服务公司登记，劳动服务公司最少给有需求的村民推荐 2 次工作机会。劳动服务公司为村民提供的工作岗位，主要来自村办企业。双街村注册了 4 家物业公司，为村里开发的房地产项目提供物业服务，这 4 家物业公司吸纳了大部分村民就业。双街村居民大多接受过就业技能培训或职业教育，这些培训主要由上级劳动部门、农业部门统一安排，村里负责组织实施。比如每年劳动局都会组织职业技能培训，农业部门都会组织农业实用技术培训。

姚村也为居民提供免费的职业信息推介服务，其主要来源为镇里的信息。村民的技能培训，也是由上级有关部门统一安排，村委会组织实施。

（4）公共设施和服务

由于紧邻市区，双街村和姚村在公共设施和公共服务方面已经基本达到和市区一致的水平。村民所居住的小区，公共设施配套齐全，包括学校、社区医疗机构、文化机构、公共汽车站、绿化设施、供水设施、供暖设施、燃气设施等。

在双街村，村委会负责本区域的市政服务，包括保洁、消防、绿化等。除市政道路外，本村居民所居住的小区周边的公路，由村集体出资修造，总长约 4 公里。经过和市政部门的沟通，双街村已经开通公交车。在社区文化体育设施和服务方面，村里成立了老年服务中心，老年人可以在服务中心下棋、看电视、打牌、聊天。村里修建了文化公园，供村民休闲娱乐。村里成立了靓丽健身团、书法社、摄影队、乒乓球队，村里给这些社团报销每次外出的活动经费并为其提供活动场地。

姚村所在居住区公共设施配套齐全，包括学校、社区医疗机构、文化机构、公共汽车站、绿化设施、供水设施、供暖设施、燃气设施等，居民对居住地的公共设施比较满意。村里建有 3 个广场，安装有健身器材，是村民健身、休闲的主要场地。村委会有书画室、老年活动室，为村民提供文化休闲场地。建有太极队、广场舞队，村里为其适当资助活动经费。

8.2.4　基本结论

本研究综合农民市民化评估指标体系实证研究、抽样调查和定点调查的数据，对天津市城镇化进程中失地农民的市民化现状进行总结。由于抽样误差的存在，以及定点调查代表性不足的问题，以下结论只是初步的，其普遍性还有待更广泛数据的验证。因天津市新型城镇化建设中涉及的农民多为失地农民，故而市民化的状况分析主要是针对城郊失地农民而言的。

8.2.4.1　失地农民具备了较好的市民化的物质基础

天津市新型城镇化试点乡镇的失地农民的居住条件较好，公共设施配备较齐全，这构成了市民化的良好物质基础。在住房条件方面，抽样调查的数据显示失地农民的住房以安置房为主要来源，家庭平均住房面积为 142 平方米，人均居住面积为 35.5 平方米。定点调查的双街村户均住房面积为 200 平方米，人均居住面积为 67.0 平方米，姚村户均住房面积为 300 平方米，人均居住面积为 127.7 平方米。安置房具备水、电、天然气等市政配套条件，绿化、安全、健身娱乐等设施齐全，并实施小区物业管理形式。失地农民的住房都进行了装修，家电、家具等生活用品齐备。失地农民的住房不仅足够家庭居住，还可用于对外出租，房屋出租成为失地农民的一项稳定收入来源。

在小区公共设施方面，安置小区内及周边都有较大的市民广场或公园，成为居民休闲锻炼的主要去处。大多数小区都具备了开通公交车的条件，道路交通设施完善。失地农民所在村都有幼儿园、卫生院、社区文化中心、垃圾转运站等公共服务设施，部分村还建有小学，纳入教育部门统一管理。大多数新建小区内及周边都有大量的商业经营户，为村民提供了较为完善的生活服务。

8.2.4.2 失地农民具备了一定的市民化的经济基础

天津市新型城镇化试点乡镇的失地农民具备了较高的收入水平，这构成了失地农民市民化良好的经济基础。抽样调查显示失地农民家庭2015年人均可支配收入为23298元，虽只占同期城镇常住居民人均可支配收入（34101元）的68.3%，但高于同期天津市农村常住居民可支配收入26%。定点调查的双街村村民人均可支配收入约为5万元，姚村人均可支配收入为3万余元，不仅大大高于同期农村常住居民可支配收入，而且接近甚至明显高于同期城镇居民的收入水平。

8.2.4.3 失地农民就业渠道狭窄，就业质量偏低

天津市新型城镇化试点乡镇的失地农民基本已经脱离农业，实现了在第二、第三产业的就业。抽样调查的数据显示，失地农民非农就业比例为84.7%，而定点调查的双街村和姚村的非农就业比例为100%。

虽然失地农民基本实现了在第二、第三产业的就业，但他们的就业渠道主要是村集体安置，通过劳动力市场实现就业的较少。抽样调查的数据显示，45.4%的失地农民的就业岗位由村委会提供，通过职业介绍机构和媒体信息实现就业的只各占10.3%和8.6%。双街村失地农民中70%由村委会安置工作，姚村的这一比例为55%。

从就业岗位看，失地农民以低端服务业、操作工和个体经营为主要就业方向。抽样调查的数据显示，村委会提供的就业岗位主要是村办物业公司的保洁、绿化、保安，以及在村集体开发的商业街或市场内提供优惠的铺位经营。在村外企业打工的占所有失地农民比例的23.9%，其工作岗位也以操作类、服务类为主。此外还有6.2%处于待业或打散工的状态。定点调查的双街村和姚村，失地农民的就业岗位与上述情形基本一致，不同之处是姚村有接近25%的失地农民目前处于退出劳动力市场状态，他们的主要工作为孕育、照看小孩或从事家务劳动，而双街村的村办企业较多，吸纳了更多的失地农民就业。

从就业稳定性看，失地农民的工作较为稳定，换工作的频率较低。抽样调查的数据显示，90.5%的非农就业受访者只从事了一份工作，即目前所从事的工作。在双街村和姚村的调查了解到，村里安排的就业岗位大多相对稳定，除非本人自行离职，基本能够较长久地从事该岗位工作。

从工作时间看，失地农民加班现象较为普遍，加班工资没有保障。抽样数据显示，非农就业的受访者平均工作时间为每天 9.5 小时，最少工作时间每天 6 小时，最多为每天 14 小时。96.7% 的受访者在工作中需要加班，平均每月加班时间为 30.5 小时，而只有 59.4% 的受访者有加班费。可见非农就业者不仅工作超时较为普遍，且接近一半的人员没有得到加班工资，工作权益处于较低水平。

从薪酬福利看，失地农民就业工资水平和福利水平偏低。对抽样数据的分析表明，2015 年失地农民中的非农就业者的月平均工资为 3527 元，占同期天津市城镇职工平均工资（4944 元）的 71%，两者差距明显。非农就业者的工作福利状况也不理想，有 40.6% 的受访者没有享受从业单位的任何福利。享有福利的受访者，过节费是较为普遍的福利，有 50.9% 的受访者享有这项福利，其次为单位出资的旅游和培训，有 19.9% 的受访者有此项福利，另外各有 14.4% 的受访者享有出差补助和餐补。定点调查的双街村，从事物业服务的失地农民的月平均工资为 3000 ~ 4000 元，且物业公司与失地农民基本都签订了劳动合同，合同期一般是 2 年，到期再续签。公司按国家规定的项目给员工上五险等。工作提供的福利包括加班费、过节费、高温或取暖补贴、通信费等。而姚村的物业公司，员工月均工资只有 2000 多元，也没有为村民缴纳社会保险和公积金等。

8.2.4.4　失地农民生活水平显著提高，生活方式开始转变

天津市新型城镇化试点乡镇的失地农民具备了较高的消费水平，消费结构和生活方式已经开始向城镇居民转化。抽样调查数据显示，失地农民 2015 年家庭平均消费支出 78429 元，人均消费支出 19607 元，消费支出较征地前提高了 25.1%。失地农民人均消费支出是同期天津市农村常住人均消费性支出的 1.33 倍，占同期城镇常住居民人均消费性支出（26230 元）的 75%。定点调查发现，不计算一次性大额消费支出，2015 年双街村居民家庭日常生活消费总额约为 10 万元，人均消费 33496 元，2015 年姚村居民家庭消费约为 6 万元，人均消费 25538 元，前者（双街村人均消费支出）高于城镇居民平均消费水平 28%，后者（姚村人均消费水平）占城镇居民平均消费水平的 97%。这些数据说明失地农民的消费水平普遍高于一般其他农民，在向城镇居民的平均消费水平接近，部分失地农民的消费水平已经高于城镇居民的平均消费水平。

失地农民的消费结构也呈现向城镇居民接近的趋势。失地农民的主要消费支出虽然仍然以食品、衣着为主，但已脱离温饱诉求而开始讲究吃穿的品质了。以靠近市区、经济条件较好的双街村和姚村为例，失地农民亲朋聚会或家庭外出到餐馆用餐较为普遍，年轻人和中年人穿衣都比较注重品牌。大部分家庭都购买了小汽车，拥有2辆小汽车的家庭也较为普遍，一些家庭还购买了豪华汽车。移动电话和互联网使用普遍。包括抽样调查的失地农民在内，他们的消费支出中，子女教育和交通、通信的消费支出明显增加，失地农民购买商业保险也较为普遍，这些已经和城镇居民基本一致。

失地农民的生活方式也在向城镇居民接近。失地农民家庭过日子所需的主食、蔬菜等，大部分都是从市场购买。由于居住环境的改变，失地农民的亲友聚会、婚礼宴席也和城里人一样，在饭店举办，而不是以前那样在院子里自办宴席。新建的安置小区大多建有较大面积的市民休闲广场或公园，这些场所成为村民业余消遣的主要去处，而在这类场所中最多的活动就是锻炼健身、散步，这些场所也成为这些新市民见面交流的主要场所。此外，外出旅游、上网、体育运动等活动被越来越多的失地农民所接受。

8.2.4.5 失地农民社会融入水平偏低

天津市新型城镇化试点乡镇的失地农民在很大程度上维持着传统乡村的“熟人社会”的社会交往特征，但也呈现出缓慢地融入城镇社区的趋势。在人际交往方面，失地农民仍以亲属、邻居和附近村民为主要交往对象。但相比普通农民，从事非农就业的失地农民的社会交往对象中，工作同事和生意伙伴方面的比例有较为显著的提高，说明失地农民的社会交往范围有扩大的趋势。定点调查也发现了同样的规律。遇到困难时求助对象的选择，也被作为区分乡村和城镇社会特征的一个重要观察点。抽样调查发现，失地农民在遇到困难时，首选的求助对象都是亲属。但比较之下，非农就业者把亲属作为首选对象的比例（69.4%）显著低于未征地受访者（76.3%），同时前者选择工作同事、生意伙伴、同学等作为求助对象的比例亦明显高于后者。通过分析失地农民在交往对象和求助对象方面的细微变化，可以认为失地农民从总体上仍然生活在以“血缘”和“地缘”为主要联系纽带的乡村社会，但他们的非农就业的职业行为可以帮助他们缓慢地进入以“业缘”“趣缘”等为主要联系纽带的城市社会。

考察失地农民的社会融入的另一个重要观察点，是他们的社会参与状况，包括获得工会、党团组织的成员身份，参加社区的选举活动和其他文体活动等。抽样调查显示，失地农民中参加工会的比例为 17.7%，参加党团组织的为 24.7%，参加社区各项活动的比例为 27.2%。本书认为，无论是在征地前还是在征地后，村民参加党团组织或村委组织的各种活动，仍然局限于本村的范围之内，失地农民参与这些活动的比例，只能表明他们在本村的社会参与程度，而不能表明他们在城镇的社会参与程度。只有参加工会的比例，因为代表了他们进入城镇劳动力市场的状态，可以在一定程度上表明在城镇范围内的社会参与水平。按此分析，由于失地农民在村外企业就业以操作类、服务类岗位为主，参与工会的比例偏低，因而可以认为他们的社会参与程度整体处于较低的水平。

8.2.4.6　失地农民思想观念有较为明显的转变

天津市新型城镇化试点乡镇的失地农民的思想观念呈现出较为明显的向城镇居民转变的趋势，但传统的思维、行为习惯短期内难以改变。比较而言，生产方式的改变能够直接、快速导致生活方式的改变，但生产方式和生活方式的转变所引致的思想观念的转变却是一个长期的过程。本研究没有从现代性角度对失地农民的思想观念的转变进行深入系统的探讨，而选取了在短期内可以观察到的反映思想观念变化的外在行为作为观察点，主要包括法律观念和不文明行为。抽样调查和定点调查都揭示出农村居民的法律观念有了明显提高，而且实现了非农就业的失地农民选择以法律途径解决纠纷的比例大幅高于未征地农民，这说明失地农民的非农就业职业经历有助于增强法律观念，在思想观念上向城镇居民接近。小区内不文明行为的发生频率则表明失地农民传统的思维、行为习惯在很大程度上仍然被沿袭。失地农民在小区内饲养家禽、在公共绿地上种菜的比例合计达到 21.1%，这说明在居民小区居住后，村民在一定程度上还沿袭了以往的生活方式和习惯。

在身份认知方面，失地农民虽然市民化的意愿偏低，但对自身市民化的状态较为满意。受访者普遍表现不愿意成为市民，即使已经实现了非农就业的失地农民，他们中仍有 77.9% 表示不愿意成为市民。在对定点村的访谈中得知，失地村民普遍愿意过上和城里人一样的生活，但是不愿意失去现有的农民身份所带来的一系列经济利益。他们并不是“不愿意”成为市民，只是不愿意失去现有的农民身份所拥有的经济利益。这一点从失地农民对自己目前身份的认知上也可得到印证。67.8%的失地农民和72.0%的非农就业的失地农民都认为自己目前已经成为市民。而且，在城里人对自己态度的认知方面，认为城里人对自己的态度“一般”、“比较友好”和“非常友好”的比例合计达到97.3%，说明在新的生活空间里，非农就业受访者能够和城里人融洽相处，并没有感觉到城里人对他们的不友好态度。这说明失地农民对自身的市民化持较为乐观的态度。失地农民对目前生活状态的满意度处于较高的水平，分别有73.6%的未征地受访者、95.7%的已征地受访者和90.6%的非农就业受访者对目前生活状态持中性及以上的评价。

8.3 天津市推进农民市民化的具体措施

天津市顺应经济和社会发展趋势，充分发挥政策的引导作用和市场的自发调节机制，在推进小城镇建设和新型城镇化建设的过程中，有效引导和促进了失地农民的市民化，积累了较为丰富的经验。本部分将对天津市推进农民市民化的经验进行总结。

8.3.1 天津市推进农民市民化的政策措施

天津市在小城镇建设和新型城镇化建设中，对失地农民的住房、就业、社会保障等方面都进行了较为稳妥的安排，并基本提供了配套的公共设施和公共服务，为农民市民化营造了良好的物质环境。

8.3.1.1 在小城镇建设时期，引导和鼓励有条件的农民转变为市民

天津市不仅很早就开始了新型城镇化的探索，并且在一开始就认识到城镇化的核心就是农民的市民化，并在行政区域调整、户籍制度改革、失地农民享受市民权益等方面提出了明确的原则性意见，指导了天津市小城镇建设工作的顺利开展。1999年，《天津市人民政府批转市小城镇建设协调领导小组办公室〈关于进一步加快农村小城镇发展意见〉的通知》（以下简称《通知》）指出，把更多的农民逐步转变为市民是农村城镇化的核心，其目的是推动农村人口向小城镇转移。该意见提出了四个方面的具体举措。

（1）通过行政区域调整，推动农村人口适度集中。《通知》要求提升撤乡、并乡建镇的速度，争取快速合理解决现有小城镇规模偏小、行政区域不尽合理的矛盾。《通知》还提出对于那些经济发展较快的区县，要首先有步骤地把一些分散并且规模较小的村落相对地集中起来，搞村民组团，建设中心村。

（2）力争经过深化户籍制度改革，放开农村居民转为城镇户口的限制。《通知》提出，自 2000 年开始，市级所有 30 个试点镇都要参加市小城镇户籍制度改革试点，然后再有计划有步骤地逐渐延伸到其他小城镇。要实行按照居住地、职业来确定身份的户籍登记制度。《通知》还指出，本市农民只要满足以下两个条件，本人及共同居住的直系亲属就可以申请在小城镇落城镇户口：一是在小城镇建成区内拥有合法固定的住所和稳定的非农职业；二是居住满两年（本镇区农民不受此限）。

（3）通过允许承包地使用权的有偿转让，为进城（镇）农民解除后顾之忧。《通知》提出，在严守禁止弃耕撂荒和粗放经营的两个先决条件下，允许进入小城镇落户的农民对其原有承包地继续拥有土地承包权，促进其通过有偿的方式转让经营使用权，但务必按有关法定程序履行报批手续。

（4）给予小城镇落户的农民同等的城镇居民待遇。《通知》指出，所有经公安部门批准的在小城镇落户的人员，不管是在入学、就业方面，还是在参军、社会保障等方面，都应享受城镇居民的同等待遇。

上述四个方面的措施，实际上为那些有能力、有意愿的农民转化为市民提供了机会和可能性。尽管这些规定还略有保留，农民转变为市民还需满足相应的条件，但对于农民而言，他们已经从制度层面上获得了转变为市民的通道。

8.3.1.2　在宅基地换房的推进过程中，推出了农民市民化的制度措施

随着小城镇建设工作的探索和经验总结，天津市逐步确定了“宅基地换房”的基本思路，并以此作为新型城镇化建设的主要模式在全市推开。在这一阶段，为切实保证失地农民的合法权益，尤其是为了避免宅基地换房中可能会出现的农民权益受侵害的问题，2009 年，天津市以人民政府令的形式颁发了《以宅基地换房建设示范小城镇管理办法》（以下简称《办法》）。《办法》主要从五个方面提出了推进农民市民化的具体举措。

（1）在是否开展宅基地换房问题上提出了村民自愿原则，在以何种方案进行宅基地换房问题上提出了村民会议决策的原则。这两方面的措施，是从制度层面避免强行城镇化、强制市民化的根本保障，为农民市民化提供了合法性前提。《办法》第三十一条规定：“村民宅基地置换坚持村民自愿申请与自愿整理交付宅基地的原则。村民土地承包经营权互换、转让等流转，依照有关法律、法规的规定办理。”第三十二条规定：“各村自愿参加示范小城镇建设的，应当由村民会议或根据村民会议授权村民代表会议对宅基地置换工作形成决定。”第三十六条规定，“宅基地置换办法应当经村民会议或村民代表会议讨论后，提交乡镇人民代表大会审议通过”。第三十七条规定，“置换的住宅房型应当充分征求村民意见，按照村民意见进行设计”。第三十八条规定，“村民以宅基地置换房屋应当签订书面协议，明确各方的权利义务。村民应当与村民委员会签订宅基地换房协议；村民委员会与乡镇人民政府签订宅基地换房协议；乡镇人民政府应当与投融资建设公司签订总体村民安置协议”（《天津市人民政府公报》2009 年第 12 期）。

（2）在小城镇建成后的管理问题上，明确提出了“村改社”的基本思路和办法，为农民市民化提供了组织基础。《办法》第五十三条规定：“示范小城镇建成后，应当按照精简、效能的原则，建立以社区居民委员会、邻里和居民小组为基础的新型社区管理体制。”第五十三条还明确规定了社区居民委员会、居民小组的组成、职责及选举规则。第五十四条规定：“撤村并镇后，对原有农村管理体制采取渐进式改革。村民委员会可以暂时保留，与新型社区居民委员会在一定时期内并存，参与、配合社区居民委员会管理原村民日常事务。农村集体经济组织积极稳妥地推进公司制或股份合作制改革。”这些规定从制度层面上为天津市失地农民的市民化提供了明确的组织形式和基本原则（《天津市人民政府公报》2009 年第 12 期）。

（3）在小城镇建设过程和完成后村民的就业安置问题方面，提出了促进就业和鼓励创业的具体举措，为失地农民市民化提供了经济基础。《办法》第五十八条指出：“乡镇人民政府建立农民就业保障机制。以市场为导向，建立新型农民培训、就业服务机制。”第五十条提出了较为具体的促进村民就业、鼓励村民自主创业的措施，主要包括：第一，建立劳动保障服务机构和城乡统一的劳动力市场，提供免费职业指导和职业介绍服务，对实施职业技能培训和创业培训的，按规定给予一定的培训费补贴；第二，示范小城镇物业管理、清洁、绿化、公共设施管理等，同等条件下优先安排本镇农民就业；第三，鼓励农民专业经济组织健康发展，充分发挥农民专长，带动农民就业；第四，利用宅基地整理复垦发展设施农业，转变农民作业方式，提高农民农业生产技能，鼓励企业直接参与示范小城镇农民的职业技能培训；第五，通过招商引资、产业结构调整，办好工业园区，增加对劳动力的需求（《天津市人民政府公报》2009 年第 12 期）。

（4）在小城镇建设过程中和完成后村民的社会保障问题上，建立健全了社会保障的基本举措，为失地农民市民化提供了就业、养老、医疗、低保等社会保障。《办法》第五十九条规定："建立健全社会保障制度。根据经济发展水平、社会承受能力和从业状况，按照农民个人缴费为主、集体补助为辅、政策扶持的原则，示范小城镇居民享受下列社会保障待遇：第一，示范小城镇居民已在城镇企业就业，并与企业签订劳动合同的，可以按照本市城镇企业职工养老保险和医疗保险的规定，缴纳基本养老和基本医疗保险费，享受相关待遇；第二，示范小城镇 18 周岁以上居民，有土地承包经营权的，可以按照本市城乡居民基本养老保障有关规定参加养老保险，享受相关待遇；第三，示范小城镇居民符合参加城乡居民基本医疗保障条件的，可以按照本市城乡居民基本医疗保险有关规定参加医疗保险，享受相关待遇；第四，示范小城镇被征地村民，可以按照本市被征地村民社会保障有关规定参保，享受相关待遇；第五，示范小城镇居民共同生活的家庭成员，人均生活水平低于本市居民最低生活保障标准的，可以按照本市最低生活保障有关规定，享受相关待遇。"（《天津市人民政府公报》2009 年第 12 期）

（5）在小城镇建设规划和公共管理等方面，提出了公共设施建设和公共服务的指导性原则，为失地农民市民化提供了物质基础。《办法》第四十八条规定："示范小城镇的公共建筑配套建设，应当按照城镇类型特点，采用相应配建标准。环城四区应当按城市标准配建；其他区县按规定的标准配建，同时考虑为周边村庄服务，完善居民日常生活必需的教育、医疗、文化等配套服务设施。"第四十九条规定："示范小城镇的市政设施建设，应当结合城镇规模和周边市政工程配套情况，充分考虑其生产生活对供水、排水、供电、电信、燃气、供热等设施的需求。"第六十条规定，"对小城镇污水处理、垃圾处理、绿化、社区服务、养老、文化、体育等公益设施建设，市和区县人民政府可以给予适当资金补贴"（《天津市人民政府公报》2009 年第 12 期)。

以上五个方面的措施基本涵盖了和农民市民化相关的所有外部因素，尽管有的规定还停留于指导性原则的层面，但大多数规定已经具备了较强的可操作性。虽然这个文件还没有上升为法律，但其作为地方政府规章，无疑在天津市各区县的小城镇建设工作中发挥着纲领性的作用。各级政府以此为基本原则推进小城镇建设，处理和安排这个过程中有关失地农民的各项事宜，事实上构建了天津市新型城镇化建设中促进失地农民市民化的基本制度框架。

8.3.2 天津市推进农民市民化的具体实践

本研究选取了北辰区双街村和西青区姚村两个开展小城镇建设试点的行政村进行定点调查。调查了解到，这两个村按照《以宅基地换房建设示范小城镇管理办法》的相关规定，比较圆满地完成了以宅基地换房为主要手段的小城镇建设工作。同时，由于具体情况的不同，这两个村在促进失地农民市民化的具体措施上，还存在一定的差异。

8.3.2.1 失地农民的住房安置

天津市政府 2009 年颁发的《以宅基地换房建设示范小城镇管理办法》规定：

> 第三十五条　乡镇人民政府应当制定村民宅基地置换办法。主要内容应当包括置换主体资格认定、房屋认定、置换标准、选房办法、残疾人和“五保户”安置方式及其他事宜。
>
> 第三十六条　宅基地置换办法应当经村民会议或村民代表会议讨论后，提交乡镇人民代表大会审议通过。
>
> 第三十七条　置换的住宅房型应当充分征求村民意见，按照村民意见进行设计。
>
> 第三十八条　村民以宅基地置换房屋应当签订书面协议，明确各方的权利义务。村民应当与村民委员会签订宅基地换房协议；村民委员会与乡镇人民政府签订宅基地换房协议；乡镇人民政府应当与投融资建设公司签订总体村民安置协议。

双街村和姚村均按照这些规定实施了宅基地换房工作，但由于两村的具体情况不同，在村民住房安置细节方面还存在一些差异。

双街村注册了两家房地产公司，利用本村土地进行房地产开发和经营。开发项目除安置房外，还包括工业区建设、商业项目和商品房。双街村村民按照宅基地面积（包括房屋建筑面积和院子面积）以 1∶1 的比例分配安置房，一般一户能够分到 2 ~ 3 套房，平均每户安置房面积为 200 平方米。

姚村采用和开发商合作开发模式，开发建设小产权房用于村民安置，同时还开发了大量商品房和商业地产。住房项目采取姚村出地，开发商投资建设，建成后返还给姚村一定数量的房子（小产权房）作为安置房，其余房子（商品房）由开发商自行销售。三次拆改完成后，姚村居民户均分配安置房 3 套，面积达 300 平方米。

8.3.2.2　失地农民的征地补偿

双街村在实施宅基地换房过程中，除了按面积分配安置房外，基本没有在拆建过程中给予现金形式的征地补偿。调查了解到，该村为村民提供了品种繁多且丰富的福利，可以理解为另一种形式的征地补偿。

姚村的征地补偿也是以安置房分配为主，共先后三次分房。在项目实施中，也有村民希望不要房子，则采取以市场价按面积给予现金补贴的形式，但这类人很少。2013 年第三批拆建项目完成后，村集体产权的商业项目——商贸市场优先租赁给村民经营，曾按每人 1 万元的标准给予一次性现金补贴，以鼓励村民进驻创业。这可列入现金形式的征地补偿。

在访谈中村民透露，现在大家都知道房子会涨价，除非实在急需用钱，一般都会选择要房不要现金补偿。这可能是最有说服力的解释了。

8.3.2.3　失地农民的就业安置和服务

双街村在实施宅基地换房的过程中，按照市里规定成立了劳动服务公司，负责为村民提供就业信息和就业指导。村民有找工作需求的就去劳动服务公司的登记，劳动服务公司最少给有需求的村民推荐 2 次工作机会。劳动服务公司为村民提供的工作岗位，主要来自村办企业。双街村注册了4家物业公司，为村里开发的房地产项目提供物业服务，这4家物业公司吸纳了大部分村民就业。有一技之长或年轻的村民，会自己到开发区企业或市里求职。双街村的开发区，通过招商引资，目前有60余家工业企业在此投资设厂，这些企业也成为村民的就业来源。

8.3.2.4 失地农民的社会保障

失去土地的农民，最关注的就是养老、医疗等与自身生存休戚相关的问题。天津市在推进城镇化建设的过程中，主要通过两方面的措施较为妥善地处理了这方面的问题。一方面是人事劳动部门协同配合，通过制定具有一定针对性的政策，分类、分步地将失地农民纳入城镇基本社会保障体系。如在实施宅基地换房的过程中，将达到一定年龄要求的村民纳入天津市养老保险统筹范围。这部分纳入天津市养老保险统筹的村民，年满60周岁后将和城镇居民一样享受养老保险待遇。医疗保险方面，除在就业单位享受城镇医疗保险的村民外，其他村民全部参加新农村合作医疗，除了个人原因之外，基本实现了失地农民医疗保险全覆盖。

另一方面是充分发挥村集体经济的保障功能，为失地农民实施社会保障"托底"。在失地农民的养老、医疗保障方面，村集体发挥着重要作用。首先，在宅基地换房的过程中，一部分年龄符合要求的村民被纳入天津市养老保险统筹范围，所需的保险费用由村集体一次性缴纳。如双街村在2005年为当时年满50岁但不到60岁的村民一次性缴纳了养老保险，姚村在第一次实施宅基地换房时为当时年满44周岁不到60周岁的村民一次性缴纳了养老保险。其次，在实施宅基地换房的时间点，已经超过60周岁的村民，无法纳入社会统筹，这部分村民的养老金则由村集体负担。如双街村在2005年起为年满60周岁的村民每月发放1700元的养老金，姚村则为所有村民提供生活补助，根据性别年龄的不同，补助金额略有差异。再次，在医疗保障方面，村集体在城镇医疗或新农村合作医疗的基础上给予二次报销。如双街村通过二次报销将医疗费用报销的比例补齐至90%，姚村按医疗费用总额的50%比例给予二次报销。

8.3.2.5 公共设施和服务

天津市在城镇化建设过程中，将新社区的公共设施和服务统一纳入城镇建设规划，确保失地农民享受到与邻近城镇居民基本相当的公共设施和服务。其主要措施包括两个方面。第一，有关部门按本部门职责负责新社区有关基础设施的设计审批，并督促和配合建设单位完成相关设施的开通使用，这些单位主要包括公共汽车站建设和公交路线规划开通部门，及供水、供暖、供气、消防、广电通信等部门。通过这些部门的积极配合，确保新社区建成后，公共设施配套迅速完成，让失地农民马上享受城镇公共设施。第二，村集体在公共设施建设和公共服务提供方面，承担主要责任。以原村集体为单位，新社区均建有社区医院、幼儿园、小学、文化体育广场、社区活动中心等机构和设施。但受限于财政经费，除公共道路、市政网管外，新社区的公共设施建设的投资主要由村集体负担，其维修养护也由村集体负责。如双街村居民小区周边的公路，总长约 4 公里，就是由村集体出资修造的。同时，该村的一所小学、一所幼儿园、一个文化广场，均由村集体投资建设。姚村投资兴建了一所幼儿园且负责其运营，同时姚村还建设了 3 个文化体育广场。

8.3.2.6　其他福利

得益于房地产开发的巨大收益，双街村和姚村得以为村民提供丰厚且多样的福利。

双街村对不同人群有不同的福利项目。比如 60 周岁以上的村民，除了享受每月 1700 元的养老金，还有如下福利项目：年底 1 万元集体经济分红；两节（春节、中秋节）补贴 12500 元；物业费补贴每年 1290 元。加上国家支付的老年人生活补贴每月 110 元，双街村的老人每人每年共计福利总额 45510 元。其他福利项目还包括独生子女补助。除了享受国家补助每人每年 960 元之外，双街村再配套补助每人每年 960 元。村民每人每年还可获得 1 万元的集体经济分红。年满 18 周岁的双街村村民，村集体分配农业产业园的 0.7 亩地的棚葡萄地。村集体提供种苗和技术指导，并负责保底销售。这 0.7 亩地的葡萄每年净收益可达 2 万元。村集体还出资给每户村民订阅了《每日新报》。

福利方面，春节前，姚村每人每年发放 1000 元过节费。村民家中有考上大学的，给予奖励，重点大学每人奖励 10000 元，本科每人奖励 5000 元，大专每人奖励 3000 元。

8.3.2.7 社区管理和党群工作

双街村和姚村的市区管理和党群工作都由原村委会负责，但目前仍沿袭农村的村民委员会管理体制，尚没有实施“村改居”。

双街村共有198名党员，成立了党委。下设共青团（团员400多名）、妇联、武装部等。在职的居民大多加入了单位的工会组织，工会会员有200多人，并且统一办理了工会会员卡。村民积极参加村委选举活动，也经常参加社区组织的文体活动。

姚村有99名党员。党支部下设团组织，但组织活动较少。该村村民在企业工作的，均已参加工会，有会员120余名。村民积极参加村委选举活动和社区组织的文体活动。

8.4 天津市推进农民市民化的经验总结

通过对天津市推进农民市民化的政策梳理，对政策具体执行情况的了解，以及对政策执行效果的调查，本研究总结天津市推进农民市民化的主要经验如下。

8.4.1 经济发展为支撑

一般认为，农民市民化是建立在城镇化基础之上，是传统农民在城镇化过程中生产生活方式以及思想观念逐步向城镇居民转变的过程。因此，农民的市民化必须以城镇化发展为前提和基础。同时，城镇化发展又建立在以工业化为核心的经济发展的基础之上。所以，归根到底，城镇化和城乡经济发展是农民市民化的基础。

天津市农民市民化的进程，与天津市的城镇化进程以及经济持续稳定发展紧密联系，后者对前者形成了有力的支撑。2001～2014年，天津市的城镇化速度明显加快，2001年天津市城镇化率为72.4%，2014年城镇化率约82.3%，提升了近10个百分点（见图8－27）。与此同时，天津市经济水平总体保持高速发展势头（见表8－31）。这些都为天津市农民市民化的发展提供了有力支撑。

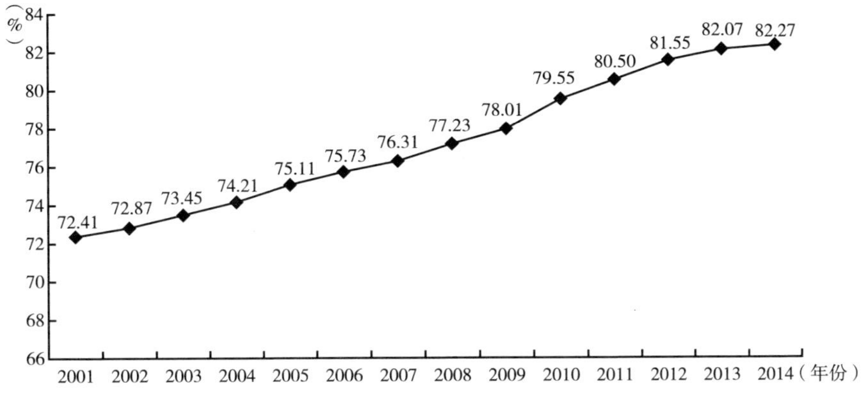

图 8 - 27　天津市城镇化发展进程（2001 ~ 2014 年）

数据来源：《天津统计年鉴》（2000 ~ 2015 年）。

表 8 - 31　2005 ~ 2015 年天津 GDP 数据

年份(年)	GDP(亿元)	同比增速(%)
2005	3906	14. 7
2006	4463	14. 4
2007	5253	15. 5
2008	6719	16. 5
2009	7522	16. 5
2010	9224	17. 4
2011	11307	16. 4
2012	12894	13. 8
2013	14442	12. 5
2014	15727	10. 0
2015	16538	9. 3

数据来源：《天津统计年鉴》（2006 ~ 2016 年）。

同时，天津市在推进城镇化和市民化的过程中，通过一系列产业发展政策的实施，实现工业化和经济发展对前者的有力支撑。天津在推进示范小城镇建设中，通过实施“三区联动”，既推动工业向规模化、专业化发展，也推动农业向设施化、集约化发展，在有效解决失地农民就业问题的同时，也为小城镇发展和农民化提供可靠经济保障。

8.4.2 新型城镇化为依托

天津的农民市民化呈现与城镇化同步发展的特征。这不仅因为城镇化发展必然会推动农民市民化的发展，更因为天津市政府部门在推进新型城镇化的实践中强调把农民的市民化作为城镇化的核心工作予以高度重视，并通过各项政策措施予以落实。1999 年，《天津市人民政府批转市小城镇建设协调领导小组办公室〈关于进一步加快农村小城镇发展意见〉的通知》指出，推动农村人口向小城镇转移农村城镇化的核心是使更多的农民逐步转变为市民。通过该意见的具体实施，在天津市城镇化快速发展的十多年中，农民市民化也得到快速发展。通过撤乡、并乡建镇，建设中心村的措施，实现了试点小城镇农民居住环境的变化；试点小城镇开展户籍制度改革试点工作，实行按照居住地以及职业来确定身份的户籍登记制度，打破了城乡户籍壁垒，使农民转变户籍成为可能；小城镇落户的农民享受同等的城镇居民待遇，在入学、就业、参军、社会保障等方面，享受城镇居民的同等待遇。

天津市以“宅基地换房”模式作为新型城镇化建设的主要模式，在全市推开小城镇建设的过程中，又通过一系列政策措施推进农民的市民化。在小城镇建成后，实施“村改社”，从制度层面为天津市失地农民的市民化提供了明确的组织形式和基本原则；在小城镇建设过程中和完成后，就村民的就业安置问题，采取多种促进就业和鼓励创业的具体举措，为失地农民市民化提供了经济基础；在小城镇建设过程中和完成后，就村民的社会保障问题，通过政府、村集体共同努力，为失地农民建立了健全的社会保障，在就业、养老、医疗、低保等方面为失地农民市民化提供了社会保障；在小城镇建设规划和公共管理等方面，建立财政与村集体共同投入机制，完善小城镇公共设施建设和公共服务提供。

8.4.3 政策措施为引导

天津市政府部门通过总体规划和制度供给，有效引导和推动了农民市民化的健康发展。1999 年，天津市发布《天津市人民政府批转市小城镇建设协调领导小组办公室〈关于进一步加快农村小城镇发展意见〉的通知》，提出了通过行政区域体制调整推动农村人口适度集中，深化户籍制度改革，放开农村居民转为城镇户口的限制，允许承包地使用权的有偿转让，为进城（镇）农民解除后顾之忧，给予小城镇落户的农民同等的城镇居民待遇等方面的政策措施，为那些有能力、有意愿的农民转化为市民提供了机会和可能性。

2009 年，天津市以人民政府令的形式颁发了《以宅基地换房建设示范小城镇管理办法》，从五个方面提出了推进农民市民化的具体举措：一是在是否开展宅基地换房的问题上提出了村民自愿原则，在以何种方案进行宅基地换房的问题上提出了村民会议的决策原则；二是在小城镇建成后的管理问题上，明确提出了“村改社”的基本思路和办法，为农民市民化提供了组织基础；三是在小城镇建设过程中和完成后的村民的就业安置问题方面，提出了促进就业和鼓励创业的具体举措，为失地农民市民化提供了经济基础；四是在小城镇建设过程中和完成后的村民社会保障问题方面，提出了建立健全社会保障的基本措施，为失地农民市民化提供了就业、养老、医疗、低保等社会保障；五是在小城镇建设规划和公共管理等方面，提出了公共设施建设和公共服务的指导性原则，为失地农民市民化提供了物质基础。这五个方面的措施基本涵盖了和农民市民化相关的所有外部因素，构建了天津市新型城镇化建设中促进失地农民市民化的基本制度框架，有力推进了天津市农民市民化的健康发展。

8.5　天津市农民市民化发展存在的问题及制约因素

从本研究所掌握的资料看，在天津市新型城镇化进程中，农民市民化获得了较大进展。但同时也应看到，天津市的农民市民化还存在一些不容忽视的问题，还有一些因素制约着天津市农民市民化的进一步发展。

8.5.1　天津市农民市民化发展存在的问题

8.5.1.1　失地农民市民化的经济基础不够牢固

农民的市民化是建立在农民及其家庭一定的经济水平之上的，没有稳定且基本达到城镇居民收入水平的经济收入作为基础，失地农民极有可能沦为城镇“贫民”，实现市民化是不可能的。研究发现，失地农民的收入单一，且对集体经济的依赖性强，这说明农民市民化的基础还不够牢固。本研究的调查数据表明，失地农民的人均可支配收入虽然略高于同期农村常住居民人均可支配收入，但与城镇常住居民相比还有明显差距。而从收入结构看，失地农民的收入中，集体经济分红和房租收入占据较大比重，虽然他们还有务工或经商收入，但相比之下，集体经济分红和房租的收入更为稳定，导致失地农民对集体经济产生明显的依赖性。

8.5.1.2 失地农民就业质量不高

在城镇实现稳定就业是农民在职业上实现非农转变、在城镇中获得稳定生活来源的基础，可以说农民市民化的一个重要标志是生产方式由传统农业向非农产业转变。抽样调查显示，失地农民非农就业的比例较高，达到了 84.7%，但就业质量不高，这必然会对影响农民市民化的速度和质量。失地农民非农就业质量不高，主要体现在以下几个方面：一是就业岗位以低端服务业、操作工和个体经营为主；二是就业渠道过于依赖村委会和朋友介绍、亲戚帮忙，通过劳动力市场自主就业的较少；三是签订劳动合同的比例偏低；四是工作福利较低；五是工作时间平均超过法定劳动时间，且接近一半的人员没有得到加班工资，权益处于较低水平；六是工资收入偏低，平均工资只是同期天津市城镇职工平均工资的 71%。

可见，尽管小城镇建设中新产生的失地农民非农就业比例较高，但他们的就业质量偏低，这必然会影响他们市民化的速度和质量。

8.5.1.3 村集体的公共服务压力过大

研究发现，天津市小城镇建设中新建成的社区，公共基础设施都较为完善，基本实现了社会保障、教育服务、就业服务的全覆盖，失地农民可以享受与城镇居民相同的待遇。但深入分析就会发现，除了教育，失地农民实际上并不可能获得与城镇居民相同的待遇。最核心的一个问题是，养老、医疗、失业、生育乃至住房公积金等基本社会保障，只有管理规范的就业单位才会为员工提供。但是失地农民的就业大多数属于非正规就业，就业单位很少为他们缴纳这些基本社会保险费用。在样本村的访谈中发现，由于大多数失地农民并不能从就业单位获得这些保证，实际上由村集体承担着“兜底”的责任，提供着类似或替代性的保障。从样本村访谈得到的信息来看，这种“兜底”的保障责任，给村集体带来的压力是巨大的。如果没有稳定的且高水平的收入来源，村集体是难以承担这样的压力的。本次访谈的两个样本村，由于姚村的村集体经济水平低于双街村，村民的福利水平就明显低于后者。这两个村恰好都处于城乡结合地带，其村办经济实体主要包括商品房开发。不妨推论，那些位于远郊区的小城镇，没有房地产的土地级差收入，它们又依靠什么经济来源承担“兜底”的公共服务保障呢？因此，建立在村办经济基础上的村集体“兜底”的社会保障机制，是难以持续保证和支撑失地农民市民化所需的公共服务的。

至于就业服务，由于失地农民的受教育水平和职业技能水平都较低，他们也难以通过城镇的劳动力市场获得就业机会，实际上村办经济实体是他们的主要就业出路。而村集体通过村办经济并不能解决所有村民的就业问题，更不能保证较高的就业质量。

8.5.1.4 失地农民观念转变和社会融入缓慢

研究发现，天津市新型城镇化试点乡镇失地农民的思想观念呈现出较为明显的向城镇居民转变的趋势，但传统的思维、行为习惯短期内难以改变，可以预见，他们的观念转变和素质提升必然还要经历一个长期的过程。抽样调查和定点调查发现，小区内不文明行为的发生频率较高，表明村民在一定程度上还沿袭了以往的生活方式和习惯。在社会融入方面，天津市新型城镇化试点乡镇的失地农民虽然呈现出缓慢地融入城镇社区的趋势，但在很大程度上仍然维持着传统乡村的“熟人社会”的社会交往特征。在人际交往方面，失地农民仍以亲属、邻居和附近村民为主要交往对象。村民参加党团组织或村委组织的各种活动，仍然局限于本村的范围之内，社会活动参与程度处于较低的水平。

8.5.2 天津市农民市民化发展的制约因素

调查发现，在天津市新型城镇化建设发展过程中，大多数失地农民实现了较为稳定的非农就业，在生活方式、思想观念方面开始向城镇居民转变。但同时也还存在诸多因素，制约着失地农民市民化的进一步发展。总结起来，除了影响市民化发展水平的根本因素——经济因素之外，制度因素、社会文化因素以及农民自身因素也对天津市农民市民化发展起着明显的制约作用。

8.5.2.1 制度因素

影响农民市民化的制度因素，主要包括农村土地制度和户籍制度，以及建立在这两种制度基础之上的就业制度、教育培训制度和社会保障制度。

（1）土地制度

无论是外出务工农民的异地市民化，还是失地农民的就地市民化，都意味着农民在不同程度地减少或失去与土地的联系。对传统农民而言，土地是农民个人及家庭生存和发展的基本资源，是他们的主要收入来源。对于兼业农民和外出务工农民而言，虽然土地已经不是他们主要的收入来源，甚至土地所带来的收入在他们收入构成中的比例已经减少至几乎可以忽略不计的程度，但土地所承载的意义反而更为重要，这主要体现在土地为这部分农民提供的保障功能上。从农民家庭的角度看，土地可分为两种，一是农民家庭的承包地和宅基地，二是除此之外的集体土地。对传统农民而言，承包地解决农民的经济收入问题，宅基地解决农民的居住问题，其他的集体土地则是村集体为农民提供其他经济收入或福利待遇的来源。

我国的土地所有权分为国家所有和集体所有两种基本制度，后者主要适用于农村。但相比城市的土地国家所有制，农村的土地集体所有权是有所限制的。城市土地的所有权，不仅包括占有权和使用权，还包括处置权。农村的集体所有的土地，农民作为集体的成员，对集体土地享有占有、使用、收益和处分的权力，但没有买卖的权利。农村的土地制度经过多次渐进的调整，目前农民承包地的使用权可以进行转让，但还不能进行抵押。农民的宅基地可以用于建筑自用的房屋，农民对所分配的宅基地拥有使用权，对房屋拥有所有权，但宅基地不可抵押或转让给其他集体之外的人员，更不可买卖。其他集体土地主要用于村办企业以及公共设施的建设。

我国工业化、城镇化和市民化的发展，面临人均耕地不足、城市建设用地不足的双重困境。为解决城镇化建设用地不足的问题，唯一的途径就是将集体土地转变为国家土地，即所谓的“土地变性”。即按现有土地制度的要求，地方政府遵循一定的审批程序将村庄拆迁后的全部或部分土地的性质由集体所有变为国家所有。变为国家所有的土地可以用于工业、商业设施建设和商品房建设，政府从中获得巨额财政收入，房地产开发商从中可获得房地产开发的利润。土地变性的做法，是在国家法律框架下的行为，有其法律依据。但土地变性后所产生的巨大收益，其中多少应该属于这些土地的原所有者即村集体？在城镇化建设中，许多地方政府采取“村庄拆迁—集中安置”的方式，那么属于村集体的土地收益中有多少应该用于村民的住房安置和补偿？这是一个重大的理论问题，也是一个重大的政策问题，但这两个问题目前都还没有权威的答案。这两个问题产生于现有的土地制度，成为城镇化和市民化的隐性但是根本性的制约因素。

由于理论依据和政策依据的缺失，我国城镇化和市民化在处理有关农民权益问题上处于“摸着石头过河”的状态，基层干部对这些问题则采取“见招拆招”的策略。从本次调查和访谈了解到的情况看，基层政府在征地拆迁过程中所依据的征地补偿标准具备较强的刚性，不存在农民与政府讨价还价的空间。但村集体提供的住房安置和其他福利待遇则具有较大弹性，正是因为较好的住房安置条件和福利待遇，使得征地拆迁得以实施完成。这种操作性策略在一定时期内可以避开理论依据和政策依据不足的问题，但由此又带来了新的问题，即村集体责任和压力过大的问题。

当把农民从土地上剥离，并把他们推入第二、第三产业就业时，如果农民不能像城镇居民那样在第二、第三产业实现稳定就业，且其就业质量未达到城镇居民基本水平，他们的生计安全是不容忽视且关系到社会稳定的大问题。目前看来，失地农民在第二、第三产业稳定就业且就业质量不低于城镇居民的水平是不可能在短期内实现的。政府对此问题的解决方案是让村集体承担“兜底”责任，即由村集体解决村民的就业，承担村民在住房、养老、医疗等方面的基本社会保险责任，负责配置和提供公共设施以及公共服务。本次调查的两个样本村的情况正是如此。村集体怎样才能承担好“兜底”责任呢？一是给村集体留下部分集体土地，用于村集体兴办经济实体；二是强化村集体的经济和经营职能。此次调查的双街村和姚村，都兴办了多家公司，除了都开办了房地产开发公司和物业管理公司之外，前者还拥有一家工业园和一家现代农业科技园区，后者则兴建了两条商业街。村委会的干部同时兼任下属公司的主要负责人。在双街村和姚村的访谈中发现，这两个村每年用于村民的基本社会保障和福利费用支出数额庞大。不仅如此，村委会除了承担职责内工作外，还需要承担村民有关住房分配、医疗、养老、就业、教育等多方面的工作，这些工作和村民利益息息相关，关系社会稳定，他们必须精心策划组织，谨慎实施，避免引起矛盾和利益纠纷。可以说，村集体的"兜底"责任给村委会干部带来的压力是巨大的。

退一步说，如果村集体承受住了压力，承担好了"兜底"责任，能够彻底避开或解决土地变性后的收益分配问题，这还不失为一个解决问题的可行措施。但问题在于，是否村集体承受住了压力，就能够承担好"兜底"责任呢？或者说，村集体能够承受住这样的责任和压力吗？

情况显然不容乐观。本次调查了解到，因为拥有一定土地储备，双街村和姚村的村办经济实体都以房地产开发为主，其主要收入来源就是商品房销售收入和工商业用房的房租收入。比较而言，双街村的集体经济收入水平明显高于姚村，前者村民的征地补偿和安置条件也明显高于后者。这说明村集体承担"兜底"责任，依赖于村办经济的盈利能力。而在市场经济条件下，经济实体的经营业绩和盈利水平出现波动是很正常的事。我国接近20年的城镇化的快速发展，在很大程度上契合了房地产发展的黄金时期。但是任何一个产业都不可能永远处于高速增长的状态，一旦房地产行业增速放缓，甚至进入衰退期，这些村办经济实体的利润从何而来呢？到那个时候，村集体如何承担"兜底"责任呢？除此之外，还有一个问题也要引起重视。本次访谈的双街村和姚村，以前属于天津市的近郊区，目前已经基本成为市区。这两个村之所以能够把房地产作为主要经济来源，其地理区位优势发挥了重要因素。但是，对于那些远离大城市、难以获得土地级差效益的村庄而言，他们能把房地产作为其村办经济实体的主导产业吗？如果不能，他们承担"兜底"责任的经济来源在哪儿呢？

（2）户籍制度

我国自1958年开始实施的城乡有别的二元户籍管理制度，延续至今，使得户籍演变成了具有显著差异的身份的象征。尤其是建立在户籍制度基础之上的城乡差别巨大的就业、教育、社会保障与福利、公共设施与服务等方面的制度，共同构筑了我国的城乡二元格局。改革开放以来，大量农民进城务工，但在城乡二元的户籍制度下，农民只能无奈地接受了入城打工、户口在农村的现实。他们虽然在城市务工，但在就业、教育等方面无法得到同等公平的待遇，影响了农民市民化进程。

1985 年我国开始实行居民身份证制度，小城镇户籍逐步放开。2014 年，我国户籍制度改革迈出重大一步，国务院发布了《国务院关于进一步推进户籍制度改革的意见》，明确要求“建立城乡统一的户口登记制度，取消农业户口与非农业户口性质区分和由此衍生的蓝印户口等户口类型，统一登记为居民户口，体现户籍制度的人口登记管理功能”。同年，国内一些城市响应中央精神出台了一系列具体措施来积极推进户籍制度改革。如上海和南京实施“积分入户”制度，此后国内众多城市推出了类似措施。但如果对这些城市的“积分入户”具体规则进行分析，不难发现，类似“积分入户”的做法，其主要目的是吸引和保留高端人才，而不是为外来务工人员提供在城市落户的机会。与其说这种做法是在进行户籍制度改革，不如说是在原有户籍制度之下对户籍变动的规则做出的调整，这种做法很难对农民市民化产生多大的推进作用。

除此之外，也有一些地方政府采取了有别于“积分入户”的措施。如天津在新型城镇化建设中，同步推出的“村改居”政策。按照“村改居”的政策设计，农民在自愿的原则下，可以加入“宅基地换房”，退出原住房，迁入新建的居民小区居住。与此同时，村委会改为居委会，村民变为居民，其户籍不再区分为农村或城镇户口类型。应该说，“村改居”相比“积分入户”户籍制度改革意义更为重大，更有探索性。但从调查了解到的情况看，天津市尽管提出了“村改居”的政策，但在具体实施中并没有采取“一刀切”的做法，而是给予基层单位较大的自主操作空间，由区、镇根据当地实际情况适时推进。抽样调查的统计分析发现，68.8% 的受访者还是农村户口，已经转为城镇户口和正在办理“农转非”的合计比例为 31.2%。而对两个样本村的访谈则发现，这两个村都没有实施“村改居”。

由此可见，尽管从中央政府层面已经明确提出了户籍制度改革的目标和方向，但在地方政府的实际操作层面却进展缓慢。背后的原因，主要在于与户籍制度紧紧联系在一起的就业、社会保障和福利、教育和公共设施等方面的制度改革难以统筹协调推进。而这些制度改革难以统筹协调推进的根本原因则在于这些制度调整涉及重大的利益调整。无论是大城市采用“积分入户”的做法将外来务工人员实际排除在外，还是小城镇建设或城中村改造中“村改居”政策实施进展滞后，这些都是导致市民化难以顺利推进的原因。

大城市通过“积分入户”的做法实际上将大部分外来务工人员排除在可能落户的人员群体之外，主要原因在于大城市本身人口规模大，公共资源存在不同程度的短缺问题，其基础设施和公共服务本身处于供不应求的状态。在公共资源短缺、基础设施和公共服务供给不足的状态没有根本改变的前提下，如果放开外来务工人员落户，不仅会导致大城市原有居民的居住、生活水平下降，新入户的外来务工人员的城镇生活质量也难以保障，从而导致外来务工人员市民化难以为继。而从根本上改变大城市公共资源短缺状况，提高大城市基础设施和公共服务供给能力，需要大量的资金投入。实际上，我国绝大多数的大城市的财政收支状况并不乐观，难以承担这样巨量的资金投入。不仅如此，是否应该由政府独立承担这方面的资金投入，以及由哪一级、哪一方政府承担资金投入责任，这些问题都需要进行深入探讨，精心筹划。显然，在目前对于这些问题还没有明确的解决方案的状况下，大部分外来务工人员实际上被排除在大城市落户人员群体之外就成为现实而无奈的选择了。

本研究所关注的群体，即城镇化过程中新产生的失地农民，其市民化进程从根本上也受制于资金投入的不足，只不过表现形式上恰好相反而已。在姚村和双街村的定点访谈中发现，村委会干部普遍希望早日实现“村改居”，而村民普遍不愿意失去“村民”的身份。村干部之所以希望实现“村改居”，是因为在目前体制下，村委会承担着比以前更多、更大的责任。村委会作为村民自治组织，相比居委会，多了集体资产经营和管理职能，以此承担对村民的“兜底”责任，即政府部门和国家财政还没有管到的事，都由村委会和集体经济承担。具体而言，就是失地农民的就业、养老、医疗、教育、公共设施和公共服务等事务，只要还没有转变为城镇的管理体制，就由村委会和村集体承担。这个负担和责任是巨大的，相应地他们需要面对和处理的难题和事务也是繁杂的，所以村委会干部普遍希望尽早转变为居委会。对于村民而言，由于他们还不具备在城镇实现高质量就业的职业技能，他们希望得到村集体的“庇护”，以保障基本的生存和目前的生活质量。因此，在政府敞开大门引导他们转变为居民的时候，他们反而希望保留村民身份，而不愿意转变为城镇居民。

无论是在大城市务工的外来农民，还是在小城镇建设和城中村改造中失去土地的本地农民，他们的市民化所面临的户籍障碍，已经超越了户籍制度本身，是建立在户籍制度之上的城乡二元的社会保障和福利制度、教育体制、公共投入制度等制度上的障碍。这意味着，为了进一步推进农民市民化，不仅应大力推动户籍制度的革新，同时还要全方位推进社会保障和福利制度、公共投入制度、教育体制等多方面的全面改革。

（3）劳动就业制度

1971 年，美国经济学家彼得·多林格（P. Doeringer）和迈克尔·皮奥雷（M. Piore）共同提出了二元劳动力市场理论。他们认为，劳动力市场被市场中的非竞争因素分割为两个不同的部分，它们分别是主要劳动力市场和次要劳动力市场，这两个劳动力市场的运行机制截然不同，即使具有相似人力资本量的劳动者在另一个不同的市场也不能得到相同的劳动报酬，所以劳动者很难实现在两个市场间的自由流动。在劳动力资源配置和薪酬决定方面，这两个劳动力市场展现出完全不同的特点：主要劳动力市场多集中在核心经济部门，因而劳动报酬较高、福利待遇丰厚、工作稳定性较强、工作环境良好、培训机会较多、晋升机制良好；次要劳动力市场则与之恰恰相反，不但劳动报酬低、福利待遇差、工作流动性强、工作环境差、培训机会少，还缺乏晋升机制，这些次要劳动力市场主要集中在边缘经济部门。

从本研究所获得的材料看，小城镇建设过程中产生的失地农民的非农就业明显处于次要劳动力市场。上一小节对失地农民非农就业的特点进行了概括：一是就业岗位以低端服务业、操作工和个体经营为主；二是就业渠道过于依赖村委会和朋友介绍、亲戚帮忙；三是签订劳动合同的比例偏低；四是工作福利较低；五是工作时间平均超过法定劳动时间，且接近一半的人员没有得到加班工资；六是工资收入偏低，平均工资只是同期天津市城镇职工平均工资的 71%。这些特征明显符合迈克尔·皮奥雷和彼得·多林格所指出的次要劳动力市场的基本特点。

在工业化和城镇化发展过程中，农民主动或被动地脱离土地，寻求第二、第三产业的就业机会，但因为以下几方面原因，他们只能被动地进入次要劳动力市场。首先，因为自身受教育水平和职业技能较低，进城农民或失地农民中的大多数不可能进入主要劳动力市场，而只能在次要劳动力市场寻找机会。其次，一些具备一定职业技能的进城农民或失地农民，理论上拥有了进入主要劳动力市场求职的机会，但一些附加条件又会把他们拒之门外。按二元劳动力市场理论，在我国现阶段，主要劳动力市场的就业单位主要由政府部门、事业单位、国企、大型民营企业等构成。这些用人单位的正式岗位，除了操作类岗位、劳务派遣岗位外，一般都对求职者有学历、户口等方面的要求，而这些要求是大多数进城农民或失地农民难以满足的。再次，即使和其他城镇居民从事同岗位的工作，但因为户籍因素，进城农民或失地农民也很少能享受城镇居民普遍享受的基本社会保险（养老保险、医疗保险、生育保险、失业保险）及其他福利待遇（主要包括住房公积金），也不可能像城镇居民那样享受城镇政府部门提供的就业培训和失业救济待遇。

（4）教育制度和社会保障制度

尽管我国一直在花大力气提高农村教育的质量，可是城乡教育资源的差距仍然还在。因为城乡经济发展水平存在差异，城乡教育资源也大相径庭，所以初始教育的不平等使农村孩子输在了起跑线上。同时，户籍法律的规定导致农村户口持续绑定一代又一代，农村孩子也无法享受到城市的优质教育资源。农村的教育资源不能与城市相比，它们师资力量较差，基础设施也欠缺，教学质量也无法得到保证。本次调查发现，尽管我国已经实现义务教育多年，但是在小学、幼儿园的校舍建设和日常运营方面，还需要村集体的资金投入。如姚村在 2009 年投资建成了面积约 1800 平方米的幼儿园，由姚村负责管理维护，除了一次性建设费用外，每年还需投入 80 万元的运营管理费用。

我国的城乡分治制度以户籍管理为核心，人为地把城乡人口划分为互相分割而且彼此之间很难逾越的两大社会群体。这样在空间地域上不但使农民被禁锢于乡土之中，还让他们在社会基本权益方面也受着明显的不平等待遇。一旦农民失去土地后，他们最先面对的是职业和居住地的转变，就算户籍身份转变成了“居民”，可是他们依然不能享受城市居民的社会保障待遇，致使很多失地农民“社保无证、医疗无保、就业无路”，这表明当前我国社会保障机制的缺陷在于不够完善，社会保障不能全面、平等地覆盖所有居民。调查了解到，虽然政策上给予失地农民享受城镇居民社会保障的权利，但实际上失地农民的社会保障仍然由村集体承担。如本次调查的姚村，1997 年开始征地，至今仅办理了一次为年满 44 岁的村民（占村民总数的 43%）一次性缴纳养老保险金，以保障这些村民达到城镇职工退休年龄后能够享受养老保险待遇。据了解，此次缴纳养老保险的资金，由土地开发商按每人 69000 元的标准缴纳。该村目前正在筹划为其余已满 59 岁的村民集中办理养老保险缴费手续，但所需资金尚未解决。在访谈中了解到，无论村民还是村干部，他们目前最关心和担心的就是养老、医疗等基本保障问题。

8.5.2.2　社会文化因素

（1）基于血缘、地缘关系的社会网络

城市交往方式主要是建立在业缘、趣缘和学缘的基础之上，而农村的社会交往方式却依然是基于传统的地缘以及血缘。农民的交往空间被户籍管理制度长期局限在农村范围之内，即使他们居住在城市附近，可是对城市却很难熟悉。在心理认同和生活情感上，他们对自己居住的农村依然具有很强的依赖感，依旧保持着简单的社会交往网络。绝大多数的农民平时都生活在由同质群体构成的农民群体中，这种交往圈和居住方式进一步加剧了农民的小农意识及传统观念，导致城市和农村长久处在彼此隔离的状态，同时使得农村与城市的社会和文化更加分离、生疏。

（2）传统的生活方式

首先，让失地农民转变意识很难。农村生活与城市生活相比存在很大不同，失地农民进入城市后基本很难在短时间内适应。这种不同主要表现在以下三个方面。第一，城市生活的不近人情性。城市规模通常较大，市民数量众多，所以人与人之间的联系虽然多，但彼此再次相遇的概率却较低，导致城市居民对人或者对事的态度都较为冷淡，凡事皆以事为本，不太注重人情。第二，城市生活展现出很明显的“世俗化”。城市居民的价值观基本都是以个人为中心，很少关心自己以外的事务，遇事表现较为冷漠，但是农民对人对事却较为热心，乐于帮助他人，但这种特质在城市反而并不会取得城市居民的好感。第三，城市生活节奏太快。农村生活的忙碌仅仅在于短暂的农忙时节，除此之外，一年中大部分时间的生活都轻松闲适，但是城市生活的忙碌基本上持续一年，节奏比较快。失地农民进入城市生活后通常较难适应这种快节奏的生活方式。

其次是生活方式融入的困难。农民跟市民相比有着不同的内涵，而且也有着不同的价值观念、行为规范和生活方式。失地农民一旦进入城市生活，他的行为模式、生活方式等都需要向市民靠拢，可是他们进入城市后却很不容易融入新的生活方式。第一，在消费方式方面，失地农民的消费主体是食物，其他的消费很少。第二，在休闲方式方面，失地农民主要以看电视、打扑克牌为娱乐方式，较少有其他娱乐方式。第三，在社交方面，农民采取以血缘、地缘为主的交往方式，业缘方式的交往较少，而城市居民的交往却恰恰是以业缘为主。第四，在家庭生活方式方面，失地农民进城后，其原有的习惯很难改变，比如饲养畜禽，随意晾晒衣物、被褥等。因此，和城市生活方式的截然不同使得失地农民不容易真正融入城市生活。

（3）城市原居民的接纳

因为长期以来城乡二元体制的效应，城市和农村彼此缺乏有效的互动，市民与农民之间缺少交流的机会，所以彼此缺乏一种基于理解、尊重的情感。尽管在城镇化发展的影响下，有一些城郊的农村被纳入城市发展，数量不少的失地农民也过上了城市生活，但是长期隔绝的文化差异仍然使得农民的习性无法被原市民在短期内接受，这在客观上也导致了失地农民与原市民的不兼容，进一步固化了失地农民封闭的社会互动圈子，增加了失地农民市民化的困难系数。

8.5.2.3 农民自身因素

外在的制度和社会文化等因素，对农民市民化的影响是宏观的和间接的。从农民个体的微观角度来说，其自身的科学文化素质、职业技能、心理状态和思想观念也是制约其市民化的重要因素。在社会学家英格尔斯看来，对于一个国家国民性的转变和国家现代化具有决定性作用的是这个国家农民的社会心理基础。当我国在推进城镇化和市民化时，失地农民的传统观念转变和个体素质提高无疑是一个不容忽视的问题。

科学文化素质低下严重影响失地农民市民化。科学文化素质是指处理社会和自然的关系中应该具备的知识、精神要素和实践能力。根据中国科学技术协会对中国公众科学素养的调查结果，具备科学素养的农村居民仅占0.4%，比城市居民3.1%的占比低近7倍。本研究进行的抽样调查显示，受访者中小学、初中、高中学历的比例分别为12.1%、47.4%和34.7%，三者合计占比为94.2%。

职业技能较低也是影响农民市民化的一个重要因素。本研究在调查中发现，失地农民的职业技能状况并不乐观。尽管政府部门在新型城镇化建设中，大力推行针对失地农民的“蓝证”“红证”培训，但农民参加培训的积极性普遍不高。相比以前，农民拥有的职业技能证书的比例有所提高，但对于即将离开农业进入第二、第三产业就业的失地农民而言，他们拥有证书的比例仍旧较低，其职业技能水平也有待提高。

保守、消极的心理状态也影响着失地农民的市民化。我国城镇化发展的快速程度已经超过了工业化发展对劳动力的需求量，同时也超过了包含社会保障制度在内的各种配套制度的改革步履，这必然造成失去土地这一生计来源和保障手段的农民，在城市生活与现实的残酷对比中产生巨大的心理落差，既在心灵深处产生不安定的心理，也无法认同自己目前的市民身份，于是便产生了重返乡村生活的“逆城市化”心理。调查显示，失地农民一方面对现在的生活水平表示了较高的满意度，另一方面又表示不愿意彻底转化为城市居民，对他们目前所享有的集体福利能否延续并且持续提高的不确定充满担忧。

落后的就业观念的束缚同样不利于失地农民的市民化。较大部分的失地农民存在比较落后的观念，特别是一些居住在城市郊区的失地农民，由于平时的生活较为闲适，又不愿吃苦，所以难以下定决心走出家门去寻找工作机会。另外，还有一部分农民认为自己的土地是因为国家建设项目而被征用的，所以工作问题必须靠政府想办法解决，存在等、靠、要的思想，欠缺自主就业、创业的思想和实际行动，这样便会导致种粮无地、工作无岗。还有一些年纪较大、受教育程度低的失地农民，对土地依然留有眷恋，他们认为除了从事农业种植之外，自己没有一技之长，当土地被政府征用后他们宁愿选择到其他地方承包土地继续进行农业生产，也不愿意进城从事非农劳动。

科学文化素质欠缺、职业技能不够、缺乏积极进取的心态以及落后的就业观念等多方面因素的共同作用，导致失地农民难以在城镇实现稳定且较高质量的就业，难以融入城市社会，从而严重制约了他们的市民化进程。

8.6　推动天津市农民市民化进程的对策建议

8.6.1　加快制度改革创新，加强农民市民化的政策引导

8.6.1.1　加快推进农村土地制度改革

农村土地制度的落后是制约我国城镇化、市民化的根本因素。随着城

镇化的快速发展，农民市民化的稳步推进，现行的农村土地制度的滞后性会更加凸显。必须加强对农村土地制度的研究，加快土地制度改革的步伐。本研究认为，我国的土地制度改革，应该遵循以下原则和方向。

（1）提高农村土地交易市场化程度

加大农村土地市场建设力度，进一步提高农村土地交易市场化程度，增加土地的流转收益。我国通过《宪法》、《土地管理法》和《农村土地承包法》等法律制度在农村土地产权结构方面施加了不少限制，在这些限制条件的影响下，对于农户家庭来说，非常重要的一点就是土地承包经营权中的收益权。目前的农村土地制度，基本使土地的生产性收益归农户拥有得到了保证，但问题在于土地的流转价格不高，使得流转性收益无法充分实现。因此，加快农村土地市场建设，建立合理的土地流转市场价格发现机制，增加农业转移人口的土地流转收益显得刻不容缓。第一，要在确权、登记、颁证的契机下，加强农村土地市场的基础设施建设。通过一系列举措为农村土地市场建设创造条件，比如，明确农村土地承包经营权内涵、清晰划分农村土地产权边界、赋予农户家庭主体地位等。第二，加强农村土地市场制度建设，减少土地流转过程中的交易成本。建立和完善相关的法律法规，保证农村土地产权主体合法的市场交易地位，促使土地流转的公开、公平、公正，切实保障农业转移人口获得正当的土地权益。第三，提升政府职能部门的管理水平，为农村土地市场提供有效的服务。转变政府职能，加强政府在农村土地流转过程中的管理、服务，既要建立土地流转交易平台、提供土地流转交易信息、完善土地流转档案管理，还要防范和化解土地流转纠纷，使土地流转交易在健康、有序中顺利进行。

（2）增加地权权益的可分割性和可交易性

对土地产权的边界进行恰当调整，增加地权权益的可分割性和可交易性，充分实现农村土地的财产价值。由于原有的农村土地产权制度安排是在农村经济发展水平较低的情形下做出的，所以重点保护了农户土地的生产性收益和保障性收益，却缺少在新的制度环境下农户对土地财产性收益的合理分享机制，这就表现出一定的滞后性，因而是需要进行变革的。第一，对土地产权权益边界进行适当拓展，提高农户对土地财产性收益的分享比例。落实贯彻中央制定的城市支持农村、工业反哺农业的政策意图。给予农业转移人口更多的土地剩余收益权，让土地变为农业转移人口市民化的基础性财产。第二，逐渐放松对土地产权的不当管制，找到政府管制与权利主体合理使用之间的平衡度，深入细分产权，提高地权权益的可交易性，增加农村土地的财产价值。建立起城乡统一的建设用地市场，落实“同地、同价、同权”，充分实现农村土地的财产价值；通过试点的方式逐步增大土地抵押权的使用范围，加强土地权益的可交易性，把农业转移人口所拥有的土地变成资产。第三，保障农村土地制度安排的开放性，能够实时适应未来制度环境的变化。要尊重农业转移人口的主观愿望，也要尊重他们合理的异质性诉求，保证农村土地制度安排可以对农业转移人口的正当意愿及时地做出合理回应，保证土地产权结构具备优良的动态适应性。

（3）使农村土地用途转换所产生的增值收益得到合理分配

创建土地发展权，对农村土地用途转换所产生的增值收益进行合理分配，继而科学地设计出农业转移人口土地承包经营权退出机制，有序地推进农业转移人口市民化，使农村土地资源得到进一步优化配置。我国城镇化建设进程对土地的需求数量日益加大，使许多农地非农化，于是在这个过程中产生了巨大的土地增值收益。而在现行的土地制度安排下，一方面政府管制了农村土地的农业用途，另一方面又垄断了城市土地的供给，政府获取了农地非农化的大部分增值收益，而农户只能获取很小份额的土地增值收益。所以应该通过创设土地发展权的方式，进一步完善农村土地产权结构体系，重新建构土地增值的收益分配格局，让农民能够分享土地增值收益。第一，建立并完善包含土地发展权在内的农村土地产权结构体系。目前我国的土地制度安排，侧重强化政府的管制权，强调政府对土地的静态管理功能。集体土地分为三级管制——规划、计划和用途，虽然农民家庭拥有土地承包经营权，比如实际占有权、农业用途使用权、部分收益权和有限的处分权等，却不拥有土地的发展权，所以无法分享土地未来再开发所产生的收益。因此，一旦创设了土地发展权，就能适当限制政府的土地管制权，可以实现在相关主体之间对土地开发的权利进行有效的分割。第二，在尊重土地发展权基础上进行征地制度改革，重新建构农村土地增值收益分配格局。由于传统的二元体制的影响，我国现行的征地制度在本质上表现为国家对土地征收权的垄断，大部分土地增值收益被政府获取了，而对被征地主体的补偿却没有体现土地发展权的价值。显而易见，在大量农业转移人口市民化的趋势下，这种土地增值收益分配格局使权利主体的基本要求得不到满足，因此需要按照土地发展权的逻辑，既改革征地程序，又完善补偿制度。征收农村土地，不但要对其农业用途价值进行补偿，也要对土地发展权价值进行补偿。区位对土地发展权价值的影响较大，因此可以在参照城市土地基准地价的基础上制定一个土地发展权的“基准地价”，把征地补偿标准制定为农地农用价值加上基本发展权价值。而且在制定征地补偿标准时，要逐步降低政府在土地征收环节上的土地增值收益分配比例，使农村集体和农户家庭能够分享更多的土地发展权收益。

8.6.1.2 加快推进户籍管理制度改革

能否转变为市民身份对农民来说并不重要，重要的是他们的收入水平能否切实提高，能否和城市居民一样享有同等的权利。但是户籍制度的安排却在客观上造成了城乡分割的二元结构，并在此基础上形成了长期的“城市倾向”，导致城乡地位发展不平等，城乡收入差距拉大，城乡关系不协调。因此，要使农民市民化势必要进行户籍制度改革。

对户籍管理制度进行的改革不仅要促进劳动力的自由流动，还要让人口自由流动起来，即主要由市场来调节生产要素中人的因素。为了这一目的的实现，必须将户籍审批制改革为登记制，让人口实现自由迁徙。这一改革就其本身而言并不难，难就难在怎样将依附在户籍上的福利功能从户籍制度中抽离出来。实际上，将其剥离出来也很容易，只要政府能够将养老、医疗、住房、孩子上学、社会救助等与户籍联系脱钩即可，完全分离户籍与社会福利，并且规定凡是在城里居住、工作并登记注册的人，都享有同等待遇。

户籍改革的难点其实就在于户籍与社会福利分离。一旦户籍与社会福利分离，就意味着原来城镇居民所享受的公共服务方面的福利待遇，失地农民或转移农民必须同等享受。由此产生的巨大资金需求，才是户籍改革最大的难题。

8.6.1.3 加快改革完善社会保障制度

党的十八届三中全会《决定》提出，推进农业转移人口市民化，“城镇职工养老保险、医疗保险、失业保险、工伤保险等基本社会保障，要对农业转移人口全覆盖”。这为构建农业转移人口市民化的社会保障提出了明确方向和要求。

（1）加快建成城乡一体化的社会保障体系

探究当前失地农民市民化的积极性与实效性欠缺的原因，除了户籍制度、土地制度的束缚，还有相关成本过高之外，与社会保障制度的不健全也有极大关联。由于城乡二元经济结构所造成的城乡间的社会保障内容、质量差别较大，所以打破目前城乡社会保障制度之间的制度沟壑，将各类社会资源整合起来，探寻出一套完善的具有中国特色的城乡一体化的社会保障体系，将农业转移人口归入统一的社会保障平台中，在总体层面上提高社会保障水平和覆盖面，成为摆在政府面前的现时紧要工作。

将覆盖广、内容全、质量高的社会保障体系构建起来是一项耗时长的系统工程，以至应该成为一种与现代国家同时共存的基础性工作。在目前人力、财力和物力资源整体不足的情况下，对失地农民来说，在养老保险、医疗保险、失业保险和工伤保险等几个重要领域打破藩篱、实现无缝衔接是非常必要且紧迫的。以养老保险为例，需要尽快建立养老金个人账户的全国联网机制。实现联网的养老保险制度势必打破城乡之间和地区之间藩篱，将失地农民养老保险和城镇职工基本养老保险进行有效对接，简化不同地区之间的养老保险关系转移接续手续，在保障当事人合法利益的基础上尽量简省程序，使农业转移人口基本养老保险跨区域转移更加灵活、便捷。针对医疗保险，要使新型农村合作医疗和城市职工医疗保险制度衔接起来，把失地农民纳入城镇居民基本医疗保险体系，让他们能够享受到与城镇居民相同的医疗待遇。鉴于医疗资源分布的不均衡，要新建跨区域就医、报销的方式方法。要更加完善失业保险和社会救助制度，让失地农民就算遇到失业、家庭生活困难、遭遇突发灾难等意外情况，也能够保证其本人及其家庭成员得到基本的生活保障。此外，还要完善农民的工伤保险制度。失地农民大多在建筑业、制造业和餐饮业等岗位工作，工伤事故的发生概率很高，政府要对企业加强监督，使国家工伤保险制度落实到位，还要建立健全工伤保险纠纷的调解机制，能够有效处理工伤保险纠纷问题。

（2）探索与农民市民化相适应的社会保障新模式

①为失地农民建立最低生活保障制度

为避免失地农民陷入生存困境，必须为其建立最低生活保障制度，在对生活困难的失地农民进行救助时要参照最低生活保障标准进行。第一，要使最低生活保障标准的确立具有科学性，这就需要综合考虑多个因素。不但要保证农民的基本生活需要，还要防止他们因此而产生依赖思想，并且需要着重参考当地的消费水平、地方政府的财政支付能力、当地居民的收入水平，更重要的是需要根据动态定期调整。第二，要科学确定享受最低生活保障的对象。具体分为以下几类：第一类是属于失地农民但之前并不以土地作为其主要收入来源的群体；第二类是得到征地补偿和安置，与原来的生活水平持平的农民市民化群体；第三类是征地以商业用途和市场价格为标准进行补偿的失地农民，补偿金额相对较高，而且本身之前生活在城郊或城里，有自己的谋生职业的群体；第四类是征地前土地是其收入的全部来源，且失地后生活有困难的群体。这四类市民化群体的生活保障要区别对待，从生活水平上来看，第二类、第四类城市化农民是重点保障群体。

②增加农民市民化的社保资金来源

社会保障储备资金是通过国家立法，从社会各方面筹集而得来的。建议改革土地征收补偿制度，使土地补偿金额与土地增值收益挂钩，从中提取一部分作为失地农民或转移农民的社保储备金。土地征收补偿一般采取一次性货币安置的方式，但这种方式不能保障失地农民的长久利益。江苏省、浙江省等地的补偿安置方式值得借鉴，即建立“失地农民账户”和“失地农民保障基金”。“失地农民账户”的资金来源主要由一部分土地征收补偿款构成，“失地农民保障基金”则是来源于一些土地交易时产生的级差收益，并在商业性土地开发的土地征收范围内保留一定规划内的建设用地给失地农民，用这部分土地的增值效益为“失地农民账户”补充资金。失地农民账户具备以下功能：一是在统一账户里存入失地农民的一部分征收补偿款，从而避免农民在短期内将补偿款用光的可能；二是利用政府担保用此账户的资金进行投资，产生效益后继续补充账户；三是将该账户和天津市的保障基金进行结合，力图使失地农民与城市居民享受的社会保障趋同。失地农民保障基金的主要功能包括：一是补助那些即便已获得土地征收补偿款，却还无法维持基本生活的农民；二是使失地农民账户的资金得以补充。

③适当引入商业保险机构参与农村社会保障

在目前我国的社会体系中，商业保险机构在我国的金融市场中成了一个必不可少的补充。商业保险机构在资金渠道和基金增值方面较政府更有优势，目前我国在农村医疗保险领域已经引入了商业保险机构，采用的合作模式有经营式和代理式两种。这两种模式的资金来源都是政府负责的，不同的是经营式模式下的基金由商业保险机构运作、管理，同时它们也承担风险和享受收益；代理式模式下的基金则是由政府负责运作，商业保险机构代为负责具体的日常管理事务。我国一些地区的农村社会保险已经引入该种模式，可以对其做进一步探索完善。

8.6.2　完善财政投入政策，构建农民市民化的公共服务体制

2016 年国务院发出《国务院关于实施支持农业转移人口市民化若干财政政策的通知》（国发〔2016〕44 号），明确提出了各级财政在支持农业转移人口市民化方面的目标、责任、手段和重点工作。通知要求，中央财政要加快调整完善相关政策的步伐，使转移支付支持力度进一步增大；省级财政部门在制定支持农业转移人口市民化的政策措施时要结合本地区实际；要使省对下转移支付制度更加完善，引导农业转移人口就近城镇化，使省以下各级政府落实农业转移人口市民化政策的财政保障能力更强。

8.6.2.1　市民化进程中基本公共服务存在的问题

（1）财政体制不够健全

当前我国还没有形成财力与事权相匹配的财政体制，地方政府投入和提升基本公共服务的积极性很难被调动，现行转移支付中专项转移支付手续繁杂、规模过大，并且转移支付资金在分配上也没有完全考量市民化所带来的人口流动因素，因此不利于实现基本公共服务均等化。同时，政府间事权划分不清晰，导致基本公共服务投入过度依赖省及省以上财政，地方财政尤其是县级财政实际投入比较少。

（2）财政投入压力大

农民市民化的成本支出具有长期性，在短期内主要用于义务教育、保障性住房和基础服务设施支出，在远期内主要是养老保险和养老服务支出。基本公共服务均等化的实现需要巨大的财力来支撑。张琳在对天津市 2020 年的人口规模和结构进行预测，进而估算拟实现市民化的农业转移人口规模的基础上，从随迁子女教育、社会保险、就业服务、住房保障四个方面对农业专业人口的市民化成本进行测算，最后得出 2015 ~2020 年天津

市农业转移人口市民化的总公共成本为981.13亿元，年均163.52亿元。2015年，天津市一般公共预算收入和支出总额分别为2667亿元和3231亿元，如果按每年163.52亿元的规模进行农民市民化的投入，那就意味着当年财政收入的6.1%需用于农业转移人口的市民化，占当年财政支出的5.1%。财政投入与市民化每年所需的实际成本相比捉襟见肘，现有财力无法保障农民市民化进程所需的资金。

（3）投入结构严重不平衡

长期以来，天津市基本公共服务供给处于二元化状态，城市是政府基本公共服务支出的主要对象。政府负责城市基本公共服务，而农村税费改革前农村基本公共服务主要依靠“三提五统”，由农民自我负担，改革后主要采取“一事一议”等方式筹集。政府投入的这种“城市偏好”，致使城乡投入失去平衡，各类社会资源主要偏重于城市，特别是大中城市和中心城市，在享受基本公共服务方面城乡居民严重不均等。城乡基本公共服务能力相差很大，小城镇公共服务基础薄弱，在公共卫生、教育文化、就业服务、基本社会保障等方面政府的投入有限，所以其服务能力和容纳能力都有待提高。

（4）资金绩效不明显

基本公共服务有着突出的区域性和阶段性特征，公众的基本公共服务需求在不同地区、不同阶段分别有所侧重。不同区域在促进农民市民化基本公共服务的重点领域、重点环节、支持的重点方面不突出，所以效果不明显。同时，支持市民化的资金管理很分散，资金与项目分别散在多个部门，形成了多个环节，合理的投入机制、管理机制和问责机制都没有形成，因此资金效率不明显，要想有效发挥财政资金的引导、带动作用很难。

8.6.2.2 市民化进程中提高基本公共服务水平的财政政策

（1）完善财政体制，增进有效投入

第一，进一步明确财政支出的责任。对各级财政在市民化过程中的基本公共服务支出责任进行合理界定，将义务教育、基本医疗卫生、社会保障等领域的基本公共服务项目作为重点，使支出责任重心转移到县乡级以上。第二，进一步理顺政府间财政分配关系。将省（区、市）政府间的收入划分得更加完善，保证区级政府稳定的收入来源，着实加强区以下基层地方政府在农民市民化过程中所能提供的关于基本公共服务的保障能力。第三，进一步完善财政转移支付制度。逐渐确立围绕实现基本公共服务均等化为主旨的财政转移支付制度，健全转移支付体系，清理、整合、压缩专项转移支付，扩大一般性转移支付规模。第四，优化、整合财政支出结构、整合。树立基本公共服务经费保障机制，逐渐增加农民市民化基本公共服务支出比重，在基本公共服务项目标准的基础上，使市民化基本公共服务预算得到明显增长。

（2）开拓投资渠道，科学分担成本

第一，积极吸纳社会资金。利用财政资金的引导和调控，吸纳社会资金参与市民化基本公共服务设施建设以及运营管理；采用特许经营、政府购买、合同委托、土地出让协议配建、服务外包等多种方式来提供基本公共服务。第二，扎实推动农民原有农村资产的转化。在承包土地、宅基地、农房和集体资产股权等方面给予农民更大的处置权，利用市场化手段，把农民在农村占有或者支配的各种资源转化为资产，并且使这种资产变现为可以交易、能够抵押的资本，让农民进城时带着资产，进而能够比较容易地跨越市民化的成本门槛，更完全地享受到基本公共服务。

（3）扶持小城镇发展，完善服务

第一，加大政策引导力度，充分考虑小城镇的特点，利用好农业综合开发等涉农资金，建立以农业产业化经营为主体的主导产业以及各类服务业。第二，增加就业资金投入，提升职业技能培训和职业服务能力水平，鼓励农民创业时按照就近就地的便利条件，用创业的方式带动就业，提高居民收益。第三，在支持公用设施和公益事业建设时厘清重点，逐渐完善基本公共服务功能，提升基本公共服务水平，让就地就近市民化的农民享受和大中城市基本相当的公共服务，增强小城镇对农民的吸引力。第四，加强落实乡村振兴战略，采取农村危房改造、村庄整治、美好乡村建设等方式，推动城镇基础设施进农村、公共服务覆盖农村。建设农村中心镇、中心村，强化它们的基础设施和公共服务建设力度，有力引导农民适度集中居住，逐渐实现城乡基本公共服务均等化构想，就近就地完成农民市民化进程。

（4）投入分类分项，提升资金绩效

抓住全市不同区域经济发展水平以及农民市民化的不同特点，按照标准提供市民化公共服务项目的需求，分类、分项地对基本公共服务实施进行投入来提升资金的绩效，突出财政资金用急、用需和引导作用。

8.6.2.3 构建促进失地农民市民化的公共服务体制

构建一个适宜农民市民化的公共服务体制才能有效降低失地农民在市民化上的焦虑和纠结，并且减少政府在农民市民化上的困惑与尴尬，从而更有效地为失地农民市民化服务。为此，这种促进失地农民市民化的公共服务体制应该具有一体化、多元化、体系化等特点。

（1）力求城乡公共服务一体化

在发展规划中应该把城郊和小城镇纳入城市建设和发展系列，既然所有失地农民已经转变身份，那么就应该对他们进行一体化的公共服务与社会管理；应该逐渐清理并消除“二元”体制及其影响，给予失地农民和城市市民一样的发展权和公共服务享有权；应该以城乡等值化标准来建设新社区，让城郊和小城镇的有形公共服务（比如道路、学校、医院等）和无形公共服务（比如社会保障、社会福利、就业培训、卫生健康等）与城市对接；应该考虑到失地农民向市民转化的过渡性，给农民自主选择的自由，阻绝体制上“一刀切”、政策上千篇一律的发生。

（2）主导公共服务供给“一主多元化”模式

长期以来，农村基层组织是中国农村多数公共服务的供给主体。在人民公社时期，城郊农村大多数公共服务的供给责任由人民公社、生产大队承担；改革开放以来，公共服务供给的责任主要由乡镇、村承担；农村税费改革以后，农村公共服务按照乡村组织选择的“一事一议一收费”的方式供给。虽然这三种形式是当时农村发展形势下比较可行的公共服务供给安排模式，也在一定程度上解决了农民一部分公共服务的需求，但是它们也具有突出的不合理性、不公正性——政府，尤其是上级政府，回避了对农村进行公共服务供给的责任，让原本经济就落后的农村生存压力进一步增大。这种供给模式不仅造成农村公共服务水平低的现实问题，更加扩大了农村与城市公共服务上的差距，同时也与公共服务供给与管理的基本理念相背离，不符合城乡一体化、农民市民化的内在要求。新的公共服务供给体制在设计理念上要凸显政府对新社区公共服务的责任，落实政府是公共服务最主要的供给者、管理者的责任。当然，政府并不是唯一的责任人，在公共服务供给和管理中，不仅存在政府失灵的问题，也存在市场失灵和社会失灵。政府不能承担所有公务服务的供给和管理责任，农民、社会团体和企业也应该承担一定责任，这样才能形成理想的新社区公共服务供给和管理模式，即“一主多元”模式。

（3）公共服务保障体系化

公共服务保障化体系主要体现在两方面：一是基本覆盖，给城郊农民全方位的保障；二是基本等值，让失地农民享有与城市市民等值水平的公共服务。

8. 6. 3　加强农村职业教育，构建农民市民化的教育培训体系

农民市民化过程是农民逐渐从原来的农村文化和农村文明走向并认同城市文化、城市文明的过程，在这个过程中，农民需要实现非农就业、角色转化、文化适应以及个人人力资本的提升。非农就业指的是农民从传统的农业领域转换到第二、第三产业从事较为稳定的工作；角色转化是指农民从原来的农民身份向城市市民身份转化，认同自己新的角色，享有城市市民的权利，维护自身的权益；文化适应指的是农民对城市行为规则认同，适应城市的规范，融入城市的文化；人力资本提升指的是农民通过学习在人力资本上所获得的提升。本研究发现，失地农民个人素质总体处于较低的水平，在很大程度上制约了他们实现非农就业、角色转化、文化适应，因此提高他们的人力资本势在必行。在目前教育体制下，强化和突出农村职业教育的市民化教育培训功能，是促进失地农民市民化的可行措施和必然选择。

8. 6. 3. 1　农民市民化中农村职业教育的作用

首先，农村职业教育能提升农民职业技能，提升人力资本。失地农民在城市生存的基础就是实现非农就业。随着城镇化建设的进一步深入，产业结构转型升级，相应的工作岗位不仅对相应的职业资格、技能、学历等有一定规定，对人才的素质也有了更高的要求。因此，失地农民仅仅具有体力很难在城市获得稳定的工作岗位。因此，进行农村职业教育是十分必要的。通过开展职业技能培训，提高农民的职业技能，提高综合素质，增强失地农民的就业竞争力，从而拓宽职业的发展空间，从根本上改变农民工的低水平就业状态。

其次，农村职业教育有利于塑造失地农民市民素养。在征地之前，提

前有计划、有组织地开展农村职业教育，向将失地的农民讲授健康文明的行为方式和生活习惯、公共生活准则、法律等相关内容，通过集中广泛开展职业教育，使其拥有正确的法制观念，提高道德修养，养成良好习惯，更快更好地适应城市生活，向市民转变，更符合市民的要求。

最后，农村职业教育提升农民向城市融入的能力。具备良好心态是顺利融入城市生活，实现其农民市民化的关键。另外，还要具有能适应城市的环境、融入城市的文化的能力。因此，农村职业教育在向失地农民传授技能的同时，教育和引导他们在心理方面向城市工作和生活靠拢，最终在心理上对城市价值产生认同，成为合格的新市民。

8.6.3.2 失地农民市民化教育培训的内容体系

市民化不仅仅指通过职业培训和教育，使农民成为一名城市市民，更重要的是让农民能够和城市和原有市民一起发展，使其成为集“现代性”和“市民性”于一体的现代市民。在20世纪20年代，有社会学家曾对“市民性”进行研究，指出，在现代文化的发展过程中，城市和农村对立共存、相互补充，形成了城乡二元的结构。农民处在农业文明中，而市民则处在现代化工业和城市文明之中，具有城市居民自身的特点。具体来讲，市民比农民接触更多的人和社会性事务，工作的范围比较大，领域比较多，流动性比较强，变化性也比较大。在人际交往方面，城市居民接触面比较广，但比较短暂、表面和形式化，在交往方面主要以业缘为主，而不像农民以血缘及地缘为主。在社会心理和行为方面，市民一般具有比较高的参与公共事务的意识及热情，更具有变革和竞争的意识；在生活方面，城市居民生活节奏比较快，生活方式更加现代化，更愿意接收现代大众传媒信息，利用现代信息技术学习、了解新潮流和新趋势。正是由于农民和市民在群体特征上具有一定差异性，因此在失地农民的市民化进程中，必须通过教育和培训不断增强失地农民的“市民性”，从而实现他们更好地在城市生存和发展的目的。对失地农民来说，从比较传统的农村进入比较现代和开放的城市，不仅仅意味着有市民身份，具有“市民性”，而且还要与现有市民一起不断加强“现代性”。德国社会学家马克斯·韦伯最早对“现代性”的特征进行了研究。20世纪60年代，美国学者英克尔斯等人在前人研究的基础上，从3个角度、24个维度来测量个体的综合现代性，提出了现代人应该具备的12个特征，并列出了具体“素质清单”。从 20 世纪 70 年代开始，我国一些学者以中国的传统文化为背景，对中国人的现代化特征及其指标体系进行了研究，提出具有现代性的人在观念意识方面，具有改革、超越、竞争、创新意识，具有较强主体性和独立人格，具有正确的世界观、人生观和价值观等；在文化知识方面，具有现代知识结构，接受过良好教育，有较高的科学技术和文化素质等；在综合能力方面，具有创造力、思维力等综合能力，具有适应现代社会和职业变化、胜任不同工作岗位的能力，具有建立广泛社会关系的能力，具有不断学习、善抓机遇的能力等。社会现代化的发展要求人的现代化与其匹配，因此教育与培训必须指向现代化市民，即通过教育与培训使广大农村转移劳动力具备“市民性”，更具“现代性”。按照这个思路，失地农民的市民化培训的内容，可从意识、知识、能力三个维度进行概括。

（1）意识维度

意识是指人们在头脑中建立起来的反映客观事物的主要思想和基本看法，通常以潜在准则或标准的方式指导或约束人们的行为。根据“市民性”“现代性”特征，教育与培训应该在意识维度着重培养失地农民以下几方面内容。

第一，增强农村转移劳动力的法治意识。法治作为一种生活态度，以人人平等、尊重民主、维护秩序为主要认识依据，它是现代化城市社会秩序建立的基础。现代生活和社会活动的核心是能够实现社会人的权利及应得利益，每一个生活在现代城市的人必须通过大家共同认可和遵守的秩序来沟通、交换和创造财富。将法治意识的培养放入失地农民市民化的教育和培训的内容体系中，不仅为农民的城市和社会认知提供了精神支持，还为其城市和社会活动提供了方法指导，使其能够了解、认同和遵守现代城市和社会的各项活动的秩序，能够做到主动地学法、认真地守法、遇事靠法。

第二，增强失地农民的主体意识。农民长期生活在相对保守而且强调血缘、等级关系的农村社会结构下，他们的自身需求和自我价值很容易被忽视。当失地农民进入城市，面对着比较民主、开放、更加注重自我和平权的现代化城市时，他们的主体意识不强，而且缺乏归属感的不适应性会显现出来。因此，通过教育和培训激发失地农民的主体意识，消除他们对于城市的隔离感，形成“我是城市主人”的主体意识，并且能够很自觉将个人与城市发展联系在一起，以主人翁意识融入城市的社会生产生活中。

第三，增强失地农民的公民意识。在农村的等级结构关系的影响下，相应的经济权利、社会权利和政治权利都受到身份性限制，农民整体缺乏话语权。现在农民的公民意识有所觉醒，已经开始意识到要追求经济和社会权利上的平等，但是在政治权利上的公民意识仍然显得十分薄弱，比较消极的参与现象大量存在，这严重阻碍了失地农民的市民化进程。教育与培训要增强失地农民作为城市一员的平等政治参与意识，使其能够主动寻求话语权。只有失地农民充分享有公民权利，才能有效承担公民义务，从而消除城乡隔离，进一步增强对城市的归属感。

（2）知识维度

知识是整体人类认识和实践的成果，是个体素养的形成和潜力发展的重要力量。在当前日益知识化的社会，劳动力正在从“金字塔型”向“橄榄型”转变，其结构日益扁平化。在社会生产的过程中，科学技术的含量不断提高，因此对受过教育和培训的具有劳动技术的工人、技术人员及相应的管理者的数量和质量的要求不断提高。在城市不断知识化的过程中，失地农民必须不断地提升个体素质，最终成为知识型劳动者。根据我国城市社会现代化发展需要和失地农民知识水平现状，教育与培训要在知识维度方面促进农村转移劳动力对以下几个方面知识的掌握。

第一，加强失地农民对文化知识的掌握。在二元结构影响下，农村的劳动力在文化程度上普遍较低。由于文化知识缺乏、教育程度偏低，农民的转移劳动力在面对城市的生产和生活方式时，就会表现出技能掌握不够、学习能力欠缺、对工作不能适应的情况。因此，有必要对失地农民进行文化知识的普及和培训。

第二，加强失地农民对专业知识的掌握。在生产力水平不断提高的情况下，很多传统手工劳动的部门和产业都进行升级和改造，相应岗位对人员的要求更高，要求掌握更多更专业的知识。而农村的转移劳动力往往难以应付这一情况，从而可能被社会淘汰。因此相应的教育与培训应该加强失地农民对各项专业知识，如安全生产、工作岗位、法律维权、求职等知识的掌握，从而使他们从体力型劳动者真正转变成为知识型的劳动者。

第三，加强农村劳动力对信息化知识的掌握。现在已经进入信息化的时代，过去的文盲是“不会读、写和算”，而现在的新文盲是“能基本的读、写、算，却不能识别信息符号，不会利用现代化设施”，也称为“功能性”文盲。因此，教育与培训应该加强失地农民对信息化知识的掌握，使他们能够利用现代的信息技术非常便捷地获取相关工作信息，也能够利用相关的信息技术进行相应的学习、消费及娱乐等，从而适应现代城市社会的生产生活方式。

（3）能力维度

能力是个体具有的一个非常重要的特征，也是完成各种工作的基础。教育与培训应提高失地农民在城市生存和发展的能力，具体来讲，从以下几个方面进行培养。

第一，增强失地农民的专业技术能力。从农村向城市的转移是个体在生产领域和生产方式的重大转变，为了能够在城市谋求一份较为稳定的工作，失地农民必须掌握一定的专业技能。然而现实情况是大量失地农民并没有受过相应的教育和培训，缺乏生活和工作的专业技能，本研究的调查数据也证实了这一点。由于大量失地农民缺乏相应的专业技能，因此教育和培训应该着力提高其专业技能，从而使他们具备在城市工作和生活的专业技术能力。

第二，对失地农民的人际交往能力进行培训。农民的社交网络主要是以血缘关系为主导，具有很强的同质化特点。而城市居民的社交网络主要是以业缘为主，互动主要以职业为纽带，具有异质化特点。因此，教育与培训应该使失地农民逐渐具有业缘式的人际交往能力，以职业为导向建立和扩展自己的人际圈，从而与原有市民进行深入沟通，使自己真正成为一名市民。

第三，提高失地农民的学习能力。学习能力在农民市民化过程中起着重要的作用。提高学习能力不仅要进一步巩固和加强已有的学习内容和学习成果，同时要扩大学习的范围和领域，并自觉学习，有终身学习的意识。失地农民要全方面进行学习，即不仅要学习基本的技能，还要掌握学习的方式和方法，如信息获取的方法等；失地农民必须自觉学习，使学习成为他们自身发展的内在需要，这样他们学习的积极主动性将更加强烈；失地农民的学习必须是终身的，因为随着时代的进步和发展，任何一种停滞不前的学习都将不利于自己的生活和发展，只有持续学习，才能实现在职业领域的向上流动和主动流动。

8.6.3.3　构建城乡职业教育一体化模式

在目前的体制机制下，农村职业教育是农民市民化教育培训的主要途径，但是从长远看，构建城乡一体化职业教育才是推进农民市民化的有效路径。致力于共同的目标和追求，打破城乡分割，满足农民市民化需要，构建中高职作为一体和整体的职业教育体系。这种体系应该具有两种模式。一是高职职业教育辐射带动模式。以区域的高职院校作为中心和主导，发挥其引领和带动作用。通过引领，将优质教育资源进行辐射和扩张，促进职业教育在农民市民化进程中发挥更大更强的作用。二是中高职相互协作的模型。这是指在本区域或跨区域内，相关的职业学校根据各自的专业特点和办学特色，进行优势互补。这样既能让中高职业教育的教学、研究及服务社会的功能得到最大程度的利用，又能使其各自的服务功能和办学水平得到提高，还能满足农民市民化的需要。

8.6.4 加强就业创业引导，提升失地农民的就业质量

就业质量是失地农民能够在城市生存和发展的根本。加强就业和创业指导能够切实提高农民的就业质量，提升他们在城市的生存和发展的能力，同时对于城市的经济发展、维护社会稳定、构建和谐的社会具有重要意义。

8.6.4.1 拓宽就业渠道，不断完善失地农民的就业服务机制

建立城乡一体的劳动就业和创业服务制度、就业创业管理服务制度和失业预警制度，把失地农民纳入城镇人口，使其享受城镇人口在就业创业上的优惠政策。政府一方面可以发挥非常重要的作用，加强对市场的宏观调控，完善用人机制，取消不平等的就业准入规定，破除地方保护壁垒，促进有序公平竞争。另一方面，规范企业的用人制度，加强劳工监察，监督用人单位执行相关法律规定等。

在就业培训与教育方面，加大对农村转移劳动力的公共投入，把这一块的培训和教育纳入国民整体教育培训体系中。在相应的职业培训和教育上，要以市场为导向，以提高转移劳动力的就业能力为主要目标，充分尊重失地农民的自主权，在政府资助、监管规范的原则下，形成政府、企业、社会组织、劳动者、相应的培训机构同时参与的多方参与、多方受益的机制。政府要加强对劳动力市场整个网络的建设，实现资源共享，提高失地农民就业效率。

对失地农民的培训包括进行转移前的培训和转移后的培训。这将更有利于农民的市民化。一方面，建立科学、完善的培训体系和机制，进行相应的技能、专业及就业培训。另一方面，根据失地农民的具体情况，结合其年龄、受教育程度、就业意向等制定针对性的方案。同时，根据农村的基础教育状况，创立一些培训技术的基地和学校，让失地农民掌握一门或几门专业技能。也可根据企业的需要和要求，采取定向培养的方式，进行专业的培训，费用由用人单位和政府共同承担。农民根据自己的意愿选择用人单位和相应培训课程。政府要根据市场，多举办一些相对短期的培训。失地农民要努力学习，培养兴趣，掌握技能。

对战略性的新兴产业和支柱产业进行培育和发展，拓展失地农民的就业渠道。大力发展休闲农业、原生态旅游、生态农业、农产品的加工企业、农村超市、物流配送等，从而为农民创造相应的岗位。此外，新社区中的绿化、卫生、环保、便民服务等领域，也将产生大量岗位。政府要重视其发展，加大对其的投入，从而让失地农民拓宽就业渠道。这是进行人力资本投资，提升其就业创业与可持续发展能力。

8.6.4.2　加大失地农民创业扶持力度，提高创业能力

引导失地农民在当地就业，同时发挥创业对就业的“倍增效应”。创业不仅可以自己有工作，带来收益，同时也会为其他人提供相应的就业机会。地方政府要鼓励有条件的失地农民向第三产业转移，利用当地的自然资源和社会资源就地创业。由于失地农民在个人技能和实力方面比较弱，因此可以采用合伙或家庭成员合作的方式组建团队进行创业，创业主要依托当地的自然资源和社会资源，选择自己熟悉的行业和产业，其创业的主要形式可以是小微企业、农场等，前期的投资不宜过大。地方政府应该提供相应的资金和政策支持，比如在场地、贷款及税收等方面提供政策优惠；可以设立针对失地农民的创业基金。探索建立创业辅导的支持，奖励在创业中表现突出的个人和单位。

提供针对失地农民创业的相关信息服务。为更好地为失地农民提供就业创业的服务，更好地了解失地农民的就业创业状况，政府应该充分利用网络，一方面进行信息平台的建设，构筑相应的互联网平台和信息管理的系统，为失地农民提供相应的创业项目信息和就业信息；另一方面，为失地农民提供专门的信息网络平台，使得就业信息、政策信息、创业项目信

息等得到及时的传送。为失地农民提供就业创业的知识服务和咨询服务，进行线上和线下双轨道指导。关于专业技术问题，通过网络平台远程就可以得到专家及时有效的帮助。同时，通过网络平台，对失地农民的就业和创业状况实施动态管理。

引导失地农民的下一代进行创业。失地农民相对来说，年龄偏大，创业意愿比较低。而下一代大多没有在农村从事相应的农业生产，都在城市进行工作和创业，在相应的知识、意识、技能方面都更加成熟。针对这种情况，引导失地农民的下一代进行创业效果会更好。利用失地农民征地补偿款作为下一代创业的启动资金，并对其进行创业引导，加大政策支持力度。这样不仅可以将下一代的知识、经验、技能加以应用，同时也解决了失地农民的养老等社会问题。因此，地方政府及基层农村组织要把重点放到引导下一代的创业上来。

8.6.4.3 注重维护失地农民合法权益，提高就业质量

加强安全生产培训，保障失地农民安全生产的权利。由于失地农民自身的情况，他们在城镇中从事的大多是危险系数相对较高的工作，工伤事故频频出现。因此，不仅要进行安全知识方面的宣传和培训，同时要实现医疗保险对农民工群体的全面覆盖。首先，政府应对企业安全生产严格要求、严格把控，进行全方位的生产检查。其次，企业应在安全方面做好事前防范，排除隐患，进行安全检查和培训。落实农民工的医疗投保，做好保障。再次，失地农民应提高自身安全意识，同时能够利用工会等相应组织，提高自己在劳资双方关系中的话语权和地位，保证自己的安全和利益。

充分发挥工会组织的作用，使得失地农民的表达渠道畅通。工会组织要最大限度地吸收失地农民，从而充分发挥其在维护农民权益中的作用。首先，通过法律来保证规模企业一定建立工会，而小微企业应该有行业工会；增加失地农民在职工代表和集体合作协商代表中的比例，提高失地农民的权益表达机会。其次，加强对工会作用的宣传，提高农民工加入工会组织的积极性。

加大对违反合同法规定、损害失地农民权益企业的惩罚力度。首先，依法行事，加大行政管理的力度。以罚款、警告、停业整顿、吊销执照或许可证的方式对违法和损害合法权益的组织和企业进行严厉处理，提高企

业的违法成本，使得企业对违法后果产生畏惧。其次，设立企业通报制度。根据企业执行相关规定的情况进行逐项打分，让好的企业进入光荣榜，予以表扬；对于违反规定的企业，让其进入黑名单，对其进行公示和采取相应的惩罚措施。

8.6.5　完善社区管理功能，加快失地农民的社会融入

8.6.5.1　探索完善新型农村社区管理体制

失地农民离开土地、离开熟悉的生活环境和集体，进入封闭型的城市社区，需要一个过程来适应，接受新观念，遵循新规则。在这个过程中，社区是主要依托。因此，像这样的社区，在管理上不能按照原来城市社区的模式，而是结合农村社区和城市社区的经验，开创新的管理模式，在人员配置、功能设计、工作方式、制度规范等方面开展以人为本的精细化设计，以满足社区内部处于市民化进程不同阶段的居住人群的需求，协助他们顺利适应并融入城市生活。

（1）完善新型农村社区综合管治制度

首先，要加强户籍登记，按照“人户一致”原则，把失地农民的户籍迁入居住地。保留失地农民在原来的集体组织享有的股权。其次，探索建立失地农民和原城市居民组成的新社区的管理和服务机制。在治安管理上，对出租屋进行登记管理，并登记相应的工作单位；鼓励流动人口成立自我管理的组织，参与社区管理，促进其融入社区。最后，让“政经分离”，针对社区，建立科学良好的财务管理制度。一要对社区公益性失业和社区公共管理经费、社会保障和群众福利等进行统一的预算管理，由财政进行专项拨款，淡化行政色彩，使社政分开，各司其职，互不干涉。二要统一社会福利发放标准、发放方式和支出管道，淡化村籍概念。根据“就高不就低”原则，按照户籍平移的方式推广。统一社区、镇层面的各项福利的内容、水平和范围，由镇政府统一管理，改原村直接发放为社区发放。在兼顾地方财力和地域差别的前提下，逐步实现区级统一，最终实现市级统一。

（2）理顺社区管理的组织结构

建立以居委会或村委会为基础，以社区服务站和工作站为平台，各社会组织和社区居民广泛参与的社区管理服务机制，各司其职，推动新型的

农村社区逐渐向城市社区转变。社区居委会或村委会不同于城市社区，是最基层的群众自治组织。新型的农村社区居委会或村委会，不承担具体的行政事务，而应该把帮助失地农民在市民化过程中的社会适应、经济适应和心理适应作为工作的重点。社区服务站，主要提供托幼、养老、卫生等服务。应鼓励政府出资购买服务，从而为居民提供更人性化和精细化的服务。社区工作站作为基层政府的一种派出机构，履行政府延伸的社区公共管理和服务职能。由基层政府任命社区工作站的人员，且被任命人员不能与居委会的人员交叉。这样能够真正避免居委会产生职能不清、不断膨胀、运转成本高、效率低下的问题；培育各类民间社团和居民组织，在场地和资金上给予支持，进行柔化管理，减少刚性管理带来的摩擦和伤害。失地农民对于民间社团有很强的归属感。因此，民间社团能够丰富农民的闲暇生活，同时培育居民的参与社区的意识和情感，提高农民对城市的适应能力。

（3）对新型农村社区公共服务体系进行完善

在现代社会中，社区公共服务是不可或缺的一种公共服务形式。社区不仅提供能够满足社区发展的服务，还可以自行安排公有服务，从而弥补政府和市场的缺位。社区提供的相应的公共服务是市场不愿提供或政府无力提供的服务。

构建社区管理新模式，完善社区公务服务体系，需要丰富社区的文化，在医疗卫生、社会教育、社区保障、民主监督等各方面实现均等化和法制化。在提供相应公共服务的过程中，首先，引入市场的竞争机制，分离公共服务的生产者和提供者，降低寻租空间，提高供给的效率和质量，转变方式。其次，要保证信息渠道的通畅。信息通畅是优化社会资本的有效手段。这要求建立信息公开的制度，完善居民积极参与的制度。最后，社区居民进行自治，培养居民的非正式的组织，保障农民居民和城市市民平等共享社会公共服务。

（4）加强社区的队伍建设

由于其服务的对象是市民化进程中的新型城市市民，因此作为新型农村社区的工作人员应该与其相适应。工作人员在数量、配置及相应的政策上，要适应居民的情况，包括居民的来源、构成、规模、区位及就业结构等特点。在工作人员的结构上，应该由老中青不同年龄阶段的人组成，避免年轻化。来源上，应该由原来城市社区的干部、原来村干部和精英以及社区管理的专业人士或大学生组成，吸收优秀社区管理经验，创新管理模式，引导社区的未来发展。同时，要为社区工作人员提供专业培训，使其工作队伍专业化和职业化。

(5) 规范社区物业管理制度

健全物业管理的体制和运行机制，理顺物业管理的思路，规范管理方法，这既是为失地农民创造良好的生活环境，也是更好地对失地居民进行的人文关怀和给予的广泛的社会认同。首先，创新物业管理的模式，制定物业服务的标准，规范物业服务的内容，制定符合失地居民社区特点的政策和条例，逐步推进农民市民化进程。目前天津市安置社区物业管理基本都由村集体负责，用以解决村民就业问题。但由此带来的问题就是物业管理的规范化水平不高，应通过引进专业物业管理人才，吸收先进物业管理公司的经验，提高物业管理水平。其次，召开业主大会，通过选举产生执行机构——业主委员会。通过业主委员会，实行居民自治。业主委员会应该加强对社区居民的宣传，梳理正确的物业消费服务和管理理念，充分发挥其职能。再次，不能强制性地改变农民的各种习惯。应该充分尊重居民现阶段的特点和需求，制定相应的政策，比如农民习惯在土地上耕种，因此可以适当减少绿化带的面积，留出一定的地方供居民进行种菜等相应的活动。

8.6.5.2 加强新型农村社区文化建设

新型农村社区是农民新的社会空间，能促进农民向市民转变。建设的宗旨在于与城市社区对接、打破城乡“二元”结构和实现城乡的一体化。

(1) 多渠道筹措资金，加强新型农村社区的文化建设、组织建设和人才建设

要多渠道地筹措资金，这是保证新型农村社区文化建设健康发展的基础。首先，政府立足于高起点、高标准和高目标，对社区进行科学规划管理，把相应的公共活动室、居民图书室、托幼教育设施及体育健身设施等纳入社区的规划。其次，政府要合理安排社区文化建设的经费，完善财政预算。社区的文化管理部门一定要创新管理和工作的方式，争取企业的支持和合作。再次，开发社区内部业余文化人才，培训社区文艺骨干，丰富业余文化队伍，储备文化力量，提高社区文化工作人员的综合素质。同时，积极发展和培育不同爱好和兴趣的社区文化团队。鼓励申请文化建设

相关项目，通过项目来带动支持相应的文化团队建设。

（2）开展形式多样的社区文化活动，积极帮助农民构筑合格市民价值观

社区建设和发展的目标主要在人，在于人的精神层面的归属感、凝聚力和满意度。为此，应该开展形式多样的社区文化活动，积极帮助农民构筑合格市民的价值。首先，根据居民的爱好及兴趣的实际情况，积极开展体育比赛、演唱比赛、棋艺比赛、技能大赛、文化知识大赛等活动。通过活动，不仅让居民享受到乐趣，同时引导他们在生活方式、消费观念、价值观方面向合格市民靠拢。其次，开展形式多样的学习、兴趣与技能等的文化交流活动，引导居民逐渐建构合格市民的价值观和生活方式。

（3）增强市民的市民意识，进行制度文化教育，加强社区民主管理

在社区的管理中，要加强对居民的道德规范和行为准则的教育。首先，社区要在高起点、高标准的要求下，制定居民道德规范和文明规则，充分利用各种方式，结合现代农民的实际情况对其进行教育和培训。其次，把市民的道德规范、文明规则、法律制度及相应的权利意识、法律意识、环保意识等渗透到形式多样的活动中去，引导农民在道德规范的引导下，树立科学的生活理念，遵守市民生活的准则，从而造就文明的公共活动空间。再次，加强对社区管理人员的培训，提高其综合素质和文化素质，提高社区管理能力和服务水平。最后，加强管理，营造一个讲文明、树新风的社区氛围，从而引导新市民在整体氛围的熏陶下，自觉和主动地按照相应的规范和要求去做。

（4）延伸社区的文化服务功能，激发失地农民自觉和主动市民化的热情

新型农村社区无形和有形的公共服务建设质量和水平，决定着新型农村社区居民能够否顺利实现“华丽转身”。只要新型农村社区在水、电、路、气等各种硬件设施及服务上与城市社区一样，只要新型农村社区在文化教育、社区管理、医疗卫生等软件方面与城市社区相同，新型农民就会体验到自己与环境的一种良好互动，就会主动地市民化。因此，各级政府要树立“城乡生活不同类但等值”的理念，使农民无条件地与城市市民享有同等的待遇。不断完善社区服务功能，增加社区公共文化服务和产品的供给，并且使其规范化和科学化，提高服务质量和水平，通过“等值”的公共文化产品和服务供给，使农民在意识和行为上逐步与市民接轨。

参考文献

李守经主编《农村社会学》，高等教育出版社，2000。

郑杭生：《农民市民化：当代中国社会学的重要研究主题》，《甘肃社会科学》2005 年第 4 期。

阎志民主编《中国现阶段阶级阶层研究》，中共中央党校出版社，2002。

葛正鹏：《“市民”概念的重构与我国农民市民化道路研究》，《农业经济问题》2006 年第 9 期。

黄祖辉等：《农村工业化、城市化和农民市民化》，《经济研究》1989 年第 3 期。

俞忠英：《用农民市民化扩张内需》，《探索与争鸣》1999 年第 11 期。

袁小燕：《城市化进程中的农民市民化问题浅探》，《资料通讯》2005 年第 1 期。

姜作培：《从战略高度认识农民市民化》，《中国城市经济》2002 年第 11 期。

姜作培：《农民市民化的主要障碍及对策构想》，《理论与改革》2003 年第 6 期。

常进雄：《农民市民化过程中的非正规就业》，《财经研究》2003 年第 12 期。

黄泰岩、张培丽：《改变二元结构，实现城乡发展一元化》，《前线》2004 年第 5 期。

朱信凯：《农民市民化的国际经验及对我国农民工问题的启示》，《中国软科学》2005 年第 1 期。

陈映芳：《征地农民的市民化——上海市的调查》，《华东师范大学学报》（哲学社会科学版）2003 年第 5 期。

文军：《农民市民化：从农民到市民的角色转型》，《华东师范大学学报》（哲学社会科学版）2004 年第 3 期。

“我国农村劳动力转移与农民市民化研究”课题组：《农民市民化的趋势与国内相关理论学派的主张》，《经济研究参考》2003 年第 1 期。

许峰：《农民市民化问题探讨》，《绿色中国》2004 年第 10 期。

李建兴：《主体性因素与农民的市民化——关于农民市民化的调研》，《成都理工大学学报》（社会科学版）2006 年第 6 期。

王桂新、沈建法、刘建波：《中国城市农民工市民化研究——以上海为例》，《人口与发展》2008 年第 1 期。

杨风：《对农民市民化的解构与重构》，《贵州师范大学学报》（社会科学版）2011 年第 1 期。

徐大丰：《农民工市民化与城镇化发展的关系及对策研究》，《安徽农业科学》2012 年第 10 期。

何露露、袁远刚等：《农民市民化与城镇化关系研究——以贵州省为例》，《中国商论》2017 年第 8 期。

路小昆：《统筹城乡发展中的农民市民化问题》，《经济师》2005 年第 11 期。

孙自铎：《城市化就是人口城市化和农民市民化——与程必定同志商榷》，《安徽决策咨询》2003 年第 6 期。

孟晓颖、孙一恒：《“城镇化”视域下的三农问题研究》，《学习与探索》2015 年第 10 期。

蒲文彬：《城镇化过程中的农民转移就业与市民化问题研究》，《农业考古》2011 年第 6 期。

文军：《“被市民化”及其问题——对城郊农民市民化的再反思》，《华东师范大学学报》（哲学社会科学版）2012 年第 4 期。

张贡生：《“农民工市民化”还是“农民市民化”？——基本概念辨析》，《经济与管理》2016 年第 3 期。

吴良德、李勋华：《新型城镇化视角下失地农民市民化问题研究——以重庆下辖行政区 A 区为例》，《农业经济》2016 年第 6 期。

田珍、秦兴方：《农民市民化的路径选择与逻辑次序——基于农民群体分化的视角》，《农村经济》2010 年第 6 期。

孙波、白永秀、马晓强：《农民市民化与城乡经济社会一体化》，《生产力研究》2011 年第 5 期。

官锡强：《从人的发展经济学角度看农民市民化的发展》，《改革与战略》2011 年第 6 期。

李辉、刘春艳：《东北地区土地资源承载力与农民市民化问题研究》，《吉林大学社会科学学报》2007 年第 3 期。

陈书卿、刁承泰、常丹青：《统筹城乡发展视角下的重庆市土地资源承载力及农民市民化研究》，《农业现代化研究》2009 年第 9 期。

徐元明：《失地农民市民化的障碍与对策》，《现代经济探讨》2004 年第 11 期。

卢巧玲：《从“民工荒”现象看农民市民化》，《农村经济》2005 年第 6 期。

张忠法：《我国农村劳动力转移与走向市民化的战略思考》，《经济研究参考》2003 年第 1 期。

陈占江：《农民市民化的多元动力及其制度基础》，《重庆社会科学》2006 年第 9 期。

王秋菊：《农民工市民化过程中的制度障碍与对策分析》，《中国科技信息》2005 年第 11 期。

颜秀金：《农民工市民化的制度障碍分析》，《内蒙古农业科技》2006 年第 8 期。

王海员：《农民市民化必须突破的障碍》，《江苏农业科学》2006 年第 8 期。

蒋国保：《影响农民工市民化的主要障碍分析》，《特区经济》2005 年第 12 期。

宋仁登：《城市化进程中农民市民化问题研究》，《山东大学学报》（哲学社会科学版）2012 年第 1 期。

金喜在、张增磊：《当前我国农民市民化面临的主要障碍性因素分析》，《河北师范大学学报》（哲学社会科学版）2012 年第 11 期。

李代信、黄力明、覃合：《我国城乡一体化进程中的农民市民化问题研究》，《经济研究参考》2013 年第 7 期。

梁伟、杨风：《农民市民化进程中的障碍分析》，《上海城市管理职业技术学院学报》2005 年第 7 期。

郑悦、冯继康：《农民工市民化进程中的障碍及出路》，《山东省农业管理干部学院学报》2005 年第 10 期。

刘传江、周玲：《社会资本与农民工的城市融合》，《人口研究》2004 年第 5 期。

何晓红：《论农民工市民化的素质障碍及对策》，《中国市场》2006 年第 2 期。

曹敏杰、韦林珍：《我国农民市民化的制度制约因素探析》，《齐齐哈尔大学学报》（哲学社会科学版）2003 年第 8 期。

杨巍、杨绍安：《农民市民化的内部视角：制约因素及对策分析》，《现代经济探讨》2005 年第 9 期。

姜雅莉：《农民市民化——我国农村剩余劳动力转移的路径选择》，《农村经济》2005 年第 7 期。

张忠法、沈和、李屹：《影响农民市民化的因素分析》，《经济研究参考》2003 年第 1 期。

程亮、郭剑雄：《农民工的市民化问题探微》，《中北大学学报》（社科版）2005 年第 2 期。

钱正武：《农民工市民化问题研究》，博士学位论文，中共中央党校，2006。

沈和：《当前我国城镇化的主要问题与破解之策》，《世界经济与政治论坛》2011 年第 2 期。

元焕芳：《城市化进程中农民工市民身份转化障碍及对策》，《农业经济》2013 年第 2 期。

任映红、罗科萍：《城郊农民市民化的多重阻滞和推进路径》，《浙江学刊》2013 年第 2 期。

王德召、黄玖琴：《失地农民市民化之制约因素与支持情景研究》，《中国成人教育》2014 年第 22 期。

朱巧玲、甘丹丽：《新型城镇化背景下农民市民化评价指标体系的构建》，《福建论坛》（人文社会科学版）2014 年第 5 期。

孙中艮、施国庆：《新型城镇化背景下农民市民化的要素及其演变：一个社会分析框架》，《南京社会科学》2015 年第 9 期。

李练军：《新生代农民工融入中小城镇的市民化能力研究——基于人力资本、社会资本与制度因素的考察》，《农业经济问题》2015 年第 9 期。

徐建玲：《农民工市民化进程度量：理论探讨与实证分析》，《农业经济问题》2008 年第 9 期。

任娟娟:《新生代农民工市民化水平及影响因素研究——以西安市为例》,《兰州学刊》2012 年第 3 期。

楚颖慧、韩彦军:《农民工市民化状况评价指标体系及综合评价》,《科学大众》(科学教育)2012 年第 3 期。

李荣彬、袁城、王国宏等:《新生代农民工市民化水平的现状及影响因素分析——基于我国 106 个城市调查数据的实证研究》,《青年研究》2013 年第 1 期。

沈映春等:《北京市农民工市民化水平及影响因素分析》,《北京社会科学》2013 年第 5 期。

曾江辉、文格:《新生代农业转移人口市民化水平综合评价及提升对策——以湖北省为例》,《农村经济与科技》2015 年第 10 期。

朱冬梅、赵晨:《农业转移人口市民化评价指标体系的实证研究——以四川省为例》,《南京人口管理干部学院学报》2013 年第 4 期。

刘松林、黄世为:《我国农民工市民化进程指标体系的构建与测度》,《统计与决策》2014 年第 13 期。

吕佳、陈万明:《新生代农民工市民化程度测量指标体系构建》,《江苏农业科学》2014 年第 12 期。

张佳书、杨怡平、崔雅楠:《太原市农民工市民化水平评价指标体系研究》,《中国农学通报》2015 年第 36 期。

朱景发:《农民工市民化评价指标探析》,《科学咨询》2015 年第 10 期。

姜义平:《失地农民市民化程度测评指标体系的构建》,《湖州师范学院学报》2012 年第 4 期。

尹根:《失地农民市民化程度现状分析及其对策——基于扬州冯庄、文昌社区失地农民的调查数据》,《中外企业家》2012 年第 3 期。

郧彦辉:《农民市民化程度测量指标体系及评估方法探析》,《学习与实践》2009 年第 8 期。

张月彗:《农民市民化评估指标体系的研究》,硕士学位论文,西北大学,2012。

魏杰、谭伟:《我国城市化进程中的农民市民化问题》,《经济纵横》2003 年第 6 期。

林乐芬等：《城市化进程中失地农民市民化现状研究》，《农业经济问题》2009 年第 3 期。

刘智元：《论农民市民化及其主体素质》，《现代经济探讨》2014 年第 12 期。

宋克伟：《农民市民化的影响及其政策建议》，《山东省农业管理干部学院学报》2003 年第 6 期。

傅琼：《加速农民市民化的制度创新》，《农村经济》2005 年第 2 期。

高林英：《论我国农民市民化的制度约束及其消除》，《武汉理工大学学报》（信息与管理工程版）2006 年第 3 期。

彭苏：《失地农民市民化困境与政府责任研究》，《山东省青年管理干部学院学报》2008 年第 3 期。

黄小军：《农民工市民化政策博弈分析》，《江西农业大学学报》（社会科学版）2005 年第 12 期。

赵立新：《社会资本与农民工市民化》，《社会主义研究》2006 年第 8 期。

江苏省邓小平理论研究会课题组：《构建农民工市民化的长效机制》，《群众》2006 年第 7 期。

朱信凯：《农民市民化的国际经验及对我国农民工问题的启示》，《中国软科学》2005 年第 1 期。

高君：《论失地农民市民化过程的社会保障》，《兰州学刊》2010 年第 4 期。

周军、刘晓霞：《失地农民市民化身份转换的障碍分析及其对策》，《理论探讨》2010 年第 3 期。

李翠萍、王玉华：《基于失地农民问题视角的政府职能网络构建》，《安徽农业科学》2011 年第 14 期。

宋仁登：《城市化进程中农民市民化问题研究》，《山东大学学报》（哲学社会科学版）2012 年第 1 期。

宋芮：《新型城镇化中农民市民化困境及其对策探究》，硕士学位论文西南财经大学，2014。

蒋大国、胡倩：《新型城镇化进程中农民市民化的双重路径》，《江汉大学学报》（社会科学版）2015 年第 1 期。

陈学法：《农民市民化的路径选择：放土不放权》，《毛泽东邓小平理论研究》2014 年第 11 期。

齐红倩、席旭文：《分类市民化：破解农业转移人口市民化困境的关键》，《经济学家》2016 年第 6 期。

孙大伟：《人力资本提升、适配性与农民市民化》，《学术论坛》2013 年第 11 期。

黄延廷、刘昕瑜：《人力资本视阈下的新生代农民工市民化研究》，《中南民族大学学报》（人文社会科学版）2016 年第 3 期。

谭日辉：《社会认同视角下失地农民的市民化研究》，《湖南社会科学》2014 年第 6 期。

窦殿毅：《文化融合和农业转移人口市民化的进程——基于三个不同规模城市（城镇）的调查》，《城市发展研究》2016 年第 4 期。

沈文彪：《关于农民市民化途径问题的思考》，《南方农业》2010 年第 9 期。

杨成钢、杨风：《农民市民化进程的社会学思考》，《农村经济》2004 年第 10 期。

孙俐：《从社会角色转换看农民市民化》，《江南论坛》2004 年第 6 期。

王道勇、郧彦辉：《农民市民化：传统超越与社会资本转型》，《甘肃社会科学》2005 年第 8 期。

田雪原：《警惕人口城市化中的“拉美陷阱”》，《宏观经济研究》2006 年第 2 期。

童玉芬：《北京市外来人口适度规模的定量研究》，《人口与经济》1999 年第 11 期。

张延平、熊巍俊：《城市农民工市民化适度规模研究》，《全国商情》（经济理论研究）2005 年第 11 期。

丁守海：《概念辨析：城市化、城镇化与新型城镇化》，《中国社会科学报》2014 年 5 月 30 日。

郑彬斌、高君：《城乡一体化背景下农民市民化研究述评与展望》，《劳动经济》2015 年第 3 期。

《马克思恩格斯选集》（第 4 卷），人民出版社，1958。

《马克思恩格斯选集》（第 1 卷），人民出版社，1995。

刘传江、程建林：《第二代农民工市民化：现状分析与进程测度》，

《人口研究》2008年第5期。

冯飞龙：《城镇化进程中农民工教育思考》，《社会科学家》2014年第6期。

隋欣、刘彤：《解决农民市民化问题的出路》，《经济研究参考》2015年第24期。

陈彧：《农民市民化问题研究：一个文献综述》，《重庆社会科学》2011年第5期。

赵智、郑循刚、李冬梅：《土地流转、非农就业与市民化倾向——基于四川省农业转移人口的调查分析》，《南京农业大学学报》（社会科学版）2016年第4期。

朱巧玲、龙靓、甘丹丽：《基于人的发展视角的新型城市化探讨》，《宏观经济研究》2015年第4期。

王瑶：《新型城镇化背景下我国"三农"的创新发展探析》，《农业经济》2015年第7期。

财政部财政科学研究所：《国内外城镇化进程中农民土地权益保障借鉴及启示》，《经济研究参考》2015年第21期。

李凯林、郝玥：《我国农民市民化的道路选择》，《中国特色社会主义研究》2013年第6期。

刘景华：《欧洲农村城镇化进程的研究意义与研究路径》，《天津师范大学学报》（社会科学版）2015年第1期。

许伟：《我国农业转移人口市民化的文化融入困境与消解——美国移民融入的文化建设借鉴》，《现代经济探讨》2016年第6期。

张永岳、王元华：《我国新型城镇化的推进路径研究》，《华东师范大学学报》（哲学社会科学版）2014年第1期。

张运红：《英国农民市民化进程中的教育实践研究》，《世界农业》2015年第10期。

孙波：《城乡经济社会一体化背景下农民市民化问题研究》，博士学位论文，西北大学，2011。

程姝：《城镇化进程中农民工市民化问题研究》，博士学位论文，东北农业大学，2013。

黄泰岩、石腾超：《规避城市化厄运的关键和途径》，《当代经济研究》2013年第10期。

黄国清、李华、苏力华、杨同华：《国外农民市民化的典型模式和经验》，《南方农村》2010 年第 3 期。

李晓冰：《韩国城镇化及对中国新型城镇化建设的启示》，《中共云南省委党校学报》2015 年第 2 期。

杨明：《韩国城镇化之路与经济腾飞并行》，《中国高新技术产业导报》2013 年 10 月 14 日。

周才云、张毓卿：《借鉴韩国经验加快中国新型城镇化建设——基于新村运动的分析》，《世界农业》2013 年第 9 期。

胡滨、星焱：《金融支持城镇化：韩国的经验及对中国的启示》，《国际金融研究》2015 年第 3 期。

赵慧英：《拉美和非洲地区工业化过程中农村人口迁移分析》，《首都经济贸易大学学报》2007 年第 1 期。

郭亚卿：《论日本农业劳动力的转移》，硕士学位论文，东北财经大学，2004。

黄宁阳、陈晓峰、杨俊怡：《美国城镇化与农村劳动力转移模式的启示》，《湖南农业科学》2015 年第 11 期。

李路艳：《农民市民化：理论解释与研究进展》，《中南财经政法大学研究生学报》2007 年第 3 期。

吴春阳：《日、韩、中农村剩余劳动力转移比较研究》，硕士学位论文，吉林大学，2004。

俞佳晖：《新型城镇化可借鉴韩国政策性金融经验》，《中小企业管理与科技（中旬刊）》2013 年第 9 期。

王萍：《英法农村劳动力转移城市化及其启示》，《东北财经大学学报》2005 年第 6 期。

谷延方、黄秋迪：《英国农村劳动力转移对我国城市化的启示》，《黑龙江社会科学》2003 年第 4 期。

张季风：《战后日本农村剩余劳动力转移及其特点》，《日本学刊》2003 年第 2 期。

张季风：《战前日本农村剩余劳动力转移及其特点》，《日本学刊》2002 年第 3 期。

姚晓阳：《中日农业剩余劳动力转移比较研究》，硕士学位论文，河北师范大学，2008。

新玉言：《国外城镇化——比较研究与经验启示》，国家行政学院出版社，2013。

李庆志、马艳丽：《农民市民化的实现模式探析》，《特区经济》2006年第9期。

黄爱教：《农民市民化模式及其法律应对》，《重庆社会科学》2008年第4期。

杨风：《人口城市化进程中农民市民化研究》，博士论文，西南财经大学，2008。

甘丹丽：《新型城镇化背景下的农民市民化：制度冲突与路径选择》，《内蒙古社会科学》2014年第2期。

吴业苗：《居村农民市民化：何以可能？——基于城乡一体化进路的理论与实证分析》，《社会科学》2010年第7期。

宋晓方：《我国农民工市民化进程中的政府责任研究》，硕士学位论文，河南大学，2011。

訾凤鸣：《我国农民工市民化问题研究》，硕士学位论文，河南农业大学，2010。

宋仁登：《城市化进程中的村民市民化问题研究》，博士学位论文，中国海洋大学，2012。

李庆志、马艳丽：《农民市民化的实现模式探析》，《特区经济》2006年第9期。

阎德民：《当代中国农民工阶层特征分析》，《中州学刊》2004年第5期。

马艳丽：《城市化进程中农民市民化问题研究》，硕士学位论文，上海交通大学，2006。

柯特：《温州新型城镇化进程中农民面临的问题及对策》，硕士学位论文，浙江海洋学院，2014。

任强、毛丹：《构建从农民到市民的连续谱——关于农民市民化政策的观察与评论》，《浙江社会科学》2008年第2期。

简新华、黄锟：《中国工业化和城市化过程中的农民工问题研究》，人民出版社，2008。

鲍海君、吴次芳：《论失地农民社会保障体系建设》，《管理世界》2002年第10期。

黎智洪：《农业转移人口市民化：制度困局与策略选择》，《人民论坛》2013 年第 7 期。

黄锟：《深化户籍制度改革与农民工市民化》，《城市发展研究》2009 年第 2 期。

许小青、柳建华：《关于农民工教育培训问题的研究》，《求实》2005 年第 5 期。

赵明刚：《城镇化进程中农业转移人口市民化的制约因素——以河南省南阳市为例》，《理论学习》2016 年第 2 期。

孙冰：《城乡一体化进程中农民市民化问题研究》，硕士学位论文，山东师范大学，2011。

臧武芳、施华转：《我国农民市民化的主体素质制约因素分析》，《技术经济与管理研究》2007 年第 5 期。

谭崇台、马绵远：《农民工市民化：历史、难点与对策》，《江西财经大学学报》2016 年第 3 期。

王竹林：《农民工市民化的资本困境及其环节出路》，《农业经济问题》2010 年第 2 期。

王慧博：《失地农民市民化的制约因素及对策》，《农业科技管理》2006 年第 6 期。

张翼：《农民工“进城落户”意愿与中国近期城镇化道路的选择》，《中国人口科学》2011 年第 2 期。

任远：《当前中国户籍制度改革的目标、原则与路径》，《南京社会科学》2016 年第 2 期。

杨刚强、孟霞、石欣等：《基本公共服务与农村劳动力转移的关系研究》，《宏观经济管理》2013 年第 8 期。

陈林、陈丽、周婉清：《城市化进程中失地农民文化生活的调查与分析——以福州市城郊为例》，《福建农林大学学报》（哲学社会科学版）2013 年第 3 期。

朱延华：《延边农村剩余劳动力转移研究》，硕士学位论文，延边大学，2006。

谢天成：《中国特色新型城镇化概念目标与速度研究》，《经济问题探索》2015 年第 6 期。

辜胜阻、李睿、曹誉波：《中国农民工市民化的二维路径选择》，《中国人口科学》2014 年第 10 期。

叶俊焘、钱文荣:《不同规模城市农民工市民化意愿及新型城镇化的路径选择》,《浙江社会科学》2016 年第 10 期。

胡文木:《城郊农民市民化的政策效果及调整建议——以浙江为例》,《西北大学学报》2011 年第 3 期。

刘爱玉:《城市化过程中的农民工市民化问题》,《中国行政管理》2012 年第 1 期。

王竹林:《农民工市民化目标设计与路径探析》,《中国行政管理》2010 年第 4 期。

周小刚等:《农民市民化问题研究综述》,《经济纵横》2009 年第 9 期。

李凯林:《我国农民市民化的道路选择》,《中国特色社会主义研究》2013 年第 6 期。

王向南:《农民市民化的路径选择与制度创新》,《长春教育学院学报》2013 年第 12 期。

郭庆松:《农民工市民化:破局体制的“顶层设计”》,《学术月刊》2011 年第 7 期。

李新平:《回流型转移:中国农民工城市化的道路选择》,《广西社会科学》2014 年第 9 期。

郝寿义、安虎森:《区域经济学》,经济科学出版社,1999。

天津市统计局:《2015 年天津市国民经济和社会发展统计公报》,http://www.stats-tj.gov.cn/Item/25858.aspx。

贺雪峰:《土地何以成了农民的权利问题》,《中国农业大学学报》2010 年第 1 期。

《国务院关于进一步推进户籍制度改革的意见》,《人民日报》2014 年 7 月 31 日。

Doeringer and Piore, “Internal Labor Market Theories to Orthodox Theory”, *The Journal of Economic Literature*, 1971.

Bibb, Robert & William H. Form, “The Effects of Industrial, Occupational and Sex Stratification on Wages in Blue Collar Markets”, *Social Forces*, 1977.

Piore J. M., *The Technological Foundations of Dualism and Discontinuity*, *in Dualism and Discontinuity in Industrial Societies*, Cambridge: Cambridge University Press, 1980.

Fischel M. A. , *The Economics of Zoning Laws——A Property Rights Approach to American Land Use Controls*, Maryland: The Johns Hopkins University Press, 1985.

张鹏、高波、叶浩：《土地发展权：本质、定价路径与政策启示》，《南京农业大学学报》（社会科学版）2013 年第 4 期。

蔡昉：《被世界关注的中国农民工——论中国特色的深度城市化》，《国际经济评论》2010 年第 2 期。

《中共中央关于全面深化改革若干重大问题的决定》，中华人民共和国中央人民政府网站，http://www.gov.cn/jrzg/2013-11/15/content_2528179.htm。

吕勇：《新型农村合作医疗引入商业保险机构的利弊分析》，《卫生经济研究》2005 年第 3 期。

E. S. 萨瓦斯：《民营化与公私部门的伙伴关系》，中国人民大学出版社，2002。

陈旭峰、田志锋、钱民辉：《教育培训对农民工市民化影响的实证研究》，《职教论坛》2011 年第 30 期。

杨维：《基于农民市民化能力培养的农村职业教育研究》，《职业技术教育》2016 年第 1 期。

马建富：《新型城镇化进程中农民工人力资本提升的职业教育培训路径》，《教育发展研究》2014 年第 9 期。

赵洪波、黄晓利：《成人教育在农民工市民化进程中的功能及对策》，《江苏技术师范学院学报》2008 年第 8 期。

叶客南：《边际人》，上海人民出版社，1998。

郭晓君等：《人学引论》，中国经济出版社，1998。

郑永廷：《人的现代化理论与实践》，人民出版社，2006。

张琳琳：《农村转移劳动力市民化教育与培训的内容体系研究》，《成人教育》2016 年第 11 期。

何利松、周徐胤：《“农转非”居民安置小区物业管理：现状、问题与对策——基于杭州市的调查与思考》，《中国物业管理》2010 年第 5 期。

赵向标：《透视深圳“村改居”物业管理模式》，《中国物业管理》

2013 年第 7 期。

蓝宇蕴:《都市村社共同体——农民城市化组织方式与生活方式的个案研究》,《中国社会科学》2005 年第 2 期。

韦政通:《中国文化与现代生活》,中国人民大学出版社,2005。

卢璐、许远旺:《新型农村社区建设的逻辑与方向》,《社会主义研究》2012 年第 3 期。

国家统计局:《中国统计年鉴》,中国统计出版社,2013。

张洪霞、林霓裳:《市民化视角下新生代农民工就业转型评价指标体系的构建——基于 AHP 层次分析法》,《产业与科技论坛》2016 年第 11 期。

张洪霞、吴宝华:《新型城镇化进程中农民市民化评价指标体系建构及实证研究——以天津市为例》,《江苏农业科学》2018 年第 3 期。

图书在版编目（CIP）数据

新型城镇化进程中农民市民化研究 / 吴宝华著. --
北京：社会科学文献出版社，2019.3
ISBN 978-7-5201-4209-0

Ⅰ.①新… Ⅱ.①吴… Ⅲ.①农民-城市化-研究-
中国 Ⅳ.①D422.64

中国版本图书馆 CIP 数据核字（2019）第 020268 号

新型城镇化进程中农民市民化研究

著　　者 / 吴宝华

出 版 人 / 谢寿光
责任编辑 / 高振华
文稿编辑 / 林炳青　韩欣楠

出　　版 / 社会科学文献出版社·城市和绿色发展分社（010）59367143
地址：北京市北三环中路甲29号院华龙大厦　邮编：100029
网址：www.ssap.com.cn
发　　行 / 市场营销中心（010）59367081　59367083
印　　装 / 三河市龙林印务有限公司

规　　格 / 开　本：787mm×1092mm　1/16
印　张：19.25　字　数：324千字
版　　次 / 2019年3月第1版　2019年3月第1次印刷
书　　号 / ISBN 978-7-5201-4209-0
定　　价 / 79.00元

本书如有印装质量问题，请与读者服务中心（010-59367028）联系

版权所有 翻印必究